Über dieses Buch:

Die Geschichtsdidaktik hat sich im letzten Jahrzehnt lebhaft weiterentwickelt. Anregungen hierzu gingen nicht zuletzt von Annette Kuhns kritisch-kommunikativem Ansatz aus. Beide Verfasserinnen haben überdies mit der von ihnen edierten Schriftenreihe »Geschichte im Unterricht« nachhaltig wirksame Konkretisierungen geleistet. Nunmehr legen sie ein einführendes Studienbuch vor, das erstmalig auf breiter Basis die Erarbeitung geschichtsdidaktischen Grundwissens ermöglicht.
Anhand exemplarisch ausgewählter Texte werden die für die heutige fachdidaktische Theorie und Praxis maßgeblichen Positionen vorgestellt und ihre psychologischen, fachwissenschaftlichen und gesellschaftstheoretischen Grundlegungen erörtert. Besondere Beachtung finden dabei die drei konstitutiven Elemente des Unterrichts: der Schüler, der Lerngegenstand und der gesellschaftliche Kontext des Lehrens und Lernens. Das Buch ist konsequent aufgebaut: Jedes Kapitel wird durch eine Problemstellung eingeleitet. Sie weist auf den Gesamtzusammenhang hin, in den die Einzelquelle einzuordnen ist. Lernziele geben Aufschluß über die Intentionen des jeweiligen Kapitels. Fragen zum Text helfen bei der Erschließung der Quellen und regen außerdem zum Weiterdenken an. Schließlich dient ein Katalog von Begriffen am Ende eines Kapitels der eigenen Lernkontrolle. Damit steht ein Arbeitsbuch zur Verfügung, das den Lehrer in Ausbildung und Praxis in die Lage versetzt, historische Lernprozesse selbständig zu organisieren, zu beurteilen und kritisch zu überprüfen.

Dr. phil. *Anette Kuhn,* geboren 1934, o. Professor für Didaktik der Geschichte an der Pädagogischen Hochschule Rheinland, Abteilung Bonn.
Dr. phil. *Valentine Rothe,* geboren 1934, wissenschaftliche Assistentin im Fach Geschichte an der Gesamthochschule Duisburg.

Annette Kuhn · Valentine Rothe

Geschichtsdidaktisches Grundwissen

Ein Arbeits- und Studienbuch

Kösel-Verlag München

CIP-Kurztitelaufnahme der Deutschen Bibliothek

Kuhn, Annette:
Geschichtsdidaktisches Grundwissen: e. Arbeits- u. Studienbuch / Annette Kuhn; Valentine Rothe. – München: Kösel, 1980.
  ISBN 3-466-30210-2
NE: Rothe, Valentine:

ISBN 3-466-30210-2
© 1980 by Kösel-Verlag GmbH & Co., München.
Printed in Germany. Alle Rechte vorbehalten.
Gesamtherstellung: Kösel, Kempten.
Umschlag: Günther Oberhauser, München.

Inhalt

Einleitung 7

1 Geschichtsdidaktik und Curriculumentwicklung
(V. Rothe) 11
1.1 Was versteht man unter einem Curriculum? 11
1.2 Gründe für einen bildungspolitischen Neuansatz 17
    1.2.1 Erziehung nach Auschwitz: Die Forderung nach Mündigkeit als Erziehungsziel 17
    1.2.2 Forderungen der Bildungsökonomie: Expansion des Bildungswesens 21
    1.2.3 Die Bildungsreform in der Bundesrepublik 23
    1.2.4 Die weitere Entwicklung 29
1.3 Konsequenzen für die Geschichtsdidaktik 33

2 Traditionelle und gegenwärtige fachdidaktische Konzeptionen (A. Kuhn) 42
2.1 Die traditionelle Konzeption der Fachdidaktik 42
2.2 Gegenwärtige fachdidaktische Positionen und Konzeptionen 48

3 Psychologische Grundlagen des Geschichtsunterrichts (A. Kuhn) 58
3.1 Die ältere Entwicklungspsychologie 60
3.2 Lernpsychologische Grundlegungen in den gegenwärtigen fachdidaktischen Konzeptionen 66
3.3 Sozialisationstheoretische Grundlegungen der Geschichtsdidaktik 77

4 Geschichtswissenschaft und Geschichtsdidaktik (V. Rothe) 92
4.1 Geschichtswissenschaft und Historismus 92
4.2 Zur Kritik am Historismus 105

4.3	Geschichtsdidaktische Konsequenzen	107
4.4	Geschichtswissenschaft als historische Sozialwissenschaft	112
4.5	Geschichtsdidaktische Relevanz	125
5	Geschichtstheorie und Geschichtsdidaktik (V. Rothe)	140
5.1	Kritische Theorie der Gesellschaft	140
5.2	Kritische Theorie der Gesellschaft und Geschichtsdidaktik	160
6	Geschichtsunterricht und Geschichtsdidaktik (A. Kuhn)	167
6.1	Konstitutive Elemente des Geschichtsunterrichts	170
6.2	Bedingungsanalyse	178
6.3	Lernziele, Lerninhalte und Qualifikationen	186
6.4	Unterrichtskonstruktion	201

Anhang
Anmerkungen und Auswahlbibliographie 219

Einleitung

Die Adressaten dieses Buches

Inzwischen gibt es hilfreiche Einführungen in das fachwissenschaftliche Studium. Zu denken ist etwa an das Studienbuch von Borowski, Vogel und Wunder[1]. Eine entsprechende Einführung in das Studium der Fachdidaktik dagegen fehlt weiterhin[2]. Diese Lücke sollte geschlossen werden. Daher richtet sich dieses Arbeitsbuch in erster Linie an Studentinnen und Studenten des Lehramts im Fach Geschichte. Allerdings wurde bei der Konzeption dieses Arbeitsbuches auch an die Situation in den Studienseminaren gedacht. Mit Hilfe dieses Buches können Seminarleiter und Studienreferendare die jüngsten fachdidaktischen Diskussionen verfolgen und überprüfen, inwieweit sich ihre theoretischen Kenntnisse und ihre Zielvorstellungen von Geschichtsunterricht in die Unterrichtspraxis umsetzen lassen. Schließlich wendet sich dieses Buch an die Geschichtslehrer, die ihre Unterrichtspraxis an der Weiterentwicklung in der Fachdidaktik messen und die, ohne in Unterrichtstechniken zu verfallen, einen effektiveren und kritischeren Unterricht durchführen wollen.

Was dieses Buch nicht leistet

Es versteht sich, daß im Rahmen dieser Buchkonzeption nicht alle mit einer Fachdidaktik verbundenen Fragen erörtert werden können. Daher mußte darauf verzichtet werden, den Geschichtsunterricht im Rahmen der Primarstufe zu behandeln. Auch auf die Problematik der Integration des Geschichtsunterrichts in einen sozialwissenschaftlichen Lernbereich, bzw. der Kooperation mit anderen Unterrichtsfächern konnte nicht näher eingegangen werden. Ebenso fehlt eine Darstellung der Methodik im engeren Sinn und des Einsatzes von Medien im Unterricht.
Aus der Fülle der fachdidaktischen Richtungen kommt hier nur eine begrenzte Auswahl zu Wort. Denn Vollständigkeit anzustre-

ben, liegt nicht in der Absicht dieses Studienbuches. Allerdings wurde darauf geachtet, die für die heutige fachdidaktische Theorie und Praxis maßgeblichen Positionen vorzustellen. Ähnliche Überlegungen lagen der Auswahl der fachwissenschaftlichen Texte zugrunde. Nicht der Grad ihrer Repräsentativität unter einem allgemeinen fachwissenschaftlichen Aspekt, sondern der Grad ihrer fachdidaktischen Bedeutsamkeit wurde als Maßstab für diese Auswahl zugrundegelegt.

Zum Aufbau des Arbeitsbuches

Die sechs Kapitel dieses Arbeitsbuches verweisen auf die gegenwärtige Situation und auf unverzichtbare Elemente der Geschichtsdidaktik und des Geschichtsunterrichts in ihrem theoretischen und praktischen Begründungszusammenhang. Der Schüler, der Lerngegenstand und der gesellschaftliche Kontext des Lehrens und Lernens von Geschichte bilden die drei Momente der Fachdidaktik, die hier im Sinne der Curriculumrevision vorgestellt werden. Daher geht auch das erste Kapitel auf die Curriculumtheorie als dem umfassenden Bezugsrahmen einer Geschichtsdidaktik heute ein. Die heute führenden fachdidaktischen Positionen werden in einem weiteren Kapitel dargestellt. Der Schwerpunkt des Arbeitsbuches liegt aber bei der Unterrichtskonstruktion. Daher werden in den weiteren Kapiteln die konstitutiven Elemente des Unterrichts in ihrem wissenschaftlichen Begründungszusammenhang dargestellt. Die Psychologie, die Geschichtswissenschaft und die Geschichtstheorie gelten hierbei als die grundlegenden Bezugswissenschaften der Fachdidaktik, die auf ihre Relevanz für die fachdidaktische Theorie und für die Unterrichtsplanung überprüft werden. Diese Elemente der Fachdidaktik stehen alle in einem interdependenten Verhältnis zueinander. Querverweise sollen die Grundstruktur der Fachdidaktik und die Zusammengehörigkeit der verschiedenen didaktischen Elemente durchschaubar machen.
Unterschiedliche Positionen innerhalb der Fachdidaktik sollen auf diese Weise diskutierbar werden. Dennoch werden auch die Optionen der Verfasserinnen für eine kritisch-kommunikative Fachdidaktik sichtbar. Diese Optionen schließen aber die bewährten Elemente anderer Positionen nicht aus. Im Gegenteil. Gerade

an diesem Aufbau soll deutlich werden, daß eine kritisch-kommunikative Fachdidaktik sich nur aus dem Zusammenhang mit der fachdidaktischen Diskussion insgesamt begründen kann. Jedes Kapitel wird durch eine Problemdarstellung eingeleitet, die auf den Gesamtzusammenhang hinweist, in den die Einzelquellen einzuordnen sind. Damit ist eine gewisse Interpretationsvorgabe verbunden; sie ersetzt aber nicht die eigenständige Arbeit mit den Quellen. Lernziele sollen helfen, Klarheit über die Intentionen der Verfasserinnen zu verschaffen. Die Fragen zum Text dienen der Erschließung der Quellen, wobei sie aber nicht auf die Erhellung aller nur möglichen Aspekte abstellen. Umfassendere Fragen sollen darüber hinaus zum »Weiterdenken« anregen. Ein Katalog von Begriffen dient der Lernkontrolle.

Was dieses Buch erreichen will

Dieses Arbeitsbuch will vor allem die konstitutiven Elemente des Geschichtsunterrichts in ihrer Interdependenz, in ihren Divergenzen und in ihrem gesellschaftlichen Zusammenhang sichtbar machen. Damit wird deutlich, daß die Fachdidaktik Geschichte weder losgelöst von dem erziehungswissenschaftlichen und gesellschaftswissenschaftlichen Kontext noch allein als Teilgebiet der Fachwissenschaft hinreichend erfaßt werden kann. Der Leser wird somit in die Komplexität, die gesellschaftliche Bedingtheit und die Interessengebundenheit des historischen Lernprozesses und des Geschichtsunterrichts in einer praktischen Absicht eingeführt. Mit Hilfe dieses Arbeitsbuches soll er in die Lage versetzt werden, historische Lernprozesse selbständig zu organisieren, zu beurteilen und kritisch zu überprüfen.
Indem im letzten Jahrzehnt das Gespräch zwischen der Fachdidaktik und der Fachwissenschaft einerseits[4], der Fachdidaktik und den Erziehungswissenschaften andererseits[5] ein neues theoretisches Niveau erreicht hat, haben sich auch neue Möglichkeiten der interdisziplinären Verständigung erschlossen. Dieses Arbeitsbuch will auf diese Situation aufmerksam machen und die in ihr liegenden Chancen nutzen. Es will zu einer Weiterführung dieses interdisziplinären Gesprächs anregen. Indem die Geschichtsdidaktik sich als eine kritisch-kommunikative Didaktik versteht, ist sie ohne eine Verkürzung ihres Erziehungsauftrages mit den

neueren Ansätzen in der Fachwissenschaft und den Erziehungswissenschaften vereinbar. Diese Ansätze einer kritisch-kommunikativen Geschichtsdidaktik sollen sich in der Lehrerausbildung und in der Unterrichtspraxis realisieren.
Nach Ansicht der Verfasserinnen ist die Bildungsreform nicht tot[6]. Vielmehr muß sie in eine neue Phase überführt werden. In diesem Sinne möchte dieses Arbeitsbuch dazu beitragen, daß der kritische Anspruch der Bildungsreform sich in der Praxis durchsetzt.

1 Geschichtsdidaktik und Curriculumentwicklung (V. Rothe)

1.1 Was versteht man unter einem Curriculum?

Ziel dieser Einheit ist es,
- zu erfahren, was unter Curriculumentwicklung zu verstehen ist,
- zu wissen, welche Bildungsziele mit der Curriculumentwicklung angestrebt wurden,
- Einblicke in Probleme der Bildungsökonomie zu erhalten,
- sich mit wesentlichen Kennzeichen der Bildungsreform vertraut zu machen,
- zu erfahren, wie die weitere Entwicklung verlief,
- sich zu überlegen, wie gesellschaftliche Ansprüche und das Recht auf Bildung weniger zu Lasten des einzelnen ausgeglichen werden könnten,
- die Konsequenzen der Curriculumtheorie für die Geschichtsdidaktik zu bedenken.

Problemdarstellung

Von Curriculumentwicklung als Bildungsreform spricht man in der Bundesrepublik Deutschland seit 1967 (Saul B. Robinsohn). Man versteht darunter die Ersetzung der alten Rahmenrichtlinien und Lehrpläne durch neue Unterrichtskonzeptionen, denen eine systematisierte und wissenschaftsorientierte Prüfung von Lernzielen, Lerninhalten und der gesamten Lernorganisation zugrundeliegt. In reduzierter technologischer Form einer Input-Output-Relation findet die Curriculumrevision Anwendung im programmierten Unterricht. Die Rationalität der Curriculumentwicklung sollte sich nach Auffassung von Robinsohn jedoch weniger durch quantifizierbare Effektivität ausweisen, die ebenso wie die enzyklopädische Wissensanhäufung der alten Bildungstheorie als »didaktische Reduktion«[1] charakterisiert wird, als durch die Bereitstellung von rational ermittelter und gemeinsam immer wieder zu überprüfender Revision von Lernzielen und Lerninhalten. Ein Expertengremium aus Fachwissenschaftlern, Verhaltenswissenschaftlern, Psychologen und Pädagogen soll einen Konsens hierüber herstellen können. Diese Lernziele haben sich an den zukünftigen »Lebenssituationen«[2] von Schülern zu orientieren. Dabei geht es nicht nur um kognitive – Kenntnisse, Erkenntnisse, Einsichten – und affektive Lernleistungen, sondern auch um den Erwerb von Verhaltensdispositionen (Qualifikationen). Robinsohn nennt Kooperationsfähigkeit, Empathie und Selbstvertrauen[3].

Q1 Wir gehen also von den Annahmen aus, daß in der Erziehung Ausstattung zur Bewältigung von Lebenssituationen geleistet wird; daß diese Ausstattung geschieht, indem gewisse Qualifikationen und eine gewisse »Disponibilität« durch die Aneignung von Kenntnissen, Einsichten, Haltungen und Fertigkeiten erworben werden; und daß eben die Curricula und – im engeren Sinne – ausgewählte Bildungsinhalte zur Vermittlung derartiger Qualifikationen bestimmt sind. Damit ergibt sich für die Curriculumforschung die Aufgabe,
Methoden zu finden und anzuwenden, durch welche diese *Situationen* und die in ihnen geforderten *Funktionen*,
die zu deren Bewältigung notwendigen *Qualifikationen*
und die *Bildungsinhalte* und *Gegenstände*, durch welche diese Qualifizierung bewirkt werden soll,
in optimaler Objektivierung identifiziert werden können. Eine solche Identifizierung wiederum kann nur erfolgen, indem die Adäquatheit und Effektivität bestimmter Inhalte zum Erwerb jener Qualifikationen und die Adäquatheit und Effektivität der Qualifikationen zur Ausübung eben jener Funktionen und zur Bewährung in den ausgemachten Lebenssituationen systematisch überprüft werden.
Wenn im folgenden ... der Versuch gemacht wird, Methoden und Instrumente zur Lösung der hiermit umrissenen Probleme der Auswahl und Revision von Bildungsinhalten zu bedenken, so geschieht dies unter folgenden Voraussetzungen:
a) Obwohl die Auswahl der Inhalte und ihre Integration für jede Bildungsphase im Detail zu leisten wäre, handelt es sich doch zuerst um die übergeordnete Aufgabe, den Gesamtinhalt dessen festzustellen, was von einem Schüler im Laufe seiner Schulzeit erfahren werden muß, damit er für ein mündiges, d. h. sowohl personell als auch ökonomisch selbständiges und selbstverantwortetes Leben so gut wie möglich vorbereitet sei. Es empfiehlt sich

also, zunächst eine Curriculumermittlung für die gesamte Schulzeit, für die Elementar-, Primar- und Sekundarstufen, anzustellen, deren Ergebnisse daraufhin differenziert und integriert werden müssen. Die sicherlich nicht zu vernachlässigenden Probleme der Organisation des Curriculum, mögen sie nun zeitliche Sequenzen oder inhaltliche Ordnungen betreffen, dürfen doch als sekundär angesehen werden.

b) Ich habe schon in anderen Zusammenhängen zu zeigen versucht, daß das Curriculum nicht als mit der Kulturtradition organisch gewachsen oder im System der Wissenschaften vorgeformt angesehen werden kann. Wenn wir, wie sogleich zu zeigen ist, dennoch bei der Überprüfung der Bildungsinhalte zunächst von dem Universum der Fachwissenschaften ausgehen, so deshalb, weil vorrangig durch ihre verschiedenen Disziplinen die Beobachtung und Interpretation der Wirklichkeit, immer bezogen auf Gegebenheit und Möglichkeit, auf Gegenwart und Zukunft, systematisch unternommen wird, und weil durch ihre Methoden und Resultate der Mensch diese Wirklichkeit zu bewältigen unternimmt. Insoweit ist die Suche nach dem Kategorialen oder nach den »structures of the disciplines« als eine Teilaufgabe der Curriculumermittlung berechtigt. Wir können jedoch im didaktischen Zusammenhang weder die akademischen Fachabgrenzungen übernehmen noch die fachimmanenten Zielsetzungen – die überdies vieldeutig sein können – ohne weiteres auf die Bildungsleistung dieser Fächer übertragen.

c) Ferner ist die Perspektive der Fachdisziplinen durch weitere Perspektiven der Einübung von Fertigkeiten und der kognitiven und affektiven Erziehung zu ergänzen, die nicht oder doch nicht unmittelbar am Universum der Wissenschaften abzulesen sind. Sie sind, abgesehen von elementaren Zivilisationsfertigkeiten, in den Bereichen anthropologischer Wissenschaften wie auch in denen von Kunst, Philosophie usw. zu suchen. Schon die Vorentscheidungen über Ausdehnung und Abgrenzung des gesamten Feldes aber, über das sich die Auswahl von Curriculuminhalten erstreckt, können nicht von der »Pädagogik« allein getroffen werden, sondern sind Sache einer Bildungsforschung, die sich dabei der Mitarbeit der anthropologischen Wissenschaften zu versichern hat.

Ein Modell zur Curriculumrevision (Operation)
Mit den folgenden abschließenden Bemerkungen soll nun in der Art eines Modells von Curriculumforschung und -entwicklung

gezeigt werden, wie die notwendigen Entscheidungen vorbereitet und induziert werden können. Der oben genannten Aufgabe, Situationen und Funktionen, Qualifikationen und Bildungsinhalte und die zwischen ihnen herrschenden Relationen zu identifizieren, dienen in diesem Modell
die Ermittlung und Anwendung von *Kriterien* (a)...
a) Kriterien: Es können drei z. T. überlappende Sätze von Kriterien für die Auswahl von Bildungsinhalten angenommen werden:
1) die Bedeutung eines Gegenstandes im Gefüge der Wissenschaft, damit auch als Voraussetzung für weiteres Studium und weitere Ausbildung;
2) die Leistung eines Gegenstandes für Weltverstehen, d. h. für die Orientierung innerhalb einer Kultur und für die Interpretation ihrer Phänomene;
3) die Funktion eines Gegenstandes in spezifischen Verwendungssituationen des privaten und öffentlichen Lebens.
Diese Kriterien sind weiter zu spezifizieren und zu verifizieren. Grundsätzlich sind sie aus den sogenannten allgemeinbildenden und den berufsspezifischen Funktionen des Bildungsprogramms abzuleiten, bezogen auf Bedingungen personaler und gesellschaftlicher Existenz, über die selbst Konsens vorgegeben sein muß. Die Annahme, daß darüber ein Konsens innerhalb der bestehenden Gesellschaft nicht zu erreichen ist, scheint mir nicht gerechtfertigt. In der Praxis beruht die Institution eines nationalen Erziehungswesens auf der Voraussetzung einer solchen gemeinsamen Basis. Eben daß diese Voraussetzungen in den geltenden Formen bildungspolitischer Entscheidungen keine Entsprechung haben, begründet die Notwendigkeit, den Konsens durch eine Prozedur wie die hier erwogene zu aktualisieren... (d. h. Experten zu befragen, V. R.)
Fachwissenschaftler sollen mit einem Katalog der möglichen Unterrichtsgegenstände – über Quelle und Art seiner Gewinnung wird noch etwas zu sagen sein – konfrontiert werden und zunächst über die fachimmanente Bedeutung und das Gewicht dieser Gegenstände aussagen. Dabei kann es sich nicht nur um ihre Stelle im logischen Gefüge der betreffenden Wissenschaften handeln, es geht vielmehr, darüber hinaus, um das, was man als die Struktur einer Disziplin bezeichnet hat, also um die Wichtung ihrer Begriffe, ihrer Modelle und ihrer theoretischen Prinzipien. Es wird nicht leicht sein, die Reflexion des Fachwissenschaftlers von der schieren Reproduktion seines Faches, wie er es als wissen-

schaftlicher Spezialist zu behandeln gewohnt ist, auf dessen Funktion in der Erreichung von Bildungswirkungen und in der Bestimmung von Bildungshorizonten zu lenken. Die Gefahr eines fachspezifisch verzerrten Weltbildes wird nicht übersehen. Aber auch der Wissenschaftler kann auf eine Verantwortung für die Rolle seiner Wissenschaft in Bildung und Erziehung hingewiesen werden, der er sich ebenso wenig entziehen sollte wie der für ihre sonstigen sozialen Auswirkungen. Ähnliches gilt für die Hinlenkung von rein gegenwartsbezogenen auf zukunftsrelevante Perspektiven.
(Saul B. Robinsohn, Bildungsreform als Revision des Curriculum, Darmstadt 1972, S. 45 ff.)

Fragen:
1. Woran sollen sich unterrichtlich zu vermittelnde Kenntnisse und der mögliche Erwerb von Qualifikationen bemessen?
2. Wogegen wendet sich das Curriculum?
3. Wer soll über die Auswahl von Curriculuminhalten befinden?
4. Nennen Sie die Kriterien, nach denen die Auswahl von Bildungsinhalten vorgenommen werden soll.
5. Worin liegt die Rationalität der Robinsohnschen Vorschläge?
6. Geht es Robinsohn nur um die Bereitstellung verwertbaren Wissens in der Schule oder auch um Lernergebnisse auf der Ebene des Sinnverstehens (Hermeneutik) und einer gesellschaftsbezogenen Daseinsbewältigung?

Zum Weiterdenken:
Prüfen Sie, welche Vorstellung Robinsohn von der Wissenschaft hat und überlegen Sie, wie das wissenschaftliche Selbstverständnis beschaffen sein müßte, um nicht in Widerspruch zu den von Robinsohn vorgeschlagenen Kriterien zu geraten. – Verfolgen Sie auch im Verlauf dieses Buches, welches geschichtswissenschaftliche Verständnis mit der Curriculumtheorie vereinbar ist, welches weniger.

Hinweis:
Die nach diesen oder ähnlichen Verfahren arbeitenden Curriculumteams erstellten curriculare Materialien, die meistenteils »geschlossen« waren und damit zu wenig die situativen Belange der betroffenen Lehrer und Schüler berücksichtigten. Es ist immer

wieder auf das Dilemma aufmerksam gemacht worden, daß trotz der Lernzielformulierung »Emanzipation« das Medium des Curriculums in Widerspruch zur emanzipativen Zielvorstellung trat. Die Forderung nach der Beteiligung aller Gruppen verlangt auch »die Einbeziehung der Schüler als Handelnde und Sich-selbst-Bestimmende in den Prozeß der Curriculumentwicklung«[4]. Weitere Kritikpunkte vermittelt der folgende Text:

Q2 Mit diesem Lösungsversuch wird das Normenentscheidungsproblem an den Experten delegiert. Dagegen ist zweierlei einzuwenden. Erstens wird vorausgesetzt, daß der Experte für diese Funktion auch *kompetent* sei, daß er mithin »nicht nur Garant wissenschaftlicher Exaktheit getroffener Entscheidungen, sondern zugleich auch Repräsentant und Verwalter gesamtgesellschaftlicher Interessenartikulation sein muß«, wie Hilbert L. Meyer kritisch feststellt. Es ist anzunehmen, daß der Wissenschaftler in seiner Expertenfunktion überfordert ist, wenn er mehr liefern soll als exakte Daten zur Verwendung für die Konstruktion des Curriculums. ... Zweitens ist das Problem der *Auswahl* zu beachten. Auch die vorgängige Definition von Rollen, aus der eine Expertengruppe bestehen muß..., reicht nicht aus, um jeglichen Spielraum für Zufälligkeiten und für einen Vorgriff auf das Ergebnis zu eliminieren. Das aber verhindert, die Zusammensetzung restlos transparent und damit den Entscheidungsvorgang völlig kontrollierbar zu machen. Bekannt ist ja z. B., daß durch die Wahl der Gutachter auch das Ergebnis, das Gutachten, beeinflußt werden kann. ... Auf die Lösungen der Robinsohn-Gruppe kann man die Kritik von Ludwig Huber, die er gegen ein anderes Projekt richtet, durchaus anwenden. Dort wird gesagt, daß es sich zwar um ein erfahrungswissenschaftliches Modell handele, daß jedoch »der Anteil der nur mit hermeneutischen Verfahren zu findenden Entscheidungen (bei der Personalauswahl, der Interpretation der Befragungen, der Exzerpierung und Zubereitung der verschiedenen Informationsgruppen) noch sehr beträchtlich« sei. Hier ist freilich *empirische Rationalität* ausschließliches Kriterium der Prüfung. Setzt man jedoch voraus, daß Curricula in einem Sinnverständnis dessen erarbeitet werden müssen, was Erziehung in einer jeweiligen Gesellschaft leisten soll, dann sind *hermeneutische Verfahren* nicht mehr als Störungen wissenschaftlicher Exaktheit anzusehen, sondern als unentbehrliche Elemente (neben erfahrungswissenschaftlichen Verfahren), die allerdings

methodisiert werden müssen, wenn sie nicht an die Subjektivität von Personen gebunden bleiben sollen. Dies ist die Problemstelle, an der Herwig Blankertz und seine Gruppe eine andere Lösung vorschlagen. Sie verlegen das Normgebungsproblem nicht in die Expertengruppen, in der Terminologie von Doris Knab: in die *Instanzen,* und machen es dadurch nicht abhängig von der personellen Zusammensetzung curricularer Arbeitsgruppen, sondern nehmen es in das *Verfahren* auf, indem es innerhalb des Arbeitsprozesses methodisiert wird, wodurch *das Sinnverständnis reflektiert werden kann.* Hermeneutische Verfahren gelten hier nicht als Randstörungen; vielmehr werden sie objektiviert und in ein Instrument der Entscheidungsvorbereitung umgewandelt.
(Walter Gagel, Sicherung vor Anpassungsdidaktik? Curriculare Alternativen des politischen Unterrichts: Robinsohn oder Blankertz, in: R. Schörken (Hg.), Curriculum Politik, Opladen 1974, S. 26f.)

Fragen:
1. Was spricht nach Gagel gegen die Verlegung der Normentscheidung in ein Expertengremium?
2. Welchen Anforderungen, auch gesellschaftlicher Art, müßte der Wissenschaftler genügen, um seine Expertenfunktion ausüben zu können?
3. Worauf spielt Gagel an, wenn er von Sinnverständnis dessen schreibt, was Erziehung in einer jeweiligen Gesellschaft leisten soll?
4. Wovor will Gagel bei der Curriculumkonstruktion warnen?

1.2 Gründe für einen bildungspolitischen Neuansatz

1.2.1 Erziehung nach Auschwitz: die Forderung nach Mündigkeit als Erziehungsziel

Problemdarstellung

Der nach 1945 zunächst verdrängten Frage nach der »Bewältigung« der Vergangenheit des Nationalsozialismus gingen in den sechziger Jahren Vertreter der sogenannten Frankfurter Schule nach. Sie verwiesen darauf, daß die traditionelle Bildung im Sinne der geisteswissenschaftlichen Pädagogik nicht vor der »Barbarei«

geschützt habe. Als Lernziel formulierte Th. W. Adorno die »Erziehung zur Mündigkeit« (1970) als Gegengewicht zu möglichen Anpassungen an falsche politische Gegebenheiten. Gleichzeitig durchgeführte Untersuchungen über das Verhältnis von Schülern zur Demokratie und die Wirksamkeit des politischen Unterrichts in den Schulen ergaben, daß der Unterricht Anpassung und Entpolitisierung bewirkt hatte und nicht auf das Leben als künftig mündiger verantwortungsbewußter Bürger vorbereitete[5]. Dieses Lernziel Emanzipation erlangte nicht nur für die politische Bildung, sondern auch für die Geschichtsdidaktik Bedeutung.

Q3 Jede Debatte über Erziehungsideale ist nichtig und gleichgültig diesem einen gegenüber, daß Auschwitz nicht sich wiederhole. Es war die Barbarei, gegen die alle Erziehung geht. Man spricht vom drohenden Rückfall in die Barbarei. Aber er droht nicht, sondern Auschwitz *war* er; Barbarei besteht fort, solange die Bedingungen, die jenen Rückfall zeitigten, wesentlich fortdauern. Das ist das ganze Grauen. Der gesellschaftliche Druck lastet weiter, trotz aller Unsichtbarkeit der Not heute. Er treibt die Menschen zu dem Unsäglichen, das in Auschwitz nach weltgeschichtlichem Maß kulminierte. Unter den Einsichten von Freud, die wahrhaft auch in Kultur und Soziologie hineinreichen, scheint mir eine der tiefsten die, daß die Zivilisation ihrerseits das Antizivilisatorische hervorbringt und es zunehmend verstärkt. Seine Schriften ›Das Unbehagen in der Kultur‹ und ›Massenpsychologie und Ich-Analyse‹ verdienten die allerweiteste Verbreitung gerade im Zusammenhang mit Auschwitz. Wenn im Zivilisationsprinzip selbst die Barbarei angelegt ist, dann hat es etwas Desperates, dagegen aufzubegehren.
Die Besinnung darauf, wie die Wiederkehr von Auschwitz zu verhindern sei, wird verdüstert davon, daß man dieses Desperaten sich bewußt sein muß, wenn man nicht der idealistischen Phrase verfallen will. Trotzdem ist es zu versuchen, auch angesichts dessen, daß die Grundstruktur der Gesellschaft und damit ihrer Angehörigen, die es dahin gebracht haben, heute die gleichen sind wie vor fünfundzwanzig Jahren. Millionen schuldloser Menschen – die Zahlen zu nennen oder gar darüber zu feilschen, ist bereits menschenunwürdig – wurden planvoll ermordet. Das ist von keinem Lebendigen als Oberflächenphänomen, als Abirrung vom Lauf der Geschichte abzutun, die gegenüber der großen Tendenz

des Fortschritts, der Aufklärung, der vermeintlich zunehmenden Humanität nicht in Betracht käme. Daß es sich ereignete, ist selbst Ausdruck einer überaus mächtigen gesellschaftlichen Tendenz.... Der Völkermord hat seine Wurzel in jener Resurrektion des angriffslustigen Nationalismus, die seit dem Ende des neunzehnten Jahrhunderts in vielen Ländern sich zutrug. Man wird weiter die Erwägung nicht von sich abweisen können, daß die Erfindung der Atombombe, die buchstäblich mit einem Schlag Hunderttausende auslöschen kann, in denselben geschichtlichen Zusammenhang hineingehört wie der Völkermord. Die sprunghafte Bevölkerungszunahme heute nennt man gern Bevölkerungsexplosion: es sieht aus, als ob die historische Fatalität für die Bevölkerungsexplosion auch Gegenexplosionen, die Tötung ganzer Bevölkerungen, bereit hätte. Das nur, um anzudeuten, wie sehr die Kräfte, gegen die man angehen muß, solche des Zuges der Weltgeschichte sind.

Da die Möglichkeit, die objektiven, nämlich gesellschaftlichen und politischen Voraussetzungen, die solche Ereignisse ausbrüten, zu verändern, heute aufs äußerste beschränkt ist, sind Versuche, der Wiederholung entgegenzuarbeiten, notwendig auf die subjektive Seite abgedrängt. Damit meine ich wesentlich auch die Psychologie der Menschen, die so etwas tun. Ich glaube nicht, daß es viel hülfe, an ewige Werte zu appellieren, über die gerade jene, die für solche Untaten anfällig sind, nur die Achseln zucken würden; glaube auch nicht, Aufklärung darüber, welche positiven Qualitäten die verfolgten Minderheiten besitzen, könnte viel nutzen. Die Wurzeln sind in den Verfolgern zu suchen, nicht in den Opfern, die man unter den armseligsten Vorwänden hat ermorden lassen. Nötig ist, was ich unter diesem Aspekt einmal die Wendung aufs Subjekt genannt habe. Man muß die Mechanismen erkennen, die die Menschen so machen, daß sie solcher Taten fähig werden, muß ihnen selbst diese Mechanismen aufzeigen und zu verhindern trachten, daß sie abermals so werden, indem man ein allgemeines Bewußtsein jener Mechanismen erweckt. Nicht die Ermordeten sind schuldig, nicht einmal in dem sophistischen und karikierten Sinn, in dem manche es heute noch konstruieren möchten. Schuldig sind allein die, welche besinnungslos ihren Haß und ihre Angriffswut an ihnen ausgelassen haben. Solcher Besinnungslosigkeit ist entgegenzuarbeiten, die Menschen sind davon abzubringen, ohne Reflexion auf sich selbst nach außen zu schlagen. Erziehung wäre sinnvoll überhaupt nur als eine zu kritischer Selbstreflexion. Da aber die Charaktere insgesamt, auch die,

welche im späteren Leben die Untaten verübten, nach den Kenntnissen der Tiefenpsychologie schon in der frühen Kindheit sich bilden, so hat Erziehung, welche die Wiederholung verhindern will, auf die frühe Kindheit sich zu konzentrieren. ...
In dieser gesamten Sphäre geht es um ein vorgebliches Ideal, das in der traditionellen Erziehung auch sonst seine erhebliche Rolle spielt, das der Härte. Es kann auch noch, schmachvoll genug, auf einen Ausspruch von Nietzsche sich berufen, obwohl er wahrhaft etwas anderes meinte. Ich erinnere daran, daß der fürchterliche Boger während der Auschwitz-Verhandlung einen Ausbruch hatte, der gipfelte in einer Lobrede auf Erziehung zur Disziplin durch Härte. Sie sei notwendig, um den ihm richtig erscheinenden Typus vom Menschen hervorzubringen. Dies Erziehungsbild der Härte, an das viele glauben mögen, ohne darüber nachzudenken, ist durch und durch verkehrt. Die Vorstellung, Männlichkeit bestehe in einem Höchstmaß an Ertragenkönnen, wurde längst zum Deckbild eines Masochismus, der – wie die Psychologie dartat – mit dem Sadismus nur allzu leicht sich zusammenfindet. Das gepriesene Hart-Sein, zu dem da erzogen werden soll, bedeutet Gleichgültigkeit gegen den Schmerz schlechthin. Dabei wird zwischen dem eigenen und dem anderer gar nicht einmal so sehr fest unterschieden. Wer hart ist gegen sich, der erkauft sich das Recht, hart auch gegen andere zu sein, und rächt sich für den Schmerz, dessen Regungen er nicht zeigen durfte, die er verdrängen mußte. Dieser Mechanismus ist ebenso bewußt zu machen wie eine Erziehung zu fördern, die nicht, wie früher, auch noch Prämien auf den Schmerz setzt und auf die Fähigkeit, Schmerzen auszuhalten. Mit anderen Worten: Erziehung müßte Ernst machen mit einem Gedanken, der der Philosophie keineswegs fremd ist: daß man die Angst nicht verdrängen soll. Wenn Angst nicht verdrängt wird, wenn man sich gestattet, real so viel Angst zu haben, wie diese Realität Angst verdient, dann wird gerade dadurch wahrscheinlich doch manches von dem zerstörerischen Effekt der unbewußten und verschobenen Angst verschwinden. Menschen, die blind in Kollektive sich einordnen, machen sich selber schon zu etwas wie Material, löschen sich als selbstbestimmte Wesen aus.
(Th. W. Adorno, Erziehung nach Auschwitz, in: Ders., Erziehung zur Mündigkeit, Frankfurt/M. 1970, S. 92 ff.)

Fragen:
1. Für welche Bildungsziele plädiert Adorno?
2. Würden Sie diese Bildungsziele befürworten?
3. Mit welchen Mitteln sollen diese Ziele erreicht werden?

1.2.2 Forderungen der Bildungsökonomie: Expansion des Bildungswesens

Problemdarstellung

Die Zeit von 1945–1960 war durch das »deutsche Wirtschaftswunder« gekennzeichnet. Auf der Basis des traditionellen dreigliedrigen Schulsystems konnten die Wachstumsquoten erlangt werden. Zu Beginn der sechziger Jahre sank die Wachstumsrate; die deutsche Konkurrenzfähigkeit, auch auf technologischem Gebiet, wurde durch den Sputnik-Schock (1957) in Frage gestellt. Georg Picht wies 1964 in einer Untersuchung, basierend auf Zahlenmaterial der OECD, nach, daß die Bundesrepublik bis 1970 »wegen der Rückständigkeit ihres Bildungswesens auch wirtschaftlich und politisch nur noch eine untergeordnete Rolle spielen«[6] könne. Nach Picht ist es bildungsökonomisch erwünscht, daß 15% eines Altersjahrganges das Abitur erlangen[7].

Zuwachsraten an Abiturienten im internationalen Vergleich (für 1970)   **Q 4**

Land	Jahr	1959-Wert	1970-Wert	Zuwachs
Jugoslawien	1959	38,1		
	1970		94,4	148%
Norwegen	1959	4,9		
	1970		13,0	165%
Frankreich	1959	59,1		
	1970		150,0	154%
Belgien	1959	10,4		
	1970		20,8	100%
Schweden	1959	10,5		
	1970		25,0	138%
Italien	1959	55,6		
	1970		116,6	110%
Dänemark	1959	3,8		
	1970		8,5	124%
Niederlande	1959	10,0		
	1970		20,0	100%
Bundesrep. Deutschland	1959	51,4		
	1970		53,3	4%

(Georg Picht, Die deutsche Bildungskatastrophe, 1964, S. 27).

Q 5 Anteil der Abiturienten am entsprechenden Altersjahrgang (für 1970)

Land	typisches Alter	1970 [in Prozent]
Norwegen	19	22
Schweden	20	22
Frankreich	19	19
Österreich	18½	14
Italien	18½	12,5
Dänemark	18½	11,5
Niederlande	19	9
Bundesrepublik	20	6,8

(Ebd., S. 25)

Q 6 Verteilung der Sozialchancen: Die mittlere Reife erreichten in (für 1960)

Schleswig-Holstein	24 Prozent der Schüler
Berlin	23
Bremen	22
Hamburg	20
Hessen	17
Niedersachsen	16
Bayern	12
Nordrhein-Westfalen	11,5
Baden-Württemberg	10,5
Rheinland-Pfalz	7
im Saarland	5

Internationale Vergleichszahlen:

Norwegen	35,7
Niederlande	32,8
Schweden	32,8
Belgien	31,5
Frankreich	30,8

(Ebd., S. 33)

Fragen:
1. Wie hoch wurde der prozentuale Zuwachs an Abiturienten in der Bundesrepublik bis 1970 veranschlagt?
2. Wie hoch wurde für den gleichen Zeitraum der Anteil der Abiturienten innerhalb des gesamten Altersjahrgangs angesetzt?
3. Wieviel Prozent eines Altersjahrganges erreichten in der Bundesrepublik die mittlere Reife?
4. Welche Folgerungen lassen sich bildungspolitisch aus dem von Picht vorgelegten Zahlenmaterial ziehen?

1.2.3 Die Bildungsreform in der Bundesrepublik

Problemdarstellung

1965 kam ein Abkommen zwischen dem Bund und den Ländern zustande, das die Einsetzung des Deutschen Bildungsrates ermöglichte. Er löste den Deutschen Ausschuß für das Bildungs- und Erziehungswesen (1953–1965) ab. 1970 verabschiedete die Bildungskommission des Deutschen Bildungsrates als Empfehlung für Bund und Länder den »Strukturplan für das Bildungswesen«. Damit wurde unter Ausklammerung des Hochschulbereiches erstmalig ein Gesamtkonzept für eine Bildungsreform vorgelegt.
Der Strukturplan forderte u. a.:
— Chancengleichheit (Abbau sozialisationsbedingter Sprachbarrieren, Vorschulerziehung mit besonderer Förderung sozial schwächerer Kinder);
— Durchlässigkeit und Differenzierung (Gliederung des Schulwesens nach Schulstufen, Stufenlehrer mit einheitlicher Besoldung, Einführung der Orientierungsstufe, Abitur I, Befürwortung der Gesamtschule);
— neues Lehr- und Lernverhalten (Lehrer als Erfinder und Planer, Organisator des Lernens im Sinne des Selbstlernens, Anregung zu selbständigem Lernen);
— neue Fächer (neue Mathematik, Verkehrsunterricht, Sachunterricht, Arbeitslehre, Linguistik, Technologie, technisches Englisch);
— Entwicklung neuer Curricula.
Ausgangspunkt für die Bildungsreform ist das Grundgesetz. Das bildungsökonomische Motiv der gesellschaftlichen Forderung

nach qualifizierten Arbeitskräften trat dabei zurück. Über die Erkenntnisse der Begabungsforschung und der sich daraus ergebenden curricularen Konsequenzen vgl. Kap. 3.

Q7 Allgemeine Ziele
Grundrechte
Ausgehend vom Grundgesetz und den Länderverfassungen wird im Strukturplan die Linie früherer Schulreformen weitergeführt. In ihm werden die Ziele für die öffentlichen Bildungseinrichtungen aufgrund der heute gegebenen Lage der Gesellschaft konkretisiert.
Das umfassende Ziel der Bildung ist die Fähigkeit des einzelnen zu individuellem und gesellschaftlichem Leben, verstanden als seine Fähigkeit, die Freiheit und die Freiheiten zu verwirklichen, die ihm die Verfassung gewährt und auferlegt.
Die Grundrechte garantieren nicht nur das Recht auf freie Entfaltung der Persönlichkeit, auf den Schutz der Person (Art. 2), auf die Gleichheit vor dem Gesetz (Art. 3) und auf freie Berufswahl (Art. 12), sondern auch die Freiheit der religiösen und politischen Anschauungen (Art. 3), des Glaubens, des Gewissens und des Bekenntnisses (Art. 4). Ferner ist im Grundgesetz das Recht auf freie Meinungsäußerung (Art. 5), auf den Schutz von Ehe und Familie (Art. 6) ebenso verankert wie das Recht auf Eigentum und die Verpflichtung, es nicht nur im eigenen Interesse, sondern zugleich zum Wohle der Allgemeinheit zu gebrauchen (Art. 14).
Die im Grundgesetz genannten Grundrechte, die hier stellvertretend für alle humanen Grundrechte stehen, gelten für alle in gleicher Weise. Jeder einzelne soll sie wahrnehmen können und sich so verhalten, daß er jedem anderen Mitglied der Gesellschaft die Wahrnehmung derselben Grundrechte selbstverständlich zugesteht. Damit ergeben sich aus den Grundrechten auch Pflichten. Jeden Staatsbürger zur Wahrnehmung seiner Rechte und zur Erfüllung seiner Pflichten zu befähigen, muß deshalb das allgemeine Ziel der Bildung sein, für die nächst den Eltern der Staat sorgen muß. Die Aufsicht über das gesamte Schulwesen ist nach Art. 7 des Grundgesetzes Pflicht des Staates.
Aus den Grundrechten und den abgeleiteten Pflichten im demokratischen und sozialen Rechtsstaat ergibt sich, daß das öffentliche Bildungsangebot bestimmte für alle Lernenden gemeinsame Elemente aufweisen muß. Die Zielorientierung, die pädagogische

Grundlinie, die Wissenschaftsbestimmtheit sowohl der Lerninhalte als auch der Vermittlung müssen für alle Schullaufbahnen in gleicher Weise gelten.
(Deutscher Bildungsrat, Empfehlungen der Bildungskommission, Strukturplan für das Bildungswesen, Stuttgart 1972[2], S. 29.)

Bildungsstreben und Gesellschaft | Q 8
Individuelles Bildungsstreben und gesellschaftliche Forderungen können vielfach zusammen bestehen; sie können aber auch in Gegensatz zueinander treten und zu Konflikten führen.
Die Ansprüche auf schulische Bildung und freie Entfaltung der Persönlichkeit führen zu dem Grundsatz, daß jeder einzelne so weit wie möglich zu fördern ist. Die Lernangebote müssen deshalb die unterschiedlichen Interessen und Möglichkeiten des Lernenden berücksichtigen. Diese Berücksichtigung des individuellen Bildungsstrebens macht eine Individualisierung des Lernens und somit eine reiche Differenzierung der Bildungswege erforderlich. Zum anderen kann die Differenzierung im rechten Zeitpunkt eine berufliche Orientierung einleiten und die freie Berufswahl vorbereiten helfen.
Die verteilende Wirkung der Differenzierung ergibt sich aus der Mannigfaltigkeit im curricularen Angebot; sie darf keinen dirigistischen Maßnahmen unterworfen werden. Die Schule muß fördern und verteilen; sie muß einerseits dem Bildungsstreben des einzelnen zur Verwirklichung verhelfen, andererseits aber auch den gesellschaftlichen Forderungen genügen.
Es besteht ein Anspruch ebenso des einzelnen wie der Gesellschaft darauf, daß die Selbstentfaltung der Person und die Selbständigkeit ihrer Entscheidungen und Handlungen durch eine hinreichende Orientierung in der modernen Welt gefördert wird, insbesondere durch ein kritisches Verständnis der Zusammenhänge, die das Leben des Menschen mitbestimmen. Ebenso liegt es im Interesse des einzelnen wie der Gesellschaft, daß die Fähigkeit zur Mitwirkung im demokratischen Staat, das elementare Verständnis von Wissenschaft und Technik sowie die Fähigkeit zur beruflichen Mobilität entwickelt wird.
Konflikte können sich jedoch ergeben, wenn der Wunsch nach einer bestimmten qualifizierten Weiterbildung auf die Forderung nach bestimmten Leistungen als Zugangsvoraussetzungen stößt, oder wenn ein Ausbildungsweg gewählt wird, auf dem ein

Überangebot an Arbeitskräften des betreffenden Berufsfeldes herrscht. Das Bildungswesen kann einen Beitrag dazu leisten, solche Konflikte in einem angemessenen Rahmen zu halten, wenn es ein breites Angebot an Curricula macht. Im Bildungswesen sollten auch neue Lerninteressen und neue Bildungsmöglichkeiten berücksichtigt werden. Auch die produktive Einseitigkeit muß eine Chance haben. Mit dieser Förderung der Lernenden durch mannigfache, im Niveau ihnen entsprechende Curricula wird zugleich eine Verteilung auf bestehende oder neu entstehende berufliche Felder angebahnt.

Die Vorausschätzungen des Bedarfs an Arbeitskräften können dem Lernenden als Orientierungshilfe dienen. Doch sind derartige Vorausschätzungen nicht für alle Berufsfelder möglich und auch dort, wo sie möglich sind, unsicher. Überdies können auch im Beschäftigungssystem ebenso wie im Bildungssystem Veränderungen eintreten, die sich gegenseitig beeinflussen. Angesichts dieser Unsicherheitsfaktoren in den Bedarfsprognosen wird die Wechselwirkung zwischen der wissenschaftlich-technischen und gesellschaftlichen Entwicklung einerseits und der Motivation der Schüler, Eltern und Lehrer andererseits eine bedeutende Rolle spielen.

Neue Anforderungen und neue Wege in der Berufswelt können entsprechende Lerninteressen wecken. Es gilt jedoch auch das Umgekehrte: Nicht allein neue Berufe verlangen neue Qualifikationen; neue Qualifikationen können auch neue Berufe hervorbringen.

Der Strukturplan kann nicht darauf angelegt sein, einen vollen Ausgleich von persönlichem und gesellschaftlichem Anspruch herbeizuführen. Er zielt vielmehr darauf ab, den möglichen Konflikt offenzulegen und ihn durch eine Anpassung des Bildungsangebots an veränderte Verhältnisse in angemessenen Grenzen zu halten.

Das Ziel des Lernens in Schule und beruflicher Bildung besteht nicht darin, dem Lernenden lediglich einen Besitzstand an Kenntnissen oder an Fertigkeiten zu vermitteln. Der öffentlich verantworteten Bildung ist vielmehr die Aufgabe gestellt, den Gesamtprozeß der Bildung eines Menschen, der vor der Schule begonnen hat und über die Schule und die Berufsbildung hinaus bis in die Weiterbildung reicht, so gut wie möglich zu fördern und in den gesellschaftlichen Zusammenhang hereinzunehmen.

Innerhalb des Gesamtprozesses der Bildung wird der junge Mensch durch die Schule in die geistigen, kulturellen und

gesellschaftlichen Traditionen eingeführt und erwirbt die dazu gehörenden Kenntnisse, Fertigkeiten und Fähigkeiten. Er soll sie jedoch in der Weise erwerben, daß er das Gelernte weiterzuentwickeln, Veränderungen zu beurteilen und aufzugreifen und selbständig weiterzulernen vermag. Es liegt im Prinzip des lebenslangen Lernens, daß mit der Vermittlung von Inhalten das Lernen des Lernens Hand in Hand geht.
(Ebd., S. 31f.)

Curriculum   Q 9
Der Begriff »Curriculum«
Der alte Begriff Curriculum, den die moderne Erziehungswissenschaft aufgenommen hat, bezieht sich auf die Lernprozesse: Welche Kenntnisse, Fertigkeiten, Fähigkeiten, Einstellungen und Verhaltensweisen soll der Lernende erwerben? Mit welchen Gegenständen und Inhalten soll er konfrontiert werden? Was soll er lernen? Wann und wo soll er lernen? In welchen Lernschritten, in welcher Weise und anhand welcher Materialien soll er lernen? Wie soll das Erreichen der Lernziele festgestellt werden? Dieser überaus komplexe Fragenbereich ist unter dem Begriff Curriculum zusammengefaßt.
Curriculum bedeutet im Kern die organisierte Anordnung auch inhaltlich bestimmter Lernvorgänge im Hinblick auf bestimmte Lernziele. Diese können als ein Verhalten oder als Art und Grad bestimmter Fähigkeiten, Fertigkeiten oder Kenntnisse definiert sein.
Das Curriculum ist der bestimmende Faktor für die Organisation sowohl schulischer als auch außerschulischer Lernprozesse. Die Curricula sagen aus, welche Bildungsziele die Gesellschaft verwirklichen möchte und welche Wege zu ihnen führen.
Im Sprachgebrauch bezeichnet Curriculum meistens den Inhalt von Lernprozessen, die in einer bestimmten didaktischen Folge »durchlaufen« werden. Genauer: Curriculum bedeutet das inhaltliche und didaktische Programm eines Lernvorgangs, der im Hinblick auf ein Lernziel abgegrenzt ist.
Zum anderen bezieht sich der Begriff Curriculum auf den Lernenden, der das bestimmte Lernprogramm im Hinblick auf das Lernziel »durchläuft«. So verstanden bezeichnet Curriculum zum Beispiel die Schullaufbahn des Schülers oder die Lehre des Lehrlings und zwar von den Lernzielen her aufgefaßt. Im

Sekundarbereich entsteht durch die Wahlfächer für den einzelnen Schüler ein mehr oder minder individuelles Gesamtprogramm des Lernens.

Die Bestimmung der Inhalte der schulischen und der außerschulischen Lernprozesse ist unmittelbar verknüpft mit der Bestimmung der Lernziele. Diese Bestimmungen zu treffen und laufend zu überprüfen, ist eine der wichtigsten Aufgaben, die im Bildungswesen wahrzunehmen sind. Hierbei geht es weder nur um eine Formulierung allgemeiner Bildungsideen im Sinne der geisteswissenschaftlichen Pädagogik, noch lediglich um die Festsetzung isolierter, durch ein spezifisches Tätigkeitstraining einzuübender Leistungen. Der schulische wie der außerschulische Lernprozeß zielt auf Einstellungen, Verhaltensweisen, Fähigkeiten, Fertigkeiten und Kenntnisse. Die Lernziele müssen in abgestuften Graden definierbar und operationalisierbar sein. Inwieweit das für alle Lernbereiche in gleicher Weise möglich sein wird, ist eine offene Frage.
(Ebd., S. 58f.)

Fragen:
1. Wie begründet der Strukturplan die Schulreform?
2. Wozu soll Bildung befähigen?
3. Wodurch kann individuelles Bildungsstreben in Widerspruch geraten zu den gesellschaftlichen Anforderungen?
4. Wie soll dieser Konflikt bildungspolitisch gelöst, überwunden oder entschärft werden?
5. Interpretieren Sie den Satz, »auch die produktive Einseitigkeit muß eine Chance haben«, auf dem Hintergrund bildungsökonomischer Erwägungen.
6. Welche Auffassung wird hinsichtlich der Vorausschätzung des Bedarfs an Arbeitskräften vertreten? Vgl. auch: Deutscher Bildungsrat, Gutachten und Studien der Bildungskommission, H. Roth (Hg.), Begabung und Lernen, Stuttgart 1977[11], S. 18.
7. Begründen Sie die Forderung nach »lebenslangem Lernen«.
8. Definieren Sie den Begriff Curriculum.

1.2.4 Die weitere Entwicklung

A. Kosten des Bildungswesens
(Stichtag 1. 6. 1973 – relative Preise)
1970   *1975*
29 217 Mio   45 502 Mio

1980   *1985*
66 991 Mio   90 527 Mio

(Bund-Länder-Kommission für Bildungsplanung, Bildungsgesamtplan – Kurzfassung, Bonn 1973, S. 44.)
B. Seit 1967 verzeichnet die Bundesrepublik einen Geburtenrückgang. Nach Berechnung der Länderfinanzminister vom 30. 3. 74 ist für 1982 mit einem Rückgang der Grundschüler um 40 % bei gleichzeitiger Verdoppelung der Lehramtsstudienbewerber zu rechnen.
C. 1970 – 11 % Abiturienten
1980 – voraussichtlich 20 % Abiturienten
»Zwanzig Prozent eines Altersjahrganges kann man nicht auf sieben Prozent Spitzenpositionen unterbringen«.[8]
D. Am 18. 7. 1972 erließ das Bundesverfassungsgericht ein Urteil hinsichtlich des Numerus Clausus, in dem es im Hinblick auf die Zuweisung von Studienplätzen hieß: es laufe »auf ein Mißverständnis von Freiheit hinaus, bei dem verkannt würde, daß sich persönliche Freiheit auf die Dauer nicht losgelöst von Funktionsfähigkeit und Gleichgewicht des Ganzen verwirklichen läßt und daß ein unbegrenztes subjektives Anspruchsdenken auf Kosten der Allgemeinheit unvereinbar mit dem Sozialstaatsgedanken ist«.
(Zit. nach: H.-G. Roth, 25 Jahre Bildungsreform in der Bundesrepublik, Regensburg 1975, S. 35 f.)
E. Die beginnende wirtschaftliche Rezession im Jahre 1974 führte zu einer drastischen Sparpolitik der öffentlichen Ausgaben. Stellenstops, Nichteinstellung, Teilzeitverträge, BAFöG-Kürzungen reduzierten die Personalkosten im Bildungsbereich. Abbau von Reformen und mangelnder reformerischer Durchsetzungswille gingen damit Hand in Hand.
F. Kürzlich forderte Hartmut von Hentig in 22 Thesen die Erneuerung der Bildungspolitik. Darin heißt es:
„1. Die Bildungsreform muß weitergehen – im doppelten Sinn des Wortes »weitergehen«: sie darf nicht aufhören, und sie muß radikaler werden.

2. Die Chancen des »katholischen Mädchens von Arbeitereltern auf dem Lande«, eine weiterführende Schule zu besuchen, ein Abitur zu machen und womöglich zu studieren, haben sich in den letzten 15 Jahren verbessert. Diese Chancen sind zugleich ziemlich nutzlos geworden. (Dabei war die Absicht nie, daß alle in der Statistik als »benachteiligt« erscheinenden Personen nach der Reform »bevorteilt« sein würden. Ihre Aussichten sollten nur nicht so schicksalhaft schlechter sein!)

3. Die Bildungsreform hat die bestehende Chancenungleichheit durch den Versuch aufzuheben versucht, allen den gleichen Aufstieg zu ermöglichen, den Aufstieg in die höher bezahlten, einflußreicheren, relativ selbstbestimmten Berufe. Aber wenn alle aufsteigen, steigt keiner auf. Im Gegenteil: Der eine vorhandene Weg wird verstopft. Die Bildungsreform hat die so entstandenen Verteilungsprobleme nicht anders als durch eine ungewollte Verschärfung der Konkurrenz und durch ein der Sache gänzlich unangemessenes Mittel »gelöst«. Statt »Förderung« treibt das Bildungssystem heute »Auslese« wie nie zuvor in seiner Geschichte.

4. Die Kriterien der Auslese sind pädagogisch unsinnig und schädlich und passen nicht zu den Bedürfnissen der Einrichtungen und Verrichtungen, zu denen die Absolventen gelangen. Der praktische Betrieb ist mit dem ihm heute zufallenden Abiturienten schlechter bedient als mit einem in Haupt- und Berufsschule auf diese Arbeit vorbereiteten Lehrling. Die Dauer des Schulbesuchs und die Zeugnisnoten können nur mangels anderer verwaltbarer Mittel als Kriterien für die jeweilige Zuweisung gelten. Eine wirksame Alternative zu diesen Kriterien ist für die nächsten 10 Jahre nicht zu erwarten.

5. Dies alles hat nicht deutlich werden lassen, daß sich die Funktion der Schule in unserer Industriegesellschaft grundlegend gewandelt hat:

Sie ist nicht mehr nur »Vorbereitung auf ...« (im wesentlichen die nachfolgenden Bildungsabschnitte und also den Beruf).

Sie ist ein notwendiger Aufenthaltsort für Kinder und Jugendliche.

Sie ist außerdem ein notwendiger Übergang von den idyllischen Verhältnissen der Kleinfamilie in die Großstrukturen der Gesellschaft.

6. Diese Funktionen hat sie, ohne sie wahrzunehmen, und das erzeugt die neurotisierenden Widersprüche und Mißstände, die man in den Schulen überall wahrnehmen kann:

- zunehmender Leistungsdruck bei abnehmender Chance, es zu etwas bringen (das falsche Aufstiegssyndrom)
- Verlängerung der Bildungszeit bei zunehmendem Bewußtsein, daß das alles nutzlose Theorie (boondoggling) ist (falsche Inhalte, Erfahrungsarmut)
- Gettoisierung der Kinder (falsche Isolierung, falsche Homogenität)
- das Fehlen von Herausforderung und Verantwortung (die Schule bleibt langweilig).

7. Die Schule zu einem »Lebensraum« zu machen, in dem das Leben sich jetzt erfüllt (sogenannte »Entkoppelung« von Bildungssystem und Berechtigungssystem), steht in keinem prinzipiellen Gegensatz zur Aufgabe, »Übergang« zu den Lebensformen unserer Gesellschaft zu sein.

8. Die Verschränkung dagegen der zweiten Aufgabe mit dem Berufs- oder Beschäftigungssystem muß *erprobt* werden – in mehreren nicht zu großen regionalen Versuchen.

9. Es müssen Versuchsklauseln in die Schul- und Hochschulgesetze eingebracht werden, die das Experiment nicht allen Bedingungen des herkömmlichen Systems unterwerfen, bevor sie ihren Wert oder Unwert haben zeigen können. Mehr Versuche bringen weniger Risiko als wenige; Versuche mit ganzen Einheiten, aber auf Zeit, ergeben mehr als viele Teilversuche auf Dauer; Versuche als heuristisches Mittel sind nicht weniger wichtig als solche, die eine vorhandene Hypothese verifizieren, ein angelaufenes Programm legitimieren sollen.

10. Es müssen die Eltern in höherem Maße beteiligt werden und zwar sowohl an der Planung wie an der Verantwortung wie an den alltäglichen »Lasten«, die ihnen vielleicht eines Tages, wenn sie es richtig machen, zur besonderen Freude werden.

11. Es muß nicht Ländereinheitlichkeit herrschen. Die Länder sollten von ihrer Kulturhoheit entschlossen Gebrauch machen.

12. Es darf nicht die Verwaltbarkeit und Judizierbarkeit der erste und durchschlagendste Maßstab für pädagogische Maßnahmen und Einrichtungen bleiben.

13. Der gegenwärtige Überhang an Lehrern ist für die Erneuerung und Verbesserung der Schule gerade gut: man braucht Zeit und kleinere Gruppen. Die Lehrerbesoldung muß nicht steigen; es kann den Lehrern angeboten werden, für die Hälfte des Gehaltes auch nur die Hälfte der Arbeit zu leisten – und viele würden davon Gebrauch machen.

14. Es kann ihnen auch ein Angestelltenverhältnis zugemutet

werden, wenn damit größere Freiheiten verbunden sind, wenn sie gleichsam Vertragspartner der Öffentlichkeit werden. Die Unsicherheit der heutigen Lehrer (ob sie eine Stelle bekommen oder behalten) ist so schädlich wie die absolute Sicherheit ihrer Vorgänger.

15. Die Inhalte der Schule sind bisher nur oberflächlich verändert oder gänzlich neuen Zielen, Gegenständen und Verfahren geopfert worden. Die Curriculumreform ist über die ersten notwendigen Fehler kaum hinausgelangt. Hier muß die Reform behutsamer und zugleich konsequenter sein. Zur Konsequenz gehört, daß die Betroffenen überzeugt werden müssen – nicht freilich nur durch Worte, sondern durch Beispiele und Erfahrungen, auf die sie sich ihrerseits einlassen müssen.

16. Dies werden sie um so bereitwilliger tun, je mehr von dem, was sie kennen und schätzen, erhalten bleibt. Die Iphigenie muß nicht der Mutter Courage und diese nicht der Publikumsbeschimpfung geopfert werden. Geschichte und Erdkunde sind keine überständigen Gegenstände der bürgerlichen Bildung, sondern Bestandteil jeder sozialen und politischen Ausstattung eines heutigen Menschen; sie sind ergänzungsbedürftig, nicht abschaffungswürdig. Ohne die künstlerischen und körperlichen Erfahrungen, Anregungen, Hilfen, Übungen sind die »nutzbaren« meist theoretischen Ausbildungsmittel wenig wert.

17. Dies hat die öffentliche Erziehung gegen den Egoismus der Abnehmer (der Eltern, der Betriebe, der Wissenschaften) durchzusetzen.

18. Die weitergehende Reform ist zum Teil auch eine *zweite, neue* Reform, die die erste nicht einfach fortsetzt.

19. Sie wird nur möglich sein, wenn die Partei sie politisch will, und d. h. ihre Notwendigkeit versteht, die Gründe für das Versagen und Unbehagen einsieht. Freunde können helfen, indem sie die Begründungen liefern, den »Transport« zu den Bürgern, Kritikern, Enttäuschten, Hoffenden besorgen und die Partei ermutigen.

20. Es geht um eine »weitere« Sicht der Dinge über die Legislaturperiode hinaus. Ohne eine gründlichere Diagnose der gesellschaftlichen Krise wird dies nicht gelingen, nicht Platz greifen.

21. Die Diagnose wiederum ist nicht ohne das möglich, was sich als »Mitbestimmungspraxis« herausgebildet hat."

22. Die Diagnose hat sachlich zumal eine Analyse des Faktors Arbeit in der Gesellschaft einzuschließen. Aus der Verteilung der

Menschen auf die Aufgaben muß eine Verteilung der Aufgaben auf die Menschen werden. Die Einschätzung und Belohnung dieser Aufgaben muß von den historischen Vorurteilen und Privilegien befreit werden. Es müssen die Aufgaben, die außerhalb des bisherigen Arbeitsmarktsystems stehen, neu bedacht, geschützt und gefördert werden.

Die zweite Bildungsreform zu proklamieren, heißt nicht, mit der ersten brechen, sondern deutlich machen, daß man zu einem neuen Beginn bereit ist, daß man Fehler nicht rechthaberisch leugnen und fortsetzen will, daß man sieht, was man im ersten Anlauf nicht wahrgenommen und nicht erreicht hat.

(Hartmut von Hentig, Die zweite Reform – 22 vorläufige Thesen zu einer möglichen Erneuerung der Bildungspolitik der Sozialdemokratischen Partei Deutschlands, in: Gesamtschule 6, 1977, S. 27f.)

Zum Weiterdenken:
Wie stehen Sie zur Frage einer zweiten Bildungsreform und wo würden Sie in Ihrer Berufspraxis reformerische Anregungen mit einbringen wollen?

1.3 Konsequenzen für die Geschichtsdidaktik

Problemdarstellung

Die Ergebnisse der Curriculumforschung sind in der Zwischenzeit von der Fachdidaktik zur Kenntnis genommen worden. Die verschiedenen geschichtsdidaktischen Richtungen haben sehr unterschiedlich auf sie reagiert. Im ganzen überwiegt der Eindruck, daß nur verbale Zugeständnisse an die Curriculumtheorie gemacht wurden. Das Selbstverständnis der Geschichtsdidaktiker, orientiert an einer weitgehend ungeprüften und unbefragten Geschichtsauffassung (auch da, wo die Forderung nach Legitimation des Geschichtlichen vertreten wurde), verhinderte zunächst eine Integration curricularer Ansprüche in didaktische theoretische Konzeptionen. (Zur Relevanz der Curriculumforschung für die Unterrichtspraxis vgl. Kap. 6.) Wie gezeigt worden ist, hat die Curriculumdiskussion neue didaktische Probleme aufgeworfen. Das hindert nicht daran, ihren unverzichtbaren Wert in der

Aufforderung zu erblicken, das Verhältnis von Theorie und Praxis im Bildungsbereich neu zu reflektieren. Inwieweit stellt sich die Geschichtsdidaktik dieser Aufforderung?

Q 10 Robinsohn hat dafür drei Untersuchungsschritte vorgeschlagen: er möchte die künftigen Lebenssituationen und die für ihre Bewältigung erforderlichen Funktionen ermitteln, die dafür notwendigen Qualifikationen herausfinden sowie die Bildungsinhalte beschreiben, durch welche jene Qualifizierung bewirkt werden soll. Hier wird die Fragerichtung also genau umgedreht: die Inhalte stehen nicht mehr am Anfang, sondern am Ende, sie sind nur die Folgerungen aus den zuvor zu ermittelnden Lebensnotwendigkeiten.

Die Ermittlung künftiger Lebenssituationen ist freilich ein problematisches, empirisch kaum verifizierbares Unternehmen. Selbst wenn es gelingen sollte, mit Hilfe soziologischer, kulturanthropologischer und allgemeinpädagogischer Analysen und Prognosen einen halbwegs zuverlässigen Überblick über die Trends unserer soziokulturellen Entwicklung zu gewinnen, bleibt die Schwierigkeit, eine Rangordnung in die Vielfalt möglicher Ziele zu bringen. Der Pädagogik ist zwar von Haus aus ein antezipatorisches Moment eigen, insofern sie zukünftige Entwicklungen offenhalten muß, aber ihr Vermögen, spätere Abläufe inhaltlich vorwegzunehmen, ist natürlicherweise stark begrenzt. Dennoch muß dieser Aspekt im Auge behalten werden, wenn man sich nicht einfach dem Herkommen oder einem irrationalen Dezisionismus überlassen will.

Was die Auswahl der Bildungsinhalte angeht, so hebt Robinsohn drei Kriterien hervor: »die Bedeutung eines Gegenstandes im Gefüge der Wissenschaft«, seine »Leistung für Weltverstehen, d. h. für die Orientierung innerhalb einer Kultur und für die Interpretation ihrer Phänomene« und seine »Funktion in spezifischen Verwendungssituationen des privaten und öffentlichen Lebens«. Auch diese Bestimmungsmerkmale leuchten ein, geben aber nicht minder schwierige Probleme auf. Das gilt am wenigsten für den wissenschaftlichen Gesichtspunkt; besagt er doch, daß vorzugsweise solche Themen Berücksichtigung verdienen, die den kategorialen Zusammenhang, ›the structure of the discipline‹, erschließen – ein Gedanke, der den Einsichten der Lerntheorie vollkommen entspricht. Auch die ›Leistung für Weltverstehen‹ mag sich konkretisieren lassen, wobei es wichtig wäre, das

Kriterium nicht zu pragmatisch-vordergründig auszulegen. Erhebliche Schwierigkeiten dürfte es dagegen verursachen, »spezifische Verwendungssituationen des privaten und öffentlichen Lebens« ermitteln zu wollen: hier droht die Gefahr eines platten Utilitarismus, der nur das gelten läßt, was in unmittelbarer Lebenspraxis zu gebrauchen ist: in solcher Perspektive könnte Autofahren wichtiger werden als Mathematik, die Rechtsfälle des täglichen Lebens interessanter als die internationalen Beziehungen. Eine derartige Rangordnung müßte dem Prinzip einer auf Wissenschaft vorbereitenden Schule widersprechen, der das theoretische Verständnis mehr am Herzen liegt als die Beherrschung bestimmter Zivilisationstechniken. Wünschenswert ist natürlich ein Sowohl-als-Auch. Die praktische Anwendbarkeit des Gelernten ist zweifellos ein wertvoller Effekt, und die Schule soll nützliches Wissen vermitteln. Aber es wäre fatal, wenn deswegen jene Fächer hintangesetzt würden, die nicht unmittelbar lebenspraktisch sind. Der Nutzwert vieler Wissenschaften – die Geschichte ist eine von ihnen – liegt nicht in dem, was sie zur täglichen Lebensbewältigung beizutragen haben. Zwar ist der Maßstab der Lebensdienlichkeit durchaus legitim, und eine Wissenschaft, die dem Menschen nicht hilft, ist sinnlos. Man faßt den Begriff der Lebenshilfe aber zu eng, wenn man ihn nur auf die Anforderungen des Tages bezieht und nicht bedenkt, daß die größten Wirkungen vom Denken und von prinzipiellen Einsichten auszugehen pflegen. Geschichtliches Wissen und Verstehen sind nur selten für den Tageskampf zu mobilisieren. Ein Geschichtsunterricht, der seine Schüler darauf vorbereiten wollte, müßte wunderliche Blüten treiben.

Das Fach Geschichte kann nicht mit jenen Fächern konkurrieren, in denen man unmittelbar verwertbares Wissen und Können erwerben kann, wie das etwa für die modernen Fremdsprachen, das technische Werken oder viele Gebiete der Mathematik gilt. Der Verwertungszusammenhang der Historie ist nicht mit Händen zu greifen. Man muß ihn eher in einer bestimmten Bewußtseinserweiterung suchen, die zu der Fähigkeit führt, Zeitstrukturen wahrzunehmen und den eigenen Standort mit einiger Zuverlässigkeit zu bestimmen. Wer nicht gelernt hat, die historische Dimension unseres gesellschaftlichen und kulturellen Lebens zu erfassen, bleibt gegenüber wichtigen Phänomenen des menschlichen Daseins blind. Er wird Schwierigkeiten haben, politische Ideologien und Doktrinen in ihrer Einseitigkeit zu erkennen oder die vielen Bedingtheiten politischen Verhaltens in Rechnung zu

stellen. Ein Bildungssystem, das auf das Fach Geschichte verzichten zu können glaubt, riskiert für die nachwachsenden Generationen ein erhebliches Maß Naivität und Kurzsichtigkeit gegenüber politischen und sozialen Problemen.
(J. Rohlfes, Umrisse einer Didaktik der Geschichte, Göttingen 1976, S. 32 ff.)

Fragen:
1. Welche curricularen Überlegungen von Robinsohn scheint Rohlfes zu akzeptieren? Vgl. Q 15.
2. Untersuchen Sie das Wissenschaftsverständnis von Rohlfes und vergleichen Sie es mit seiner Interpretation von Robinsohn.
3. Welche Aufgabe hat die Schule?
4. Ergibt sich auch nach Ihrer Meinung ein zwingender Zusammenhang zwischen curricularen Erfordernissen und Verzicht auf das Fach Geschichte?
5. Welche Gesamteinstellung zur Curriculumtheorie vermittelt der Text?

Q 11 Damit rückt die Fachdidaktik wieder eng an die Fachwissenschaft heran; allerdings nicht so, daß Unterricht als reduzierte Wissenschaft verstanden würde; auch nicht so, daß von vornherein schon die Wissenschaftsstrukturen auch hinreichende didaktische Kategorien seien (Theodor Wilhelm); vielmehr so, daß nach dem Zweck und der Funktion gefragt wird, die einer methodischen Forschung und einer intentionalen Lehre des betreffenden Gegenstandsbereiches in der Gesellschaft insgesamt zukommen. Im Falle der Geschichte: Indem die Fachdidaktik sich selbst und ihren Gegenstand nicht mehr unter schulisch vorgegebene Lernsituationen allein subsumieren läßt, kann sie die alte Frage »Was heißt und zu welchem Ende studiert man Universalgeschichte?« wieder in neuer Weise auf die gesamte Gesellschaft beziehen. Die Frage: Was kann ich von Geschichte als »Lernsache« (Schäfer, Schaller) gerade in einer bestimmten Kommunikationsphase einer bestimmten Lerngruppe im Sinne einer »emanzipatorischen« Erziehungswissenschaft verwenden? wird aufgehoben in der anders angesetzten Frage: Welche Funktion hat Vergegenwärtigung von Vergangenheit für das Wissen der Gesellschaft von sich selbst, und wie sind Lernprozesse so zu organisieren, daß sie dieser Funktion in verantwortbarer Weise entsprechen? . . .
Man hat den Vertretern des Faches Geschichte an Schulen und

Hochschulen den Vorwurf gemacht, daß sie sich in der curricularen Diskussion nicht recht artikulieren konnten, an alten Mustern bildungstheoretischer Didaktik festhielten und nur unbeholfen Versuche der Anpassung an das Vokabular der neuen Bildungsstrategie machten. Unbeweglichkeit und Traditionalismus sollen hier nicht entschuldigt werden: es ist kein Verdienst, wenn der Fachdidaktik dadurch auch fragwürdige Eskapaden und kurzsichtiges Engagement erspart blieben. Aber was die didaktische Dimension der Beschäftigung mit der Geschichte so unbefriedigend formulierbar macht und im curricularen Wettlauf auf die letzten Plätze verweist, das ist nicht Traditionalismus, habituelle Unbeweglichkeit. Es ist vielmehr genau jener kurzatmige Grundansatz ihres eigenen Selbstverständnisses, der oben skizziert wurde. Schon die bildungstheoretische Didaktik hat den allgemeinen Prozeß der Auseinandersetzung der Gesellschaft mit ihrer Geschichte ausgeblendet und die Geschichtsdidaktik auf die Situation des Schülers und der Schule fixiert, der »pädagogischen Verantwortung« das Recht der Zubereitung des Gegenstandes für den »educandus« zugeschrieben. Das geschah zwar immer noch auf dem als selbstverständlich nicht weiter artikulierten Fundament, daß historischer Unterricht sich auch an wissenschaftlich erarbeiteter Gewißheit ausweisen müsse; aber dies Fundament zerbröckelte unter dem Zugriff eines neuen pädagogischen Ansatzes, der mit dem Glauben an die Machbarkeit des Lernprozesses das Pathos der Überwindung des Hergebrachten verbindet. Einem solchen Zugriff ist das Instrument der Ideologiekritik in besonderer Weise angemessen – so sehr, daß die Gefahr besteht, in historischen Aussagen und Urteilen nur noch die Spiegelung von Interessen wahrzunehmen, die Forderung nach Adäquanz von Aussage und Objekt zu übersehen. Verabsolutierte und politisch funktionalisierte Ideologiekritik macht dann Geschichte auf neue und andere Weise verfügbar, einbaubar in den Prozeß der Bewußtseinsbildung und ablösbar von der Kontrolle durch Methoden und Ergebnisse wissenschaftlicher Erforschung der Vergangenheit.
Vor dem Ansturm neuer Zumutungen, vorgetragen in einem neuen Sprachgebrauch, der das Selbstverständnis der Geschichtslehrer nicht nur, sondern auch ihren Gegenstand gar nicht mehr artikulierbar werden ließ, verschlossen sich Fachdidaktik und Fachlehrer entweder in Resignation und Schweigen oder kompensierten das Defizit durch besonders progressives Engagement bei der »Destruktion der historischen Dimension«.

Das wirkte sich um so verhängnisvoller aus, als die Blickverengung der historischen Didaktik auf die Schule zu einer Entfremdung zwischen Fachwissenschaft und Fachdidaktik führte. Wenn prominente Fachwissenschaftler den Unterricht als pädagogische Angelegenheit und außerhalb ihrer Kompetenz (manchmal auch ihres Interesses) stehend erklärten, wenn Forschung und Wissenschaftsbetrieb gegen die gesellschaftlichen Auswirkungen ihres eigenen Tuns Sichtblenden aufbauten, so suchten andererseits viele Fachdidaktiker ihren »Eigenwert« jenseits der Geschichtswissenschaft im eigenen pädagogisch-didaktischen Raum, wo sich die Schnittlinien vieler unterrichtsbezogener Wissenschaften trafen – und wo nun, wie angedeutet, die historische Didaktik, gleichsam zerschnitten, zum Lieferanten von »Lernsachen« für »Lernprozesse« zu werden droht, die sie in Ziel und Berechtigung selbst nicht mehr verantworten muß und kann. Geschichtswissenschaft und Geschichtsunterricht können diese Situation nur bewältigen, wenn sie sich aus ihr herausbegeben und die »Didaktik der Geschichte« auf ein breiteres Fundament stellen, so, wie es oben umrissen wurde.

Schwierigkeiten und Aufgaben
Die Schwierigkeit eines solchen Versuches liegt nun darin, daß man täglich auf der pragmatischen Ebene der Didaktik handeln und planen muß, während auf der empirischen Ebene kaum genaue Kenntnis vorliegt über den Zusammenhang von geschichtlichem Wissen und Urteilen einerseits und politischem Selbstverständnis andererseits; insofern ist die Planung der Geschichtsdidaktik weithin blind, um so mehr, als die früher akzeptierten individualpsychologischen Bedingungen für den Unterricht (schon ihre Erklärung zu »Bedingungen« oder »Voraussetzungen« spiegelt die Isoliertheit der alten Didaktik) als Trugschlüsse denunziert wurden. Fehlt der Didaktik das empirische Fundament, so sind andererseits die i. w. S. normativen Kriterien zunächst durch einen Schwund an theoretischer Substanz undefinierbar und dann infolge schärferer Akzentuierung und Polarisierung der politischen Positionen kontrovers geworden.
In dieser Lage gibt es kein Patentrezept; flinke Curriculumkonstruktion, Integrationseuphorie oder Lernzieldogmatik führen nur in sterile Betriebsamkeit. Deutlicher als bisher müssen Geschichtswissenschaft und Geschichtsunterricht, ungeachtet ihrer verschiedenen Arbeitsbereiche und Arbeitsweisen, den gemeinsamen Aufgabenzusammenhang erkennen und anerkennen,

in dem sie stehen: den ständigen Vorgang der Selbstauslegung der Gegenwart durch vergewissernden Rückgriff auf die Vergangenheit zu rationalisieren, methodisch überprüfbar zu machen; auf die Grundlage durch Forschung erhellten Wissens von vergangener Wirklichkeit zu stellen; die kommunikative Dimension der Wissenschaft zu reflektieren; die Vermittlung historischen Verständnisses im Hinblick auf Richtigkeit, auf Wirkung und auf Wünschbarkeit diskutierbar zu machen. Als jene Instanzen, die von der Gesellschaft ausgestattet, intentional und institutionalisiert das Geschäft der Vermittlung historischen Verständnisses betreiben, haben sie die Aufgabe, es nicht dem unreflektierten Wirken bloßer Tradition zu überlassen oder es dem Zugriff manipulierender Agitation auszuliefern.
(K. E. Jeismann, Funktion und Didaktik der Geschichte, in: J. Rohlfes, K. E. Jeismann (Hg.), Geschichtsunterricht, Inhalte und Ziele, Stuttgart 1974, S. 109 ff.)

Fragen:
1. Welche Aufgabe wird der Geschichtsdidaktik zugewiesen?
2. Was für eine Funktion hat die Geschichtswissenschaft?
3. Welchen curricularen Forderungen versucht Jeismann durch einen erweiterten Geschichtsbegriff gerecht zu werden?
4. Sind Sie der Meinung, daß die Geschichtswissenschaft und eine an ihr orientierte Geschichtsdidaktik alleine den curricularen Forderungen entsprechen können?

Die Forderungen und Verfahren der Curriculumtheorie haben nur zögernd und spät Einlaß in die Kreise der Geschichtsdidaktik gefunden. Das hatte seine Ursachen. Die Curriculumtheorie ist ein Instrument pädagogisch-soziologischen Ursprungs, kein Eigengewächs der Geschichtsdidaktik, die in Deutschland über eine lange, geschlossene Tradition mit oft hohem gedanklichen Anspruchsniveau (Erich Weniger) verfügte und die den besserwisserischen Sproß aus der Nachbardisziplin zunächst etwas über die Schulter ansah. Das optisch stark sichtbare, wenngleich keineswegs entscheidende systematisch-konstruktive Moment der Curriculumtheorie wurde mit Abneigung betrachtet; die Fremdheit der neuen Fachsprache war oft Anlaß zum Lächeln – als ob nicht jede Fachsprache ihre schwer erträglichen Seiten hätte –, und das Mißverständnis, bei der Curriculumarbeit handele es sich um eine formalistische Spielerei, lag stets auf dem Sprung.

Q 12

Anlaß starken Unbehagens waren auch die radikalen Fragen der Curriculumtheorie, die auf eine Daseinslegitimation der vielen mehr oder weniger zufällig gewachsenen und irgendwann einmal in die Stundentafeln der Schulen hineingeratenen Schulfächer zielten. Solche Fragen, gerichtet auf den Geschichtsunterricht, wurden von manchen Historikern zurückgewiesen: Die Beschäftigung mit der Geschichte sei menschheitsursprünglich, sie bedürfe keiner Legitimation. Hinzu kam als weiteres Motiv der Abneigung der »Ideologie«-Vorwurf. Die enge Verschwisterung der Curriculumtheorie mit der Lernzieltheorie bewirkte, daß in den Curriculumarbeiten den Lernzielen besondere Aufmerksamkeit gewidmet wurde. Dies führte zum Vorwurf, hier schrieben »Curriculumtechnokraten« der Gesellschaft ihre Ziele vor.
Seit zwei bis drei Jahren ist allerdings der Bann gebrochen. In der Geschichtsdidaktik kommen mehr und mehr Curriculumarbeiten in Gang, und inzwischen liegen bemerkenswerte Ansätze vor. Mehr noch: Einiges spricht dafür, daß gerade die gemeinsame Arbeit an Curriculumentwürfen die früher allzu oft getrennt marschierenden Gruppen der Fachwissenschaftler und der Didaktiker an einen Tisch bringen könnte. Zweifellos hängen diese neuen Impulse auch damit zusammen, daß in Verfolg der allgemeinen Aufarbeitung des vielbeschrieenen Theoriedefizits in der Geschichtswissenschaft die grundsätzliche Scheu auch vor den Curriculumtheorien schwindet. Ein stark wirksames Motiv bildet darüber hinaus die Notwendigkeit, mit der Lehrplanentwicklung auf dem Felde der Sozialwissenschaften/Politik Schritt halten zu müssen, mit Fächern also, denen gegenüber sich der Geschichtsunterricht seit je sei es in einer Art argwöhnischer Idealkonkurrenz, sei es in Verbundenheit zu gemeinsamen Zielen der politischen Bildung gesehen hat.
(R. Schörken, Der lange Weg zum Geschichtscurriculum, [Teil 1], in: Gd 3/1977, S. 254f.)

Fragen:
1. Wie begründet Schörken die Abneigung der Geschichtsdidaktiker gegen die Curriculumtheorie?
2. Wodurch wurde ein Wandel herbeigeführt?
3. Wie beurteilt Schörken die Chance, Curriculumelemente in die Geschichtsdidaktik aufzunehmen?

> *Zum Weiterdenken:*
> – Überdenken Sie die Vorteile und die Nachteile der Curriculumtheorie für die Geschichtsdidaktik.
> – Wo liegen die Gründe für eine unterschiedliche Rezeption der Curriculumtheorie von seiten der Geschichtsdidaktik?

Überprüfen Sie Ihr Wissen:

Folgende Begriffe sind in diesem Kapitel eingeführt und verwendet worden. Überprüfen Sie Ihr Wissen mit Hilfe dieses Kataloges:
- Curriculum
- Curriculumtheorie
- Offenes Curriculum
- Geschlossenes Curriculum
- Lernziele (Qualifikationen, kognitive, affektive Lernziele)
- Lernziel Mündigkeit
- Lernziel Anpassung
- Lebenssituation
- Expertengremium
- Bildungsökonomie
- Bildungsreform
- Normenkonsens

2 Traditionelle und gegenwärtige fachdidaktische Konzeptionen (A. Kuhn)

In dieser Lerneinheit wird am Beispiel der Geschichtsdidaktik von Erich Weniger und neuerer fachdidaktischer Ansätze in grundlegende Elemente der Geschichtsdidaktik eingeführt. Ziel dieser Einheit ist es,
- konstitutive Elemente einer jeden Geschichtsdidaktik kennenzulernen,
- unterschiedliche Konzeptionen innerhalb der neueren Fachdidaktik kennenzulernen und ihre Vorzüge und ihre Nachteile diskutieren zu können.

2.1 Die traditionelle Konzeption der Fachdidaktik

Problemdarstellung

Seit den Anfängen eines staatlich verordneten Geschichtsunterrichts in Deutschland zu Beginn des 19. Jahrhunderts sind unterschiedliche Vorstellungen über das Lehren und Lernen von Geschichte entwickelt worden. Diese Versuche stellen erste Konzeptionen einer Geschichtsdidaktik dar[1]. Sie vermitteln nicht nur herrschende geschichtsdidaktische Vorstellungen der Zeit; sie enthalten darüber hinaus auch grundlegende Elemente, die heute noch für die verschiedenen Konzeptionen der Geschichtsdidaktik maßgeblich sind.
Die Didaktik von E. Weniger stellt einen Höhepunkt in dieser Entwicklung dar[2]. Dieses vornehmlich in der Weimarer Zeit entstandene Werk, das aber erst in den Jahren nach 1949 seine volle Wirksamkeit erreichte, signalisiert auch einen Wendepunkt sowohl in der Fachdidaktik Geschichte als auch in der allgemeinen Didaktik. Denn die Auseinandersetzung mit dieser Konzeption bildet nicht nur den Ausgangspunkt für die gegenwärtigen Bestrebungen um eine Grundlegung der Geschichtsdidaktik. Die Frage nach der Bedeutung der Bildungstheorie von Weniger für die Erziehungswissenschaft ist durch die kritische Weiterentwick-

lung der geisteswissenschaftlichen Pädagogik von Weniger durch Wolfgang Klafki auch in der gegenwärtigen, allgemeinen und fachdidaktischen Diskussion noch offen[3].
Unsere Fragen heute lauten:
- Was charakterisiert die Bildungstheorie in ihrer Eigenschaft als theoretische Grundlegung der Geschichtsdidaktik?
- Welche Elemente der Bildungstheorie haben heute noch für die Geschichtsdidaktik Gültigkeit?
- Warum ist heute eine Revision der bildungstheoretischen Basis der Geschichtsdidaktik notwendig?

Um diese Fragen beantworten zu können, müssen wir uns an die Curriculumrevision im Sinne der ersten Lerneinheit und an die drei Determinanten des Lernprozesses erinnern.

Die drei Determinanten des Lernprozesses

Erst im Rahmen der curricularen Lernzieldiskussion sind die drei Determinanten des schulischen Lernprozesses, Schüler, Gesellschaft und Sache, wieder in den Mittelpunkt der Diskussion geraten.
»In der Literatur werden im allgemeinen drei zentrale Curriculum-Determinanten genannt:
1. ›Gesellschaft‹;
2. ›Kind‹;
3. ›wissenschaftliche und künstlerische Disziplinen‹.[4]«

Die Erkenntnis dieser drei interdependenten Elemente lag aber schon der älteren fachdidaktischen Konzeption von Weniger zugrunde. In dieser traditionellen Fachdidaktik, die sich auf die Bildungstheorie stützt, sind diese drei Elemente eingebunden in den Versuch der geisteswissenschaftlichen Pädagogik, die gesamte geschichtliche Welt als Bildungsprozeß zu begreifen. Über die hiermit verbundenen Probleme des Historismus und einer unkritischen Erziehung zur Anpassung an die Tradition wird noch zu sprechen sein[5]. In unserem Zusammenhang ist es zunächst wichtig zu erkennen, daß zwar alle fachdidaktischen Positionen diese drei Determinanten des Lernprozesses berücksichtigen, allerdings in sehr unterschiedlicher Weise. Dabei kommt dem bildungstheoretischen Versuch, diese grundlegende Frage nach dem Zusammenhang dieser drei wichtigsten Lernelemente in einer umfassenden Weise zu lösen, gerade in der Geschichtsdidaktik eine besondere Bedeutung zu (Q 13).

Q 13 In meinem Buche über die »*Grundlagen des Geschichtsunterrichts*« habe ich mich bemüht, so in der Vertiefung in die Geschichte des Geschichtsunterrichts die Besonderheit des Bildungsvorgangs, die verschiedenen in ihm enthaltenen Funktionen und die einzelnen, den Zusammenhang und die Folge des Unterrichts konstituierenden Momente herauszuarbeiten. Der Ausgangspunkt wurde in dreifachem Ansatz genommen bei den Grundfragen, mit denen die Diskussion über das »*Schmerzenskind der Didaktik*« sich vorzugsweise beschäftigt (Schüler, Stoff, Lehrer), und diese Grundfragen wurden in ihre Geschichte hinein verfolgt. Die Untersuchungen begannen mit der Frage nach dem Verhältnis des Kindes zu der Geschichte, die Aufklärung über den Stufengang der Unterweisung, den Aufbau des Geschichtsunterrichts erwarten ließ. Aber es ergab sich, daß es sich bei dem Aufbau der Stufen des Geschichtsunterrichts nicht um ein psychologisches Problem etwa der Begabung oder der Interessen des Kindes handelt, daß vielmehr das Verhältnis des Kindes zur geschichtlichen Welt sich nur in der konkreten Begegnung mit den Inhalten der Geschichte, mithin im Bildungsvorgang selbst entwickelt, so daß also psychologische Erwägungen erst eintreten können, wenn Gegenstand und Inhalt des Geschichtsunterrichts feststehen und alle überhaupt an ihm beteiligten Faktoren an ihrem Ort zum Einsatz kommen. Ausdruck dieses Tatbestandes ist das scheinbar so paradoxe Ergebnis der Untersuchung der verschiedenen Theorien über die Stufen des Geschichtsunterrichts: es erwies sich, daß die psychologischen Einsichten über das Verhältnis des Kindes zur Geschichte und damit der Aufbau der Stufen des Geschichtsunterrichts abhängig sind von der Weltanschauung des Lehrers oder derer, die den Lehrplan vorschreiben, von ihren metaphysischen und politischen Überzeugungen und ihrer Geschichtsauffassung, von ihrer Stellung zu den Fragen der Zeit und Kultur und von ihrem Verhältnis zur Jugend. Das heißt also, daß die psychologische Setzung, wie sie in der Gestaltung der Stufen liegt, bereits ein Akt des im Geschichtsunterricht vor sich gehenden Geschehens ist, in dem Bildungsvorgang selbst liegen Stufen für die Berührung der Jugend mit der Geschichte, verschieden je nach den ihm gesetzten Zielen.

Zu ganz ähnlichen Ergebnissen gelangt die Untersuchung, wenn nun weiter nach dem Gegenstand des Geschichtsunterrichts gefragt wird. Gerade wenn man von dem Streit zwischen politischer und Kulturgeschichte, in dem sich der Kampf um den Inhalt des Unterrichts zu erschöpfen scheint, ausgeht, ergibt sich,

daß der Gegenstand des Unterrichts in dem Bildungsvorgang selbst und seiner Bewegung immer wieder neu gewonnen wird. Wiederum gibt es einen paradoxen Ausdruck dafür: der Streit um die Kulturgeschichte läßt sich letztlich auf pädagogische Motive zurückführen. Die Kulturgeschichte, insbesondere in ihrer höchsten Form als Geistesgeschichte, erweist sich als das eigentliche Mittel geschichtlicher Bildung, indem sie in der völligen Hingabe an Gesetz und Notwendigkeit doch zur souveränen Freiheit über alle Bindungen, zur Überwindung des bloß Faktischen verhilft und eine unmittelbare sittliche Verantwortung für jeden einzelnen erfahren läßt, wobei dann selbst ihr Gegensatz zur politischen Geschichte überwunden wird.
(E. Weniger, Die geisteswissenschaftliche Begründung des Geschichtsunterrichts, in: Schule und Wissenschaft 1. Jg. 1926, S. 476–480)

Fragen:
1. Weniger versucht, die Beziehung der einzelnen didaktischen Komponenten (Kind, Lerngegenstand und Weltanschauung) zueinander näher zu bestimmen. Versuchen Sie, dieses Verhältnis der drei Determinanten des Lernprozesses im Sinne von Weniger wiederzugeben.
2. Welche Rolle spielt nach Weniger die »Weltanschauung«?
3. Was versteht Weniger unter Bildung?

Die bildungstheoretische Didaktik sieht ihre Hauptaufgabe darin, Unterrichtsinhalte auszuwählen, zu strukturieren und für das Verständnis bestimmter Altersstufen zuzubereiten. Kriterium der Auswahl ist der Bildungsgehalt: die Momente am Bildungsinhalt, die eine Erschließung des Allgemeinen im Besonderen bewirken. Bei einem solchen Verfahren wird »Stoff« immer schon vorausgesetzt. |Q 14|
(R. Schörken, Lerntheoretische Fragen an die Didaktik des Geschichtsunterrichts, in: Geschichtsunterricht ohne Zukunft? 1.1. Stuttgart 1972, S. 74)

Fragen:
1. Worin liegen nach Schörken die Hauptaufgaben der bildungstheoretischen Didaktik?
2. Findet diese Charakterisierung eine Bestätigung in Q 13?
3. Liegt der Charakterisierung der Bildungstheorie von Schörken eine Kritik dieses Ansatzes zugrunde?

Q 15 ... Bildungstheoretische Didaktik wählt den Begriff der Bildung zu ihrer zentralen Kategorie, weil er als unerläßlich angesehen wird, die pädagogische Intentionalität als solche auszudrücken und damit den Maßstab zu liefern, mit dem die Didaktik die ihr gestellten Aufgaben zu lösen hat. Allerdings, und das muß, um Mißverständnisse auszuschließen, ganz klar gesehen werden: es handelt sich um einen Maßstab, nicht um das zu »Messende«. Können die Lehrinhalte also nicht vom Bildungsbegriff abgeleitet werden, so steht die Didaktik in einem spezifischen Feld der Erörterung. Auf der einen Seite machen sich die Bedingungsfaktoren geltend, d. h. der Erziehungsanspruch der gesellschaftlichen Mächte, der unter bestimmten geschichtlichen Voraussetzungen zu einem geschlossenen Bildungsideal kodifiziert, unter anderen Prämissen aber pluralistisch differenziert sein kann; daneben, ebenfalls auf der Seite der Bedingungsfaktoren, die Eigengesetzlichkeit der Unterrichtsinhalte, insbesondere der aus Wissenschaften entnommenen und an ihnen orientierten, die in der Reduktion auf bildende Lehre nicht verletzt werden dürfen. Auf der anderen Seite ist diesen Ansprüchen entgegengesetzt die vom Bildungsbegriff formulierte Intention der Pädagogik.

... Anwälte der bildungstheoretischen Position machen gelegentlich geltend, der positivistische Ansatz tauge nichts für die Pädagogik, weil er die unhintergehbare Sollensstruktur des erzieherischen Vorgangs verfehle. Ein solcher Einwand ist indessen töricht. Denn niemand streitet darüber, ob Erziehung unter Normen erfolge oder nicht. Die Frage lautet vielmehr, ob eine Wissenschaft normierende oder wertende Sätze enthalten dürfe oder ob sie auf analytische Aufgaben zu beschränken sei. Nun wird freilich auch eine Analyse von Erziehungsvorgängen auf Normen- und Sollensprobleme stoßen, aber sie wird dann die tatsächlich wirksamen Maßstäbe des Erziehungshandelns beschreiben und deren Bedingungen aufdecken, nicht selber Maßstäbe verbindlich feststellen wollen. Die wissenschaftstheoretische Problematik eines solchen Verständnisses von Wissenschaft und dessen politisch-gesellschaftliche Implikationen werden wir in anderen Zusammenhängen weiter unten behandeln. Hier genügt vorerst die Feststellung, daß bildungstheoretische Modelle der Didaktik, wie auch immer sie im einzelnen angelegt sein mögen, einen nicht-positivistischen Ansatz benötigen, weil sie mit dem Bildungsbegriff ihre Wissenschaft an ein Interesse binden, welches über bloße Analyse und wertfreie Tatsachenfeststellungen prinzipiell hinausweist. Eine solche Auffassung braucht sich

nicht allein auf die Tradition des pädagogischen Denkens zu berufen, sondern kann auch moderne Positionen beanspruchen, sogar von sozialwissenschaftlicher Seite, etwa die dialektische Wissenschaftstheorie der Frankfurter Schule der Soziologie (Theodor W. Adorno, Max Horkheimer, Jürgen Habermas). Allerdings muß sie sich dann auch auf Ideologiekritik einlassen und die Voraussetzungen der eigenen Tradition dieser Kritik aussetzen; sofern sie das tut, eröffnet sie sich die Möglichkeit, ein emanzipatorisches Interesse an der Erziehung als das erkenntnisleitende ihres wissenschaftlichen Vorgehens zu sichern.
(Blankertz, H., Theorien und Modelle der Didaktik, München 1977, S. 33, 35)

Fragen:
1. Welche Bedeutung kommt nach Blankertz dem Bildungsbegriff zu?
2. Welche Rolle spielen nach Blankertz Normen bzw. Werte in der bildungstheoretischen Didaktik?
3. Die bildungstheoretischen Modelle der Didaktik sind nach Blankertz an Interesse gebunden. Was ist hiermit gemeint?

Die bildungstheoretische Basis der allgemeinen und der Geschichtsdidaktik ist heute problematisch geworden. Dennoch ist ein absoluter Bruch mit der Bildungstheorie insbesondere für die Fachdidaktik Geschichte nicht möglich. Hieraus entstehen für die gegenwärtige Geschichtsdidaktik neue Probleme.

Zum Weiterdenken:
— Versuchen Sie Gründe zu finden, warum der Bildungsbegriff, auf den sich die Bildungstheorie stützt, für uns heute problematisch geworden ist.
— Versuchen Sie zu erklären, warum die Bildungstheorie besonders eng mit der Geschichtsdidaktik verbunden gewesen ist.
— Überlegen Sie sich Möglichkeiten einer Revision bzw. einer kritischen Erweiterung der Bildungstheorie.

2.2 Gegenwärtige fachdidaktische Positionen und Konzeptionen[5]

Problemdarstellung

Die neueren fachdidaktischen Ansätze stimmen alle darin überein, daß die Bildungstheorie nicht mehr als theoretische Basis für die Geschichtsdidaktik ausreicht. Sie ziehen jedoch aus dieser Einsicht unterschiedliche Konsequenzen. Wir können drei verschiedene Versuche unterscheiden, um über die Grenzen der Bildungstheorie hinauszugelangen:
1. Die additive Methode. Hierbei werden verschiedene neuere Ansätze aufgenommen, ohne eine stringente Fachdidaktik anzustreben. J. Rohlfes nennt diese Vorgehensweise pragmatisch und eklektisch.
2. Die fachwissenschaftliche Methode. Hierbei wird von der Geschichtswissenschaft ausgegangen. Jeismann spricht davon, den Geschichtsunterricht vom »Gegenstand« her zu begründen.
3. Die curriculare Methode. Hier werden die einzelnen curricularen Elemente in ihrem interdisziplinären Zusammenhang gesehen. Die Geschichtsdidaktik versteht sich hierbei als eine »Kommunikationswissenschaft« (Schörken). In diesem Sinne können wir in der neueren Fachdidaktik unterscheiden zwischen einer pragmatisch-eklektischen Didaktik (Q 16, Q 17), einer fachwissenschaftsorientierten Didaktik (Q 19) und einer kommunikativen Didaktik (Q 20–Q 22). Wir sprechen nicht von einer lerntheoretischen Fachdidaktik, da die Lerntheorie nicht zur Basis einer eigenständigen Geschichtsdidaktik geworden ist (Q 18). Für die kommunikative Fachdidaktik haben wir drei Texte gewählt, weil wir in dieser Richtung die breiteste Basis für die Weiterentwicklung der Fachdidaktik heute sehen.

Obgleich sich diese drei Hauptrichtungen der gegenwärtigen Fachdidaktik alle von der Bildungstheorie als *alleiniger* Basis der Fachdidaktik distanzieren, unterscheiden sie sich in vielfältiger Weise. Es gilt zu klären:
– Wie verhalten sich die neueren Fachdidaktiken zur Bildungstheorie?
– Worin liegt das Charakteristische der einzelnen Neuansätze?
– Wo liegen die Vorzüge und Grenzen der einzelnen Neuansätze?

Q 16 Der Didaktik-Begriff, von dem zeitgemäße Geschichtsdidaktik auszugehen hat, muß die richtigen Ansätze der Bildungs-, Lern-

und fachwissenschaftsbezogenen Didaktik in sich enthalten, ihre Einseitigkeiten aber vermeiden. Fachdidaktik ist mehr als Methodenlehre oder Theorie der Unterrichtsinhalte, auch wenn sie diese einschließt. Sie umfaßt alle Fragestellungen, die das Fach betreffen, und zwar nicht nur das Schulfach und die in ihm stattfindenden Lehr- und Lernprozesse, sondern auch seine wissenschaftstheoretischen und fachwissenschaftlichen Grundlagen, seine Funktion im Erziehungs- und Ausbildungswesen, seine Bedeutung für das Leben des einzelnen sowie seine soziokulturellen Voraussetzungen und Auswirkungen. Die Fachdidaktik ist auf die Integration einer Mehrzahl einzelwissenschaftlicher Aspekte ausgerichtet, ihr spezifischer Gegenstand ist die Vermittlung historischer Denkformen und Betrachtungsweisen, Einsichten und Kategorien, Kenntnisse und Erfahrungen in Schule, Hochschule und Erwachsenenbildung. Darum muß sie auch darüber nachdenken, welcher Stellenwert der Vergangenheit und ihrer Erforschung, dem Geschichtsbewußtsein und der Geschichtlichkeit in unserer Zeit und unserer Gesellschaft zukommen; insoweit kann sie sich auch geschichtsphilosophischen Fragen nicht entziehen.
(Rohlfes, J., Umrisse einer Didaktik der Geschichte, Göttingen 1976, S. 24)

Didaktik war viele Jahre mit der Theorie der Bildungsinhalte nahezu identisch. Auch heute noch sieht man vielerorts die Hauptaufgabe der Didaktik darin, aus einem großen Angebot möglicher Inhalte die für die Schule oder bestimmte Altersstufen besonders geeigneten auszusuchen und in einen vernünftigen Lernzusammenhang zu bringen. Das didaktische Kardinalproblem besteht dann in der Ermittlung pädagogisch gültiger Auswahlkriterien.

Q 17

In dieser Richtung hat in letzter Zeit vor allem Wolfgang Klafki gearbeitet. Er hat den schon lange gebräuchlichen und darum etwas verwaschenen Begriff des ›Bildungsgehaltes‹ präzisiert und zum maßgebenden didaktischen Prinzip erhoben. Bildungsgehalte nennt Klafki diejenigen den besonderen Sachverhalten innewohnenden allgemeinen Prinzipien, die geeignet sind, die Vielgestaltigkeit des Wirklichen für den Menschen und diesen für die Wirklichkeit zu erschließen. Der bildende Effekt eines Unterrichtsgegenstandes wird ausgelöst, wenn es gelingt, das »große Feld des je Einzelnen« auf die »durchgehenden Strukturen, Gesetzmäßigkeiten, Zusammenhänge« zurückzuführen: »Bil-

dend sind nicht die besonderen Sachverhalte als solche, sondern die an ihnen oder in ihnen zu gewinnenden Struktureinsichten oder Gesetzeserkenntnisse, die erfaßten Prinzipien oder die erfahrenen Motive, die beherrschten Methoden oder die verstandenen Fragerichtungen, die angeeigneten Grundformen oder Kategorien, schließlich: die erfahrenen Grenzen.«
Diese Definition entspricht fast exakt den Aussagen der Lernpsychologie über die optimale Form des Lernens, ohne daß sie lerntheoretisch begründet und gemeint ist; sie läßt eine erfreuliche Konvergenz unterschiedlicher Ansätze erkennen. Indes geht der Anspruch der Bildungsdidaktik weiter. Sie glaubt in der Kategorie der Bildung einen Maßstab zu besitzen, mit dessen Hilfe sie die Bildungsrelevanz aller Unterrichtsinhalte zu beurteilen vermag. Im Namen der heranwachsenden Generation will sie nur das für den Unterricht freigeben, »was dem jungen Menschen helfen kann, seine Gegenwart und seine Zukunft besser zu verstehen und menschlich zu meistern«. Sie behält sich vor, die Inhalte aus ihren jeweiligen Sachbezügen zu lösen und nach pädagogischen Zwecken neu zu ordnen. Dahinter steht das Prinzip der ›pädagogischen Autonomie‹, demzufolge die Pädagogik das Recht und Pflicht hat, die wissenschaftlich und auf andere Weise ermittelten Sachverhalte und Sinnzusammenhänge den Bedürfnissen der Kinder und Jugendlichen anzupassen. Sie orientiert sich dabei am »Maßstab der Personwerdung«, der dem der Sachgesetzlichkeit übergeordnet ist. Derbolav hat diese Tendenz ins Ethische überhöht: bildend im vollkommenen Sinne nennt er nur jenes Lernen, das die »Ordnungsstrukturen« und »Verantwortungsgehalte« der Sachfelder und Fachgebiete, »die von jenen Wissenschaften vorausgesetzten Normgehalte« also, offenzulegen vermag. Für ihn wird nur ein Wissen, das zum Gewissen hinleitet, der Bildungsidee ganz gerecht.
Es ist augenscheinlich, daß die bisherige Geschichtsdidaktik von den Vorstellungen der Bildungsdidaktik stark geprägt worden ist. In der Tat ist die Unterscheidung von Bildungsinhalten und -gehalten fruchtbar, wenn man sie nicht strapaziert und hinter jedem historischen Sachverhalt die tiefere Bedeutung, den Bildungswert, sucht und findet. Die Sorg- und Gedankenlosigkeit, mit der man häufig den Bildungsbegriff im Raume der Fachdidaktiken verwendet, hat ihn ohne Zweifel entwertet. Hinzu kam das Eingeständnis, daß es letztlich keine eindeutigen Merkmale gibt, mit deren Hilfe man die bildungshaltigen zweifelsfrei von den bildungsneutralen Gegenständen trennen kann. Auch die Person-

werdung oder Lebensdienlichkeit sind viel zu komplexe Begriffe, als daß sie auf den Einzelfall anwendbar wären. Es spricht manches dafür, daß die Inhalte nicht als solche bildungswirksam oder -unwirksam sind, sondern allein die Qualität der auf sie gerichteten Lehr- und Lernverfahren den Bildungseffekt bestimmt.
(Rohlfes, J., Umrisse einer Didaktik der Geschichte, Göttingen 1976, S. 14–16)

Fragen:
1. Wie definiert Rohlfes die Geschichtsdidaktik?
2. Versuchen Sie, das Verhältnis der Geschichtsdidaktik zur Bildungstheorie in der Sicht von Rohlfes zu bestimmen (vgl. Q 15).
3. Wie verhalten sich nach Rohlfes die Erkenntnisse der Bildungstheorie zu den Annahmen der Lerntheorie?

Die Kritik der Lerntheorie (an der Bildungstheorie) (Ergänzung A. K.) richtet sich nun gegen die Vorstellung, daß Lernen und Lehren im Unterricht hinreichend mit der Auswahl und Strukturierung von vorgegebenen Inhalten definiert sei. Die lerntheoretische Didaktik schlägt statt dessen ein didaktisches Modell vor, das sich nicht in erster Linie an der Inhaltlichkeit von Unterricht, sondern am *Unterrichtsprozeß* orientiert. Dazu gehört die Umstellung der Unterrichtsplanung von Stoffkatalogen mit globalen Zielangaben auf präzise Lernzieldefinitionen. Sie bilden die Voraussetzung für die Strukturierung von Lern- und Lehrvorgängen im Unterricht. Damit sind Aufbau von Lernsituationen, Stufung des Lernprozesses und pädagogische Kontrolle gemeint.
(R. Schörken, Lerntheoretische Fragen an die Didaktik des Geschichtsunterrichts, in: Geschichtsunterricht ohne Zukunft? 1.1. Stuttgart 1972, S. 74) | Q 18 |

Fragen:
1. Worin unterscheidet sich nach Schörken der lerntheoretische von dem bildungstheoretischen Ansatz?
2. Vergleichen Sie diese Aussage mit Q 16.

In der Einleitung wurde der Anspruch aufgestellt, die Fachdidaktik des Geschichtsunterrichts von ihrem Gegenstand her zu | Q 19 |

begründen. Gegenstand dieses Unterrichts ist, allgemein und vorläufig gesprochen, die »Geschichte«. Der Gegenstand der Didaktik des Geschichtsunterrichts ist die Summe der Vorgänge, durch die beabsichtigt, planmäßig und im regelmäßigen Gang des Geschichtsunterrichts Vorstellungen von und Einstellungen zur Geschichte vermittelt werden.

Was aber ist die Geschichte? Wie können geschichtliche Vorstellungen im Bewußtsein aufgebaut, wie können historische Erkenntnisse gewonnen werden?

Diese Fragen führen die Fachdidaktik sogleich in den Bezirk geschichtstheoretischer Probleme. Immer mehr wird in letzter Zeit die enge Verbindung und die Kooperationsbedürftigkeit zwischen der Theorie und der Didaktik der Geschichte erkannt.

Die Didaktik des Geschichtsunterrichts muß sich gleicherweise der Geschichtsforschung als der methodischen Erschließung und Deutung der Quellen wie der Geschichtstheorie als der Analyse der Möglichkeiten und Bedingungen historischen Erkennens versichern.

Eine weitere grundlegende Bemerkung ist einzufügen. Als Schulfach, als intentionaler und permanenter Unterricht tritt die Überlieferung oder Neubildung historischer Vorstellungen erst spät in entwickelteren Gesellschaften auf. In dieser Form haben wir eine zwar wichtige, aber keineswegs die einzige und vielleicht nicht einmal die mächtigste Art des Prozesses vor uns, in dem sich einzelne wie Gruppen und die Gesellschaft insgesamt immer wieder ihrer Vergangenheit vergewissern. Die Folge der Geschichtlichkeit individuellen und gesellschaftlichen Daseins ist ein breiter und gar nicht in Unterricht einzufangender Prozeß ständig neuer Selbstvergewisserung durch Vergangenheitsauslegung. Deshalb kann sich eine Fachdidaktik der Geschichte nicht aus dem spezifischen Sonderfall der Vermittlung von Geschichtsvorstellungen in der Schule begründen. Umgekehrt ist jede Didaktik des Geschichtsunterrichts und also auch dieser selbst nur zu entwickeln auf der Basis und im Zusammenhang des umgreifenden und andauernden Prozesses der gesellschaftlichen Aufbereitung von Geschichte.

Die Didaktik des Geschichtsunterrichts ist also ein Teil der »Didaktik der Geschichte«. Diese hat es zu tun mit dem komplexen Prozeß der Rezeption von Geschichte in der Gesellschaft. Mit dieser Aufgabe steht die Didaktik der Geschichte als ein Teil der Geschichtswissenschaft neben der Geschichtsforschung und der Geschichtstheorie. Damit ist sie als Wissenschaft

eine notwendige Ergänzung sowohl der Geschichtsforschung, die sich unmittelbar den Zeugnissen zuwendet, wie der Geschichtstheorie, die über Erkenntnismöglichkeiten und deren Bedingungen reflektiert. Sie stellt in den Mittelpunkt ihres Interesses die Erforschung der Formen und Inhalte des Geschichtsbewußtseins, der Bedingungen und Faktoren seines Aufbaus und seiner Veränderung, die Bedeutung und Funktion dieses Geschichtsbewußtseins im Selbstverständnis der Gegenwart.
(Jeismann, K.-E., Didaktik der Geschichte, in: Geschichte und Politik, Paderborn 1978, S. 50–52)

Fragen:
1. Wie definiert Jeismann die Didaktik des Geschichtsunterrichts und die Geschichtsdidaktik?
2. Welche Bedeutung haben nach Jeismann die Geschichtsforschung und die Geschichtstheorie für die Geschichtsdidaktik?[6]
3. Welches Interesse ist nach Jeismann für die Geschichtsdidaktik bestimmend?

| Q 20 |

Für die Frage, welche Bewußtseinsveränderungen sich denn eigentlich im Menschen vollziehen – oder auch nicht vollziehen –, wenn er mit bestimmten Inhalten, Erkenntnissen oder Denkformen der Geschichtswissenschaft in Berührung kommt, welches Weltbild aufgebaut wird, welche Kümmerformen sich entwickeln können, welche Auswirkungen auf das Verhalten daraus möglicherweise resultieren – diese weit über die bisherige Form der Schuldidaktik hinausreichende Fragestellung sucht man in der Geschichtsdidaktik vergebens. Dabei handelt es sich nicht nur um ein legitimes Aufgabenfeld einer Didaktik, die sich als Kommunikationswissenschaft versteht, sondern um ein Untersuchungsgebiet, das sowohl für den fachwissenschaftlichen Vermittlungsprozeß wie für die Schuldidaktik im engeren Sinne höchst aufschlußreiche Ergebnisse liefern könnte. Eine so verstandene Didaktik wäre nicht nur Anwendungs-, sondern Auswirkungswissenschaft, sie könnte allen, die Geschichte lehren oder vermitteln, endlich sagen, was denn nun das tatsächliche Ergebnis geschichtlichen Lehrens und Lernens ist – Ergebnis hier nicht verstanden als prüfbare Lernleistung, Geschichtsnote oder Studienbefähigung, sondern als lebenslange Bewußtseinsprägung.
Ausgangspunkt einer solchen Geschichtsdidaktik ist nicht allein der Stoffbereich Geschichte, sondern sind die vielfältigen Bezie-

hungen zwischen diesem Sachfeld Geschichte und dem Subjekt, das es mit der Rezeption der Geschichte zu tun hat. Gegenstand der Geschichtsdidaktik ist also der Vermittlungsprozeß zwischen Subjekt und Objekt, sie hat es deshalb gleichermaßen mit beiden Polen wie auch mit dem gesellschaftlichen Umfeld zu tun, in dem sich dieser Vermittlungsprozeß vollzieht. ...
Gegenstand der Geschichtsdidaktik ist ein Bezugsfeld zwischen dem Subjekt und dem Sachfeld Geschichte, in das Faktoren eingezeichnet sind, die den geschichtlichen Gegenstand bei der Aufnahme durch das Subjekt verändern, ihn gleichsam emotional einfärben und akzentuieren, und die umgekehrt das »erkenntnisleitende Interesse« des Subjekts am Gegenstand mitgestalten. Sie machen sichtbar, daß der Umgang mit geschichtlichen Gegenständen keineswegs auf die kognitive Dimension beschränkt bleibt, daß vielmehr Bewußtseins- und Verhaltensänderungen in seiner Konsequenz liegen.
(R. Schörken, Geschichtsdidaktik und Geschichtsbewußtsein, in: Geschichtsunterricht ohne Zukunft? Stuttgart 1972, S. 88–89)

Fragen:
1. Wie definiert Schörken die Geschichtsdidaktik?
2. Was ist für Schörken die Grundlage der Geschichtsdidaktik?

Q 21 »Pädagogische Kommunikation läßt sich also danach beurteilen, *was* auf welche *Weise* kommuniziert wird«, sie hat die Erweiterung der kommunikativen Handlungsräume zum Ziel. Auflösung empirischer Heteronomien, die gegenwärtiges Handeln beschränken und Auflösung der Bedingungen möglicher künftiger Repressionen, die eine Regression hinter den gegenwärtig erreichten Stand bedeuten können, werden zum Ziel von Unterricht. Es sind nicht beliebige, sondern jeweils konkrete Repressionen, die gegenwärtiges Handeln beschränken; und es sind jeweils konkrete Bedingungen, die eine Regression hinter den erreichten Stand der historisch-gesellschaftlichen Entwicklung bewirken können. Der »Fall« Auschwitz ist nicht beliebig austauschbar, Bildung »nimmt die Vergangenheit nur als Zukunft mit«.
Didaktik muß immer bestimmte Inhalte zur Diskussion stellen, ohne allerdings eine Festlegung auf diese Inhalte zu betreiben. Die jeweils bestimmten Inhalte sind im weiten Sinne historische Inhalte; eine überzeitliche Festlegung erzeugt Affirmation über den Weg einer kanonisierten Tradition und eines traditionellen

Kanons. Aus den jeweils gegenwärtigen und antizipierten zukünftigen gesellschaftlichen Situationen bringt Didaktik jeweils bestimmte historische Inhalte in die pädagogische Kommunikation ein. Der bildende Sinn liegt dabei nicht *in* den Inhalten, sondern stellt sich *an* ihnen dar. Unterrichtsinhalte können nicht *be*handelt, *über*mittelt, *in* andere Köpfe transportiert werden, sondern sie werden *ver*handelt. Die Qualität dieses Bildungsprozesses liegt im »kommunikativen Durchsprechen«. Auf diese Weise fungieren Inhalte nicht als Stimuli für in sie hineingelegte Deutungsmuster, sondern sie provozieren zum Nachdenken und Durchdenken und führen damit zum Überdenken der eigenen Situation. Wenn Inhalte nicht mehr vermittelt oder übermittelt werden, besteht die Chance, daß Schüler sich auch gegen sie entscheiden können. Erst damit wäre die Voraussetzung für Emanzipation gegeben.
(Bergmann, K. und Pandel, H.-J., Geschichte und Zukunft, Frankfurt 1975, S. 60–61)

Fragen:
1. Was ist unter pädagogischer Kommunikation zu verstehen?
2. Welche Bedeutung haben nach der Didaktikkonzeption von Bergmann und Pandel die Inhalte?

Überblicken wir noch einmal die Organisation und die inhaltliche Gestaltung des historischen Lernprozesses, die sich aus dem Operationalisierungsverfahren ergibt, so lassen sich vor allem fünf Qualifikationen hervorheben, die an dieser Unterrichtsorganisation erwerbbar sind. ...

| Q 22 |

(1) Fähigkeit zur Kommunikation;
(2) Fähigkeit zum ideologiekritischen Denken;
(3) Fähigkeit zur gesellschaftlichen Analyse;
(4) Fähigkeit zur Parteinahme;
(5) Fähigkeit zur Identitätserweiterung.

Zu (1): Die Fähigkeit zur Kommunikation
Kommunikation als Basis der Verständigung wird als die fundamentale Qualifikation betrachtet, die der Geschichtsunterricht vermittelt. Historisches Lernen ist zunächst ein auf Verständigung hin angelegter Verstehensprozeß: »Das hermeneutische Verstehen ist seiner Struktur nach darauf angelegt, aus Traditionen ein mögliches handlungsorientierendes Selbstverständnis sozialer Gruppen zu klären. Es ermöglicht eine Form des Konsensus, von dem kommunikatives Handeln abhängt. Es bannt die Gefahren

des Kommunikationsabbruchs in beiden Richtungen; in der Vertikalen der eigenen Überlieferung und in der Horizontalen der Vermittlung zwischen Überlieferungen verschiedener Kulturen und Gruppen. Wenn diese Kommunikationsströme abreißen und die Intersubjektivität der Verständigung entweder erstarrt oder zerfällt, wird eine elementare Bedingung des Überlebens zerstört: die Möglichkeit zwangloser Einigung und gewaltloser Anerkennung.« (Habermas)
Diese Fähigkeit wird allerdings nicht in einem naiv-historistischen und positivistischen Sinne eingeübt. Sie wird vielmehr verbunden mit der Erfahrung verzerrter Kommunikation und kritischer Analyse sogenannter objektiver Fakten. Damit ist diese Qualifikation an die weitere Fähigkeit zur Ideologiekritik gebunden.
(Kuhn, A., Einführung in die Didaktik der Geschichte, München 1974, S. 71)

Fragen:
1. Was ist nach Kuhn die Grundlage des historischen Lernprozesses?
2. Weshalb wird bei Kuhn der kritische Aspekt einer kommunikativen Geschichtsdidaktik besonders betont?

In der gegenwärtigen Fachdidaktik grenzen sich diese drei Ansätze voneinander ab. Die Diskussion um die »richtigen« Ansätze ist noch nicht abgeschlossen.

Zum Weiterdenken:
– In allen drei fachdidaktischen Ansätzen ist von der Geschichte, von der »Sache« oder vom »Inhalt« die Rede. Was wird jeweils unter der Geschichte, der Sache oder dem Inhalt verstanden? Versuchen Sie, die unterschiedliche Auffassung von der »Sache« in der pragmatisch-eklektischen, in der fachwissenschaftsorientierten und in der kommunikativen Didaktik zu bestimmen.
– In allen drei Ansätzen spielt der Schüler eine Rolle. Welche Funktion kommt jeweils dem Schüler in diesen drei Konzeptionen zu?
– Grundannahmen der Bildungstheorie finden sich in allen drei Ansätzen. Bestimmen Sie die bildungstheoretischen Annahmen. Wo kann von einer Revision bzw. einer kritischen Erweiterung der Bildungstheorie gesprochen werden?

> – Jeder Fachdidaktik liegen Annahmen zu unserer gesellschaftlichen Gegenwart zugrunde. Versuchen Sie, die gesellschaftstheoretischen Annahmen dieser drei Ansätze zu bestimmen und auf ihre Konsequenzen für die Geschichtsdidaktik zu diskutieren.

Noch offene Fragen...
- Die Fachdidaktik ist eine interdisziplinäre Wissenschaft. Damit stellt sich die Frage der wissenschaftlichen Stringenz. Welche Folgen entstehen für die Theorie und Praxis der Fachdidaktik durch einen Verzicht auf wissenschaftliche Stringenz? Können unterschiedliche Wissenschaften (Geschichtswissenschaft, Erziehungswissenschaft, Psychologie usw.) miteinander verknüpft werden, ohne Berücksichtigung ihrer Prämissen?
- Aus dem Bemühen um eine wissenschaftliche Grundlegung wurde die Fachdidaktik enger an die Fachwissenschaft und an die Geschichtstheorie gebunden. Welche Probleme ergeben sich aus diesem Ansatz?
- Die kommunikative Didaktik geht vom historischen Bewußtsein des Schülers, das sich in einem Kommunikationsprozeß verändert, aus. Welche Probleme entstehen in dieser fachdidaktischen Ausrichtung? Kann dieser Lernprozeß von der Fachwissenschaft noch kontrolliert werden?

Überprüfen Sie Ihr Wissen

In dieser Lerneinheit wurden folgende Begriffe eingeführt:
- Bildungstheorie
- Lerntheorie
- Pragmatisch-eklektische Fachdidaktik
- Fachwissenschaftsorientierte Didaktik
- Kommunikative Didaktik

Bestimmen Sie die Bedeutung dieser Begriffe für die Geschichtsdidaktik.

3 Psychologische Grundlagen des Geschichtsunterrichts (A. Kuhn)

Obgleich sich die psychologische Grundlegung einer Geschichtsdidaktik bestimmend auf die gesamte fachdidaktische Konzeption auswirkt, ist bisher von ihr nur am Rande die Rede gewesen. Allerdings kann aus der Einführung in die unterschiedlichen fachdidaktischen Konzeptionen schon ein Zusammenhang zwischen den jeweiligen psychologischen Annahmen eines Fachdidaktikers und der fachdidaktischen Konzeption insgesamt hergestellt werden.

Überprüfen wir die letzte Lerneinheit, so läßt sich festhalten, daß Weniger eine Form der älteren, stufenbezogenen Psychologie im Sinne hatte, als er im Rahmen seiner bildungstheoretischen Konzeption der Geschichtsdidaktik von der Psychologie des Kindes sprach. Demgegenüber hatte die Abwendung von der Bildungstheorie die Forderung nach einer neuen psychologischen Grundlegung der Geschichtsdidaktik unmittelbar zur Folge. Daher wurden die neueren Ansätze zunächst unter dem sehr umfassenden Begriff der Lernpsychologie subsumiert. Und schließlich ging aus dem Ansatz einer kommunikativen Geschichtsdidaktik die Erkenntnis hervor, daß das historisch-politische Lernen mehr umfasse als kognitive Lernprozesse. Kurzum: mit jeder neuen Wende in der Fachdidaktik stellt sich die Frage nach der psychologischen Grundlegung des Geschichtsunterrichts neu.

Insgesamt lassen sich bei der psychologischen Grundlegung des Geschichtsunterrichts drei Richtungen voneinander unterscheiden:
– die ältere, stufen- oder phasenbezogene Entwicklungspsychologie,
– die vorwiegend kognitive bzw. kognitivistische Lernpsychologie,
– die Sozialpsychologie oder der sozialisationstheoretische Ansatz.

Während noch bis in die Mitte der sechziger Jahre die ältere Entwicklungspsychologie bestimmend war, gewann mit der curricularen Wende nach 1965 die kognitive Lernpsychologie an

Bedeutung. Die Phase nach 1972 zeichnet sich durch einen Rückgriff auf die Sozialpsychologie bzw. auf die sozialisationstheoretischen Voraussetzungen des Lernens aus[1].
Diese drei Ansätze können nicht scharf voneinander abgesetzt werden. Denn die Bedeutung der kognitiven Lernpsychologie ist nicht darin zu sehen, daß sie die Gültigkeit der Entwicklungspsychologie und des Entwicklungsgedankens vollends in Frage gestellt oder gar abgelöst hätte[2]. Sie hat vielmehr eine andere Erklärung für die altersspezifischen Lernfähigkeiten der Schüler bereit gestellt und somit neue Möglichkeiten zur Erfassung des Lernprozesses eröffnet. Vergleichbares läßt sich im Hinblick auf die Sozialpsychologie bzw. auf den sozialisationstheoretischen Ansatz sagen. Da wir es in der Geschichtsdidaktik niemals mit dem isolierbaren Faktor einer individuellen, kognitiven Lernleistung, sondern immer mit dem gesamten Komplex der sozialen Lernerfahrungen in ihrem historisch-gesellschaftlichen Umfeld zu tun haben, war die Rezeption der kognitiven Lernpsychologie in der Fachdidaktik von Anbeginn auf einen erweiterten sozialpsychologischen bzw. sozialisationstheoretischen Ansatz angewiesen[3].
In dieser Lerneinheit wird nicht angestrebt, alle Momente der älteren Entwicklungspsychologie, der kognitiven Lernpsychologie und der Sozialpsychologie, die von der Fachdidaktik aufgegriffen worden sind, vorzustellen. Nur an einzelnen, dominanten Merkmalen dieser drei Richtungen soll jeweils die Verbindung von Psychologie und Geschichtsdidaktik und -unterricht deutlich gemacht werden. Wichtige neuere Ansätze, die aus der Rezeption des symbolischen Interaktionismus und der moral education von Kohlberg hervorgehen, werden nicht in der notwendigen Ausführlichkeit vorgestellt[4]. Dennoch liegt der Schwerpunkt dieser Lerneinheit auf dem sozialisationstheoretischen Ansatz, der im Kontext einer kommunikativen Fachdidaktik als der weitestgehende neuere Ansatz in der Fachdidaktik zu verstehen ist.
Ziel dieser Lerneinheit ist es,
– die wichtigsten psychologischen Grundlegungen in der Geschichtsdidaktik kennenzulernen,
– die Bedeutung der psychologischen Grundlegung für die jeweiligen fachdidaktischen Konzeptionen zu erkennen,
– die geschichts- und gesellschaftstheoretischen Prämissen der psychologischen Ansätze zu erkennen und
– die Konsequenzen der psychologischen Grundlegung für die Unterrichtspraxis ansatzweise zu erfassen.

3.1 Die ältere Entwicklungspsychologie

Problemdarstellung

Der »Gedanke einer von Reifeprozessen gesteuerten entwicklungsbedingten Leistungsbereitschaft auch im psychischen Bereich war lange der entscheidende Leitgedanke der Entwicklungspsychologie. Unterricht, Erziehung und Erziehungswissenschaft haben diesen Leitgedanken aufgegriffen, nicht zuletzt, weil er auch ihren täglichen Erfahrungen zu entsprechen schien. Altersstufengemäß, entwicklungs- und phasengemäß usw. zu unterrichten, wurde zu einem der wichtigsten Prinzipien der Didaktik in allen Unterrichtsfächern und für den gesamten Lehrplanaufbau«[5]. Diese ältere entwicklungspsychologische Vorstellung bildet nicht nur die Basis der traditionellen Geschichtsdidaktik. Obgleich die biologistischen Annahmen und die geschichts- und gesellschaftstheoretischen Prämissen dieser älteren Entwicklungspsychologie inzwischen als unhaltbar anerkannt worden sind, beeinflußt diese Denkrichtung weiterhin die gegenwärtige fachdidaktische Theorie und Praxis.

Während die zwei Grundlagentexte (Q 23, 24) in zentrale Annahmen der älteren Entwicklungspsychologie einführen, können an Q 25 die Auswirkungen dieser Theorie auf die Unterrichtspraxis verfolgt werden. Mit Q 26 ist ein erster Ansatz zur kritischen Auseinandersetzung mit dieser Richtung in der Psychologie gegeben.

Q 23 Die Entfaltung der geschichtlichen Interessen muß in jeder Altersstufe sorgfältig der Reifephase gemäß gepflegt und betreut werden. Es gibt kein plötzliches Aufwachen eines geschichtlichen Sinnes, sondern nur eine allmähliche Entfaltung des Verständnisses für geschichtliche Zusammenhänge.

...

Ist es vielleicht möglich, eine bestimmte Abfolge in der Hinwendung zu verschiedenen sachlichen Inhalten der Geschichte zu erkennen?

...

Am ehesten ergibt noch die von der geistigen Reife abhängige Steigerung des Erkenntnisdranges selbst einen gewissen Hinweis für die Entfaltungsstufen des geschichtlichen Bewußtseins. Wir können diese Steigerung des historischen Erkenntnisdranges in

drei Stufen kennzeichnen: Zuerst zeigt sich ein reiner Tatsachenhunger, der einfach wissen will, was geschehen ist, dann folgt ein Verstehenwollen, warum die Ereignisse sich gerade so und nicht anders entwickeln konnten, und schließlich ein existielles Sichbeteiligen, das nach dem Sinn des Ganzen und der eigenen Rolle im Spiel der Kräfte fragt. Läßt man einen geschichtlichen Gegenstand gleichzeitig von allen Altersjahrgängen bearbeiten, so erkennt man deutlich folgende Stufen: je jünger, desto mehr werden nur Tatsachen aufgezählt, je älter, desto mehr werden diese Tatsachen in größere Sinnzusammenhänge eingereiht, mit 13 bis 15 Jahren treten die Tatsachen im Zusammenhang mit Gesamtübersichten auf. Aber auch bei dieser Stufenreihe ist Vorsicht geboten. Im Grunde findet man auch schon bei den ersten Tatsachenreihen Verstehensmomente.
...
Ist das Kind einer *Erweckung* zu geschichtlicher Besinnung fähig? Gibt es im Kind Anknüpfungspunkte für ein erstes geschichtliches Besinnen, das in der Tendenz zu jener aufgezeigten letzten Besinnung hinführen könnte?
Diese Frage ist nicht einfach mit Ja oder Nein zu beantworten. Machen wir uns noch einmal klar, worum es sich bei der geschichtlichen Besinnung handelt: Es geht um Vergegenwärtigung des Geschichtlichen, bis durch Mitleben in dem Vergegenwärtigten ein Verstehen aufleuchtet, das zu einer denkenden und wertenden Aufarbeitung des Vergangenen drängt. Auch für das Kind gibt es keinen anderen Weg zur geschichtlichen Besinnung als über die Wiedervergegenwärtigung des Vergangenen. Erst wenn die Vergegenwärtigung gelungen ist, dürfen wir hoffen, daß das Kind auf den Weg der geschichtlichen Besinnung zu bringen ist.
(Heinrich Roth, Kind und Geschichte, München 1962, S. 65, 66, 107, 108)

Fragen:
1. Welche Bedeutung kommt nach Roth den Altersstufen und der Reifung für die Entfaltung des historischen Interesses zu?
2. Welche drei Stufen glaubt Roth, bei der geistigen Reifung des Kindes unterscheiden zu können?
3. Die geschichtliche Besinnung ist nach Roth das höchste Bildungsziel des Geschichtsunterrichts. Inwieweit ist diese Zielvorstellung nach Roth erreichbar? Nehmen Sie zu diesem Bildungsziel Stellung.

Q 24 Die mangelnde Zuwendung vor allem der jüngeren Schüler zur Neuzeit und zur Gegenwartsgeschichte ist sicher nicht nur unterrichtlich und epochal bedingt, sondern sie erwächst gewiß auch aus der seelischen Situation des Schülers. Wir haben uns also zu fragen, was ist darin enthalten, daß der Schüler – noch fast bis zum 10. Schuljahr – eine solche Nähe zu allem hat, was vom Persönlichen herkommt, eine solche Beziehung hat zum Vorbild, zur großen Gestalt? Wie läßt es sich verstehen, daß in allen Stufen des Schulalters der Zugang zu Altertum und Kulturgeschichte zu finden ist? Wie kommt es, daß erst vom 10. oder 12. Schuljahr an allmählich Zuwendung der Gegenwartsgeschichte und der Politik gegenüber auftritt?
...
Aus den Aufsätzen, in denen immer wieder die großartigen Taten dieser Helden geschildert wurden (die hier nicht wiedergegeben werden können), läßt sich ableiten, daß die geschichtliche Person dem Schüler, besonders dem jüngeren Kind, als erstrebenswertes Vorbild erscheint. Wie Vater und Mutter die ersten menschlichen Gestalten in der Umgebung des Kleinkindes gewesen sind, die das Aufschauen zum Vorbild, das Sich-strecken-Wollen, das Auch-so-werden-Wollen im Denken des Kindes entfaltet haben, die Gestalten des religiösen Raumes, des Märchens, der Sage, die das Kind dann in gleicher Weise in der Grundschulzeit beschäftigt haben, so konkretisiert sich nun diese Sehnsucht nach Vorbild und Leitbild beim Schüler der Volksschuloberstufe im historischen Raum. Die geschichtliche Persönlichkeit wird als bewunderter und beliebter Held erlebt, emotionale Beteiligung steht im Vordergrund. Erst sehr viel später tritt nüchternes und kritisches Beurteilen hinzu, anstelle des emotionalen Angerührtseins erfolgt rationales Denken.
...
Die Persönlichkeit als Vorbild, als Überhöhung des im familiären Raum Erlebten, hat starke Bedeutung im Bewußtsein des Kindes und darüber hinaus im Besonderen die handelnde Persönlichkeit. Der Kämpfer, der Führer haftet in der Erinnerung des Volkes, des Menschen, des Kindes – und nicht der Gesetzgeber! Gerade durch seine staatspolitische Leistung ist dieser für das schlichte, einfache Denken zu schwierig und nicht mehr nacherlebbar. Das Tun, die Aktion übt eine stärkere Wirkung auf unser emotionales Leben aus, als alle Rationalität es vermag.
...

Es konnte gezeigt werden, daß sowohl Epoche als auch Unterricht daran beteiligt sind, daß sich aber die Hauptschwierigkeit aus der Verständnis- und Entwicklungslage des jungen Menschen ergibt.
...
Sicher ist geschichtliches Verständnis nicht ohne Denken-Können, nicht ohne Behalten- und Verknüpfen-Können möglich; aber ebenso sicher liegt im Denkvermögen an sich nur in geringem Maße die Ermöglichung geschichtlichen Verstehens beschlossen. Viel wesentlicher erscheint dagegen das emotionale, reiche und differenzierte Erfülltsein in bezug auf die mitmenschliche und gegenständliche Welt, der das Kind in seinen Kinderjahren begegnet.
(W. Küppers, der Zugang des Schülers zum Geschichtlichen, in: Geschichtsunterricht ohne Zukunft? Stuttgart 1972, S. 42–43, 44, 48–49)

Fragen:
1. Wie erklärt sich nach Küppers das mangelnde Interesse der Schüler an Geschichte?
2. Welche altersspezifischen Interessen glaubt Küppers feststellen zu können?
3. Die Annahmen von Küppers gehen auf die Analysen von Schüleraufsätzen und Befragungen zu ihrem Geschichtsunterricht zurück. Welche Einwände können gegen diese Untersuchungsmethode erhoben werden?
4. Küppers unterscheidet zwischen einem »emotionalen Angerührtsein« und einem »rationalen Beurteilen«. Wie verhalten sich nach Küppers diese beiden Momente des Verstehens zueinander? Welche Folgen ergeben sich daraus für den Unterricht?

Bis in die Gegenwart wurde die Frage nach den entwicklungspsychologischen Voraussetzungen der historischen Unterweisung in enger Anlehnung an die im deutschsprachigen Raum dominierenden Darstellungen der Stufentheorie beantwortet. Diese Theorien begreifen die Entwicklung der Heranwachsenden im wesentlichen als »eine Ausfaltung von keimhaft angelegten Verhaltens- und Erlebnisweisen«, wobei der Umwelt lediglich Auslöserfunktionen zukommen. Die Entfaltung vollzieht sich nach diesen Theorien in relativ starr vorgegebenen, endogen bedingten Phasen und Stufen, die der einzelne Mensch durchlaufen muß, wenn auch eine mehr oder weniger individuelle Ausprägung angenommen wird.

Q 25

Die entwicklungspsychologischen Voraussetzungen, die für die gegenwärtigen geschichtsdidaktischen Überlegungen maßgebend sind, sollen an der für den gymnasialen Bereich führenden didaktischen Darstellung »Aufgabe und Gestaltung des Geschichtsunterrichts« gezeigt werden. Zwar stellt die Neufassung aus dem Jahre 1969 dem Kapitel »Jugendpsychologische Voraussetzungen des Geschichtsunterrichts« eine Grundsatzüberlegung voran, in der die Gültigkeit der an der Stufen- und Phasenlehre orientierten Aussagen kritisch befragt werden. Doch die folgenden konkreten Ausführungen zu den einzelnen Klassenstufen bleiben im Denken eines stufenorientierten Modells gebunden. Gerechtfertigt wird dieses Vorgehen mit der schulpraktischen Notwendigkeit, in die verwirrende »Vielfalt möglicher entwicklungsbedingter Erlebnis- und Verhaltensformen« ein gewisses Maß an »Überschaubarkeit und Orientierung« zu bringen.
Deshalb kommen die Verfasser des entwicklungspsychologischen Teils zu dem Ergebnis: »Es entspricht bereits einer langen und berechtigten Tradition, daß der Geschichtsunterricht der höheren Schule im allgemeinen in drei Stufen erteilt wird«. Zwar wird die Dreistufigkeit in der Version von 1969 in »verschieden bemessene Stufen« abgeschwächt, die der Entwicklung des Kindes nicht schematisch zugeordnet werden können, doch die folgende Darstellung bleibt am tradierten dreiteiligen Ordnungsmodell stehen und unterteilt den Unterricht in eine erste Begegnung mit der Vergangenheit in den Klassen 5 und 6, in einen Mittelstufenkurs für die Klassen 7 bis 10 und in die gymnasiale Oberstufe für die Klassen 11 bis 13.
In der Fassung von 1969 werden verstärkt entwicklungspsychologische Kriterien für die Stufenzuordnung herangezogen. Der historische Unterricht kann erst dann beginnen, wenn das Kind »zur Wirklichkeit drängt«. Diese Situation scheint um das 9. und 10. Lebensjahr gegeben. Das typische Moment dieser Klassen scheint zu sein: »Fähigkeiten zum Miterleben von Gestalten und Situationen«. Der sich ausdehnende Drang zur Wirklichkeit«, die »reflexionslose Hingabe an dieses Neue«, das »erwachende Zeitgefühl«, die »Fähigkeit zum Mit- und Nacherleben...«
Die Mittelstufe, die Klassen 7–10, sind gekennzeichnet durch die »stärker betonte Hinwendung zum Werte«. Den Schüler »interessiert der sittliche Fall«. Anschließend folgt ein Zitat von Petzelt, in dem daran erinnert wird, daß »die Teilnahme an historischen Persönlichkeiten um des eigenen Ich willen auftreten muß«.
In der Oberstufe steht der Schüler der Vergangenheit »zum ersten

Male bewußt und sachlich gegenüber«. Er ist bestrebt in seiner Analyse der Komplexität einer historischen Situation gerecht zu werden. »In diesem Alter beginnt er zu reflektieren und will mit Hilfe seiner Reflexion hinter das Geschehen zu den gestaltenden Ideen und den treibenden Kräften hindurchstoßen.« Die entwicklungspsychologischen Aussagen, wie sie im Handbuch »Aufgabe und Gestaltung des Geschichtsunterrichts« zu finden sind, gehören zum geschichtsdidaktischen Allgemeingut der Nachkriegszeit.

(Erich Reichert, Der Geschichtsunterricht in der Reform. Ein Beitrag zur Didaktik der historischen Unterweisung, Kastellaun 1976, S. 56–57) (Reichert bezieht sich hier auf die Phasenlehre von Alfred Petzelt, Kindheit, Jugend, Reifezeit. Grundriß der Phasen psychischer Entwicklung, Freiburg 1951 und auf die von W. Kleinknecht, H. Krieger, W. Lohan (Hg.), Handreichung für den Geschichtsunterricht von 1969).

Frage:
1. Welchen Einfluß hat die ältere Entwicklungspsychologie auf die Lehrplangestaltung?

Die menschliche *Entwicklung ist viel weniger natürlich determiniert als die traditionellen Phasentheorien behaupten.* Die meisten Verhaltensweisen »entfalten« sich nicht, »reifen« nicht (im metaphysisch-organizistischen Sinne oder im biologischen Sinne), sondern werden erworben und gelernt. Die natürlichen Momente dieser Entwicklung sind gegenüber den sozio-kulturellen weniger relevant. In Übereinstimmung mit breiten Ergebnissen der Verhaltensforschung legen die Untersuchungen von Lernprozessen nahe, daß mangelnde Lernreife und begrenzte Lernfähigkeit bereits als Ergebnisse von sozialen Prozessen gesehen werden müssen.

Danach wird der *Erziehungsvorgang* in einem viel höheren Maße als ein *gesellschaftlicher Reproduktionsprozeß* begreifbar, bzw. als ein Lernprozeß organisierbar, in welchem mehr oder minder bewußt gesellschaftlich wünschenswerte Verhaltensweisen vermittelt werden.

Q 26

(Helmut Hartwig, Ältere Entwicklungspsychologie und neuere Lerntheorie (-psychologie) – Bemerkungen zu ihrer Rolle bei der Begründung von Lernzielen für die Curricula des Fachgebiets Geschichte/Politische Bildung, in: Probleme der Curriculumentwicklung, Frankfurt 1976, S. 83)

Frage:
1. Weshalb sind nach Hartwig die Annahmen der älteren Entwicklungspsychologie unhaltbar?

Zum Weiterdenken:
Die ältere Entwicklungspsychologie ist mehr als eine inzwischen wissenschaftlich überholte, psychologische Lehrmeinung. Mit ihr verbindet sich eine umfassende, konservative Erziehungskonzeption. Deshalb sollten folgende Argumente diskutiert werden:
1. Die Gegner der älteren Entwicklungspsychologie behaupten, daß mit Hilfe der älteren Entwicklungspsychologie autoritäre Maßnahmen legitimiert und ein konformes, unkritisches Verhalten gefördert wird. Nehmen Sie hierzu Stellung.
2. Nehmen Sie zu dem Vorwurf Stellung, die ältere Entwicklungspsychologie richtet sich gegen Reformbestrebungen im Erziehungswesen und stützt das herrschende Bildungs- und Gesellschaftssystem.
3. Welche allgemeine Erziehungskonzeption verbindet sich mit der älteren Entwicklungspsychologie? Gibt es hierzu Alternativen?
4. Weshalb stehen die Anforderungen der Curriculumtheorie vielfach im Widerspruch zu den Bildvorstellungen im Sinne der älteren Entwicklungspsychologie?

3.2 Lernpsychologische Grundlegungen in den gegenwärtigen fachdidaktischen Konzeptionen

Problemdarstellung

Die neueren psychologischen Grundlegungen der Geschichtsdidaktik wurden zunächst unter dem Sammelbegriff der Lerntheorie und der Lernpsychologie zusammengefaßt. Dabei ging es vor allem um eine Absetzung nicht so sehr von der älteren Entwicklungspsychologie, als vielmehr von der Unbestimmtheit des traditionellen Bildungsbegriffs. Daher rückte der Begriff des Lernens und des Verhaltens in den Mittelpunkt der psychologischen Argumentation. Dieser Schritt zur Feststellung eindeutiger Lernschritte und Lernziele bedeutete gegenüber der älteren Geschichtsdidaktik, die im Sinne des Geschichtsunterrichtes als traditionelles Gesinnungsfach an einer Unkontrollierbarkeit ihrer Lernergebnisse litt, einen entscheidenden Fortschritt. Allerdings traten sehr bald die Grenzen und die Gefahren einer Geschichtsdidaktik in den Vordergrund, die sich einseitig an der Forderung der Effizienz, der Meßbarkeit und Kontrollierbarkeit von Lernprozessen orientierte[6].

Im folgenden werden zwei Texte (Q 27, 29) zur Einführung in Lernpsychologie vorgestellt, die besonders starken Einfluß auf die fachdidaktischen Diskussionen (Q 28, 30) ausgeübt haben. Die drei letzten Texte (Q 31, 32, 33) weisen auf Grenzen und Gefahren der lernpsychologischen Grundlegung der Geschichtsdidaktik hin.

Eine der Grundthesen dieser Arbeit ist schon angedeutet worden: die Tatsache nämlich, daß die Entwicklungs- und Bildungsprozesse unter dem Gesichtspunkt der Lern- und Entwicklungspsychologie viel verwandter sind, als es lange Zeit scheinen mochte. Entwicklungsprozesse und Bildungsprozesse kommen aber durch Lernen zustande. Dieses stellt ihren gemeinsamen Nenner dar. Aus diesem Grunde ist es notwendig, daß der *Begriff des Lernens,* der den folgenden Überlegungen zugrunde liegt, zuerst klargelegt wird. Diese Klärung wiederum wollen wir in zwei Schritten vollziehen. Als erstes muß der *Begriff des Verhaltens* eingeführt werden. Damit wird der Gegenstand der Entwicklung definiert. Wenn dies geschehen ist, kann der Begriff des Lernens und damit der Entwicklung selbst als Prozeß zweiter Ordnung definiert werden.

| Q 27 |

...

Der Gegenstand der Sozialwissenschaften ist der Strom des menschlichen Verhaltens. In dieser vielschichtigen und schwer faßbaren Gegebenheit unterscheidet der erkennende Geist »Verhaltensweisen«. Sie stellen sich wiederholende und daher isolierbare, der Erkenntnis zugängliche Elemente im Verhaltensstrom dar.

...

Die erzieherischen Ziele und die auf ihre Verwirklichung zielenden Maßnahmen können als Verhaltensweisen oder »Verhaltensschemata« formuliert werden. Wir sind der Meinung, daß sich

viele pädagogische Diskussionen vereinfachen und klären würden, wenn sie in der Sprache der Verhaltensweisen geführt würden; denn Verhaltensweisen sind objektiv definierbar und – direkt oder indirekt – der Beobachtung zugänglich. Dies ist auch dann ein Vorteil, wenn ihr Sein-Sollen oder Nicht-Sein-Sollen zur Diskussion steht; denn mit ihrer Beobachtbarkeit ist auch gesichert, daß sich die Partner einer normativen Diskussion verstehen und nicht aneinander vorbeireden.
Unter einer »Verhaltensweise« verstehen wir einen Prozeß in einem lebendigen Organismus, der mit oder ohne sichtbare Tätigkeit der Körperorgane darauf gerichtet ist, einen bestehenden Zustand zu verändern und damit einen neuen, meist befriedigenderen Zustand herbeizuführen. Als Beispiel möge das Verhalten des Schülers dienen, der seinem gestürzten Kameraden beim Aufstehen hilft, des Studenten, der eine Gleichung löst, oder der Schülerin, die ihren Arbeitsplatz schmückt.
...
In der Folge wird vielfach von Lernprozessen die Rede sein, denn psychologisch gesehen sind alle Bildungsprozesse Lernprozesse. Zur Klärung des begrifflichen Rahmens sei hier nur gesagt, daß Lernprozesse, im Vergleich zu den bisher beschriebenen Verhaltensweisen, Prozesse einer höheren Ordnung darstellen. Hier laufen Verhaltensweisen nicht mehr einfach ab: Sie verändern sich im Ablauf. Denken wir etwa an den Schüler, der einen Buchstaben wiederholt schreibt. Es kann sein, daß er den Bewegungsablauf jedesmal gleich vollzieht, indem höchstens die Oszillationen der Güte kleine Variationen einführen. Es kann aber auch sein, daß sich der Bewegungsablauf im wiederholten Vollzug verbessert. Diese Wandlung nennen wir Lernen. Verglichen mit dem ursprünglichen Prozeß, stellt dessen Veränderung einen *Prozeß zweiter Ordnung* dar. Ähnliches ließe sich von der Aussprache eines Wortes oder Satzes, vom Durchdenken eines begrifflichen Zusammenhanges oder einer Problemlösung sagen: Die Begriffe und Operationen, die Methoden und Strategien können sich im Vollzug wandeln und verbessern.
(Hans Aebli, Die geistige Entwicklung als Funktion von Anlage, Reifung, Umwelt- und Erziehungsbedingungen, in: Gutachten und Studien der Bildungskommission, Stuttgart 1977, S. 152, 160)

Fragen:
1. Wie verhalten sich nach Aebli Entwicklungs- und Lernpsychologie zueinander? Welche Bedeutung kommt dabei dem Lernen zu?
2. Welche psychologischen Kategorien sind nach Aebli von zentraler Bedeutung?

Nach Aebli entwickeln sich die kognitiven Fähigkeiten in dem Maß, wie sie eingeübt werden. Sie können auch ausbleiben, wie bestimmte Formen abstrakten Denkens bei Kindern aus Umgebungen, wo solche Denkformen nicht »benötigt« werden. Untersuchungen von Aebli haben erwiesen, daß es sich bei der zeitlichen Aufeinanderfolge von Operationen in der Entwicklung des Kindes nicht um Fixierungen auf bestimmte Altersphasen im Sinn der alten Entwicklungspsychologie handelt, daß vielmehr durch eigene Übungen bestimmte Operationen, die normalerweise über einen Zeitraum von mehreren Jahren hinweg erworben werden, innerhalb von Minuten eingeübt werden können. | Q 28 |

Der Erwerb neuer Denkoperationen hängt auf das engste mit der gestellten Aufgabe zusammen; die Aufgaben müssen eine solche Struktur haben, daß ein Zusammenhang zwischen dem Problem und den geeigneten Lösungsmethoden hergestellt wird. Dabei muß vorausgesetzt werden, daß der Lehrer die durchweg »verdeckt« auftretenden Operationen überhaupt erkennt. Von besonderer Bedeutung für den Lehrer sind dabei die Übergänge von einer Operation zur anderen, da genau hier der eigentliche Denkfortschritt lokalisiert ist. Es ist eine wichtige Aufgabe des Lehrers, mit Hilfe der Anordnung und Folge von Operationen, d. h. aufgrund bestimmter Organisation des Unterrichts, dafür zu sorgen, daß diese Übergänge vom Schüler vollzogen werden.

Eine Aufhellung der kognitiven Strukturen des Anfangsunterrichts vermag den Prozeß historischen Begreifens, insbesondere die historischen Kategorienbildung und das Inbeziehungsetzen der Kategorien, zu beschleunigen. Der Anfangsunterricht in Geschichte beginnt in der Regel im 12. oder 13. Lebensjahr, also in der Phase des Übergangs von konkreten zu formalen Operationen. Unsere jetzige Kenntnis von formalen Operationen vermag uns aber bereits gründlichere und differenziertere Hinweise darauf zu geben, welche Operationen eingeübt werden müssen, als das in populärpsychologischen Richtlinien und Methodiken der Fall ist. Wenn zum Beispiel als eine Hauptaufgabe der

Einführung in die Geschichte die Entwicklung eines Zeitverständnisses und das Bekanntmachen mit wichtigen Institutionen definiert wird, so werden dabei leicht die tieferliegenden Schwierigkeiten übersehen. Da das Kind beim Verstehen historischer Erscheinungen nicht von konkreten Operationen ausgehen, d. h. sich nicht auf konkrete Ereignisse seiner erlebten Gegenwart beziehen kann, muß bereits eine relativ ausgebildete Fähigkeit zu formalen Operationen vorhanden sein, wenn es sich überhaupt geschichtliche Ereignisse auch in einfachster Form vergegenwärtigen will. Es geht dabei keineswegs nur um die Entwicklung der Kategorie der Zeit, sondern um die Kategorien Realität und Möglichkeit, um die Fähigkeit zu schlußfolgerndem Denken und die Fähigkeit, das Denken auf Annahmen hin anzuwenden, die in der Außenwelt nicht gegeben sind. Diese Operationen können nicht einfach stillschweigend vorausgesetzt werden, wie es z. B. immer dann geschieht, wenn Unterrichtsaufgaben nur stofflich gedeutet werden. Das Ausmaß, in dem die Fähigkeit zu formalen Operationen erreicht wird, ist für den Erfolg des Anfangsunterrichts entscheidend.
(Rolf Schörken, Lerntheoretische Fragen an die Didaktik des Geschichtsunterrichts, in: Geschichte ohne Zukunft? 1.1., Stuttgart 1972, S. 76–78)

Fragen:
1. Welche Vorteile für die Geschichtsdidaktik liegen nach Schörken in der Beachtung der kognitiven Strukturen im Sinne der Lernpsychologie von Aebli?
2. Wo liegen nach Schörken die wesentlichen Unterschiede im lernpsychologischen Verstehensbegriff und in der lernpsychologischen Auffassung von Geschichte (Realität) zur entwicklungspsychologischen Darstellung von Verstehen und Erfassen von Realität?
3. Welche Bedeutung hat nach Schörken die Lernpsychologie für die Gestaltung des Anfangsunterrichts?

Q 29 An den Anfang setzen wir die Hypothese: Jedes Kind kann auf jeder Entwicklungsstufe jeder Lehrgegenstand in einer intellektuell ehrlichen Form erfolgreich gelehrt werden. Es ist eine kühne Hypothese; und sie ist von entscheidender Bedeutung, wenn man über das Wesen eines Curriculums nachdenkt. Es gibt kein

Zeugnis, das dieser Hypothese widerspräche, jedoch bereits viele, die sie stützen.
...
Untersuchungen der intellektuellen Entwicklung von Kindern rücken ins Licht, daß das Kind auf jeder Entwicklungsstufe eine charakteristische Art und Weise hat, die Welt zu betrachten und für sich selbst zu erklären.
Ein Kind bestimmten Alters in einem Lehrgegenstand zu unterrichten bedeutet, die Struktur dieses Gegenstandes in der Art und Weise darzustellen, wie das Kind Dinge betrachtet. Man kann dies als eine Übersetzungsaufgabe ansehen. Die eben aufgestellte allgemeine Hypothese hat die wohlerwogene Behauptung zur Voraussetzung, daß jede Idee wahrheitsgemäß und nutzbringend in der Denkweise von Kindern im Schulalter dargestellt werden kann und daß diese ersten Darstellungen aufgrund eben solchen frühen Erlernens sich später um so leichter verstärken und präzisieren lassen.
An dieser Stelle muß näher erläutert werden, was gemeint ist, wenn wir von der »*Struktur*« eines Gegenstandes sprechen.
...
Die Struktur eines Themas begreifen heißt, es so zu verstehen, daß viele andere Dinge dazu in eine sinnvolle Beziehung gesetzt werden können. Kurz: die Struktur lernen, heißt lernen, wie die Dinge aufeinander bezogen sind.
Das oft nicht bewußtgemachte Wesen von Lernstrukturen wird beim Erlernen der Muttersprache vielleicht am besten deutlich. Hat das Kind erst einmal die Struktur eines Satzes begriffen, so lernt es sehr schnell, viele andere nach diesem Modell gebaute, wenn auch inhaltlich verschiedene Sätze zu bilden. Und wenn es die Regeln für die Umformung von Sätzen ohne Veränderung ihrer Bedeutung beherrscht – »Der Hund hat den Mann gebissen« und »Der Mann ist von dem Hund gebissen worden« – vermag das Kind seine Sätze sehr viel breiter zu variieren. Aber während jüngere Kinder bereits durchaus imstande sind, die strukturellen Regeln ihrer Muttersprache *anzuwenden,* können sie sicherlich nicht sagen, welches diese Regeln sind.
(Jerome S. Bruner, Der Prozeß der Erziehung, Düsseldorf 1970, S. 21, 22, 44)

Fragen:
1. Worin unterscheidet sich Bruner grundlegend von der Auffassung der älteren Entwicklungspsychologie?

2. Welche Bedeutung hat die Struktur eines Gegenstandes nach der Lernpsychologie von Bruner?

Q 30
1. Isolierte Kenntnisse, d. h. Kenntnisse, deren Struktur nicht erarbeitet ist, werden bald wieder vergessen;
2. Kenntnisse, die nicht strukturiert sind, bieten kaum die Möglichkeit, vom Gelernten auf andere Situationen hin zu verallgemeinern;
3. Erlerntes, dessen Struktur, dessen allgemeine Prinzipien nicht erfaßt sind, schafft wenig Motivation.

Statt dessen lassen sich folgende Vorteile nennen:
1. Das Herausarbeiten der Struktur hat Ordnungsfunktion, d. h. zugleich Elementarisierungsfunktion;
2. Einzelheiten lassen sich in das jeweils erarbeitete Ordnungssystem leicht einfügen und aus ihm abrufen;
3. Das im Strukturgitter gebundene Einzelwissen wird weniger rasch vergessen;
4. Das aus dem Einzelfall abstrahierte Generelle ermöglicht den Transfer auf andere Einzelfälle, die unter das gleiche Generelle subsumierbar sind;
5. Die Möglichkeit des Transfer der gewonnenen strukturierenden Kenntnisse wirkt motivationsverstärkend.

Der strukturierende Ansatz ist durch das exemplarische Prinzip vorbereitet, doch er erweitert dieses entscheidend. Er vermeidet die im exemplarischen Geschichtsunterricht durchgängig fachwissenschaftlich wie fachdidaktisch nicht vertretbare Verkürzung. In Anwendung des exemplarischen Prinzips im Geschichtsunterricht wird eine Reduktion des Stoffes vorgenommen, die beim Lernenden zur Annahme von Grundproblemen, Grundverhältnissen, allgemeinen Prinzipien und Gesetzen führt, die das Ergebnis einer, so muß kritisch hinzugefügt werden, verfrühten Generalisierung des Einzelfalles sind. Wenngleich die gewonnenen Einsichten auf das historische Einzelereignis zutreffen, so bleiben doch die individuellen und damit abweichenden Unterschiede in der Regel unberücksichtigt.

Für den historischen Bereich ist es nicht selbstverständlich, am Einzelnen das Ganze erfassen zu können.

Strukturieren geschichtlicher Inhalte meint, die Fülle historischer (einschließlich zeithistorischer) Phänomene als Glieder oder Gliedketten politischer, ökonomischer, sozialer, kultureller, geographischer Gefüge zu bestimmen und das Allgemeine wie das

Besondere sowohl in seiner Dauer als auch in seinem Wandel sichtbar werden zu lassen.
Bezugsrahmen und Ausgangsebene ist die Gegenwart. Auseinandersetzung mit der Vergangenheit hat keinen Selbstzweck, sondern das Ziel, Gegenwart zu erschließen, Zukunft zu öffnen. Der Zugang zur Vergangenheit wird aus Frage- und Problemstellungen der Gegenwart gewonnen und regressiv eröffnet. Damit ist der chronologisch-systematische um einen regressiv-diachronischen Ansatz erweitert. Im vorliegenden Konzept bildet das regressiv-diachronische Verfahren den Ausgangspunkt geschichtlicher Lernprozesse. Ist für einen Themenkreis ein besonderer historischer Exkurs notwendig, so kann dieser nach dem strukturierenden Verfahren auch chronologisch systematisch erarbeitet werden.
Die Kritiker [von Bruner, A. K.] verstellen sich den Weg, indem sie auf den Vergleich mit der Gesetzmäßigkeit der Naturwissenschaften abstellen. Dabei wird übersehen, daß es unterschiedliche Strukturtypen gibt. Außer Zweifel steht und indiskutabel bleibt, daß die von Historikern gebrauchten Begriffe »Gesetz« und »Gesetzmäßigkeit« nicht mit dem naturwissenschaftlichen Gesetzesbegriff identisch sind. Andererseits bedeutet das nicht, daß der Historiker keine generalisierenden Aussagen machen könnte. Geschichtsschreibung ist nicht nur die Beschreibung unvergleichbarer Einzelfälle, sondern ebenso typisierende, generalisierende Aussage aufgrund der Deskription vergleichbarer Strukturen, ähnlicher Geschehensprozesse. Dabei muß bewußt bleiben, daß auch diese Aussagen letztlich Hypothesen und keine Gesetze sind. Da historische Prozesse von geographischen, ökonomischen, sozialen, politischen, kulturellen Konstanten ebenso wie von Indeterminanten bestimmt sind, konzentriert sich die Frage darauf, wann die Historiker in der Lage sind, sich in stärkerem Maße als bisher die Fragestellungen und Methoden anderer Wissenschaften zunutze zu machen.
In dem Maße, wie sowohl das Besondere, als auch – durch Vergleich – das Allgemeine herausgearbeitet wird, kann der Historiker zu generalisierenden Aussagen kommen. Der Ansatz Bruners ist also auch für die Vermittlung historischer Inhalte anwendbar.

(H. Süssmuth, Lernziele und Curriculumelemente eines Geschichtsunterrichts nach strukturierendem Verfahren, in: Lernziele und Stoffauswahl im politischen Unterricht, Schriftenreihe der Bundeszentrale für politische Bildung, H. 93, Bonn 1972, S. 67–69)

Fragen:
1. Welche Folgen hat nach Süssmuth die Auffassung von der Struktur im Sinne von Bruner für die Geschichtsdidaktik?
2. Wie begründet Süssmuth die Verwendbarkeit des Begriffs Struktur im Hinblick auf die Geschichte?

Q 31 Der kognitivistische Ansatz [von J. Bruner, A. K.] zielt nur auf Verstehen bzw. Einsicht. Handlungsbereitschaften oder -motivationen werden nicht gefördert bzw. verhindert. Wenn der Anspruch erhoben wird, der so Unterrichtete könne aus der Geschichte lernen, so kann er im kognitivistischen Ansatz nicht eingelöst werden, weil er nicht auf Verhalten, sondern auf Einsicht, nicht auf Praxis, sondern auf Theorie zielt. Der Geschichtsunterricht müßte seinen Bildungsanspruch aufgeben. Selbst wenn ein Transfer für die Gegenwart intendiert wird, handelt es sich nur um Einsicht in die Gegenwart, nicht aber um Handlungsbereitschaft in der Gegenwart. Der kognitivistische Unterricht verleitet zu einer kontemplativen Haltung.
(Friedhelm Streiffeler, Zur lerntheoretischen Grundlegung der Geschichtsdidaktik, in: Geschichtsunterricht ohne Zukunft? 1.1., Stuttgart 1972, S. 111)

Frage:
1. Wo liegen nach Streiffeler die Grenzen bzw. die Gefahren der kognitiven (bzw. kognitivistischen) Lernpsychologie?

Q 32 Die behavioristische Vorstellung des Operationalisierens geht von der Voraussetzung der Beobachtbarkeit und Meßbarkeit von Lernergebnissen aus. Eine wesentliche Lernleistung der Geschichtswissenschaft (wie auch der gesamten Sozialwissenschaften) ist das Sinnverstehen. *Ist Verstehen restlos beobachtbar und damit meßbar?* »Es ist offensichtlich nicht möglich, hermeneutisch vermitteltes Sinnverstehen auf simuliertes Verhalten und dessen kontrollierte Beobachtung zu reduzieren« – zu diesem Ergebnis kommt Hilbert Meyer nach einer dezidierten Auseinandersetzung mit diesem Problem. Eine Operationalisierung von Lernzielen dieses Bereichs ist zwar nicht unmöglich, doch ist sie nicht durchzuführen in Form eines linearen »Herabsteigen von einer Abstraktionsleiter«, sondern nur in Form »hermeneutischer Präzisierungen«. Ein solcher Typ der Operationalisierung ent-

behrt der methodischen Strenge; die Kontrolle der tatsächlich erreichten Lernergebnisse ist allenfalls partiell möglich.
(R. Schörken, Kriterien für einen lernzielorientierten Geschichtsunterricht, in: Die Funktion der Geschichte in unserer Zeit, Stuttgart 1975, S. 283–284)

Frage:
1. Nach Schörken und Hilbert Meyer ist hermeneutisches Sinnverstehen nicht restlos beobachtbar, meßbar und kontrollierbar. Bestimmen Sie demnach die Reichweite lernpsychologischer Grundlegungen im Rahmen der Geschichtsdidaktik.

Q 33

1. Die moderne Entwicklungspsychologie und Lernpsychologie stellt als ganze eine *bedeutsame Kritik an der Argumentationsweise und Theoriebildung der traditionellen Entwicklungspsychologie dar,* die allerdings durch Ideologiekritik ergänzt werden müßte.
Wenn sie auch ihre besondere Aufmerksamkeit partiellen Operationen widmet, ohne auf den Zusammenhang und den Zweck zu reflektieren, dem sie ein- bzw. untergeordnet sind, so enthält *die empirische Legitimierung des theoretischen Postulats, Entwicklung tendenziell als soziales Lernen zu betrachten,* doch zugleich die Aufforderung an die Sozialwissenschaftler, Untersuchungen anzustellen zu der Frage, welche Momente an Verhaltensweisen in welchem Maß und durch welche konkreten Bedingungen gesellschaftlich determiniert sind.
2. Von ihrem *operationalen Intelligenzbegriff* her untersucht die moderne Entwicklungspsychologie (in der Tradition des Behaviourismus) Lernen fast ausschließlich in Versuchsanordnungen, die sich an einem in den Naturwissenschaften entwickelten Begriff des Experiments und damit an einem spezifischen Wissenschaftsbegriff orientieren. Wenn *Piaget* das »moralische Urteil« zum Gegenstand einer Untersuchung macht, so reflektiert er kaum auf dessen historischen Gehalt. In den Büchern von *Correll* und *Oerter* wird nirgends von Untersuchungen berichtet, die unter den von der modernen Entwicklungspsychologie geforderten Bedingungen die *Entwicklung des historischen und politischen Bewußtseins* untersucht haben. Dies dürfte kein Zufall sein und man müßte untersuchen, ob es nicht von dem beschriebenen Ansatz der Lernpsychologie her geradezu unmöglich ist, jene Leistungen zu erfassen, die ein

historisches Bewußtsein ausmachen. Kommt es doch dort darauf an, Zusammenhänge immer unter den Bedingungen ihrer Entstehung und damit als Prozesse zu denken, was bedeutet, daß von der Struktur des Gegenstandes her der Operationalisierung eines Problems Grenzen gesetzt sind. Von daher ergibt sich der Zwang, tendenziell zwischen Lernzielen zu unterscheiden, die auf die Entwicklung einer *analytischen und einer reflexiven (historischen) Intelligenz* hin orientiert wären.
(H. Hartwig, Ältere Entwicklungspsychologie und neuere Lerntheorie (-psychologie), in: Probleme der Curriculum-Entwicklung, Frankfurt 1972, S. 87–88)

Frage:
1. Wo liegen nach Hartwig die Begrenzungen der kognitiven Lernpsychologie?

Zum Weiterdenken:
Durch die Lernpsychologie wurden in der Geschichtsdidaktik neue Fragen aufgeworfen. Obgleich eine einfache Übertragung der Gesetze der kognitiven Lernpsychologie auf den Bereich des historisch-politischen Verstehens nicht möglich ist, bleiben die Forderungen der Lernpsychologie nach einer Strukturierung, Operationalisierung und Überprüfung des Lernprozesses bestehen. Daher stellen sich u. a. folgende Fragen:
– In der kognitiven Lerntheorie insbesondere bei Bruner spielt die Struktur des Gegenstandes eine entscheidende Rolle. Welche Probleme ergeben sich hieraus für den Gegenstandsbereich der Geschichtsdidaktik? Ist die Geschichte bzw. die gesamte geschichtliche Totalität strukturierbar? Gibt uns die Geschichtswissenschaft oder die Geschichtstheorie hierauf eine Antwort?
– Bruner behauptet, daß durch eine angemessene Vermittlung der ›Struktur des Gegenstandes‹ dem Kind jede »Idee« wahrheitsgemäß dargestellt werden kann. Streiffeler u. a. haben auf die Einseitigkeit dieses Lernprozesses hingewiesen. Wie ist aber diese rationalistische Einseitigkeit zu überwinden, ohne daß die Schüler in Irrationalität und unkontrollierte Emotionalität verfallen?
– Im Erziehungsprozeß spielen gesellschaftlich erwünschte Erziehungsziele eine große Rolle. Finden diese gesellschaft-

lich bedingten Momente des Erziehungsprozesses eine Berücksichtigung in den kognitiven Lerntheorien?
– Hartwig unterscheidet zwischen einer analytischen und einer reflexiven Intelligenz. Versuchen Sie, die Bedeutung des »reflexiven« Denkens für das historische Lernen und für die historisch-politischen Lernziele des Geschichtsunterrichts zu begründen.

3.3 Sozialisationstheoretische Grundlegungen der Geschichtsdidaktik

Problemdarstellung

Bei dem Versuch, den historisch-politischen Lernprozeß psychologisch zu erfassen, können wir weder von den individuellen Lernbedingungen und Lernerfahrungen des Schülers noch von den Lernerwartungen und Lernhemmnissen der Umwelt absehen. Daher greifen alle individualistischen und kognitivistischen Lerntheorien zu kurz. Zugleich hat es eine pädagogisch orientierte Psychologie auch immer mit den psychologisch nicht begründbaren Vorstellungen des Lernziels des Geschichtsunterrichts zu tun. Daher müssen wir bei der psychologischen Grundlegung der Geschichtsdidaktik sowohl die gesellschaftlichen Voraussetzungen des historisch-politischen Lernens als auch die angestrebten Ziele dieses historisch-politischen Lernprozesses berücksichtigen. Unter diesem Aspekt gewinnen die sozialpsychologischen bzw. sozialisationstheoretischen Ansätze zunehmend an Bedeutung. Sie gehen Hand in Hand mit der Entwicklung einer am Lernziel der Ich-Identität ausgerichteten, kommunikativen Geschichtsdidaktik. Wir sprechen hier nur von der Entwicklung einer kommunikativen Fachdidaktik, da ein vollständiges Curriculum unter diesem Anspruch noch nicht vorliegt[7].
Einführende Texte sollen klären, was es mit dem sozialisationstheoretischen Ansatz auf sich hat (Q 34) und welche Erwartungen an diesen Ansatz geknüpft werden (Q 35). Im Mittelpunkt dieser Lerneinheit steht ein Text von J. Habermas (Q 36), dessen kritische, sozialphilosophischen Arbeiten für die kommunikative Richtung innerhalb der Fachdidaktik grundlegend sind. An den

anschließenden drei Texten (Q 37–39) kann die Übernahme des sozialisationstheoretischen Ansatzes im Sinne der Kritischen Theorie von J. Habermas in der gegenwärtigen Geschichtsdidaktik erarbeitet werden.

Q 34 *Sozialisation* im weitesten Sinne heißt die Gesamtheit der Prozesse, die sich im Verlauf der Einordnung eines Individuums in das soziale Feld zwischen ihm und der umgebenden Gesellschaft abspielen. Im engeren Sinne meint der Begriff jene Folge von Lernprozessen, durch die das Individuum die von dieser Gesellschaft erwarteten und vorgeschriebenen *Verhaltensweisen und -normen* erwirbt, einschließlich der damit verbundenen Gesinnungen und Leistungen. Hierdurch erfährt der einzelne zugleich seine Identität und seine Sozietät (Vergesellschaftung), wobei als »normale« Entwicklung die Aneignung der Verhaltensmuster und Einstellungen gilt, »wie sie für eben diese Kultur kennzeichnend sind« (Oerter).
Man kann diese erworbenen Dispositionen und Tendenzen des Verhaltens auch Haltungen oder Gewohnheiten (habits) nennen, wichtig ist, daß sie (a) gelernt werden, indem das Individuum unterschiedliche Bewertungen seines Verhaltens durch die Menschen seiner Umgebung erfährt und sich darauf einstellt (operant behavior), und (b) auf Normen bezogen sind, die in der Gesellschaft den Charakter von überindividuellen und überzeitlichen *Werten* angenommen haben und entsprechend zu absolutem Gültigkeitsanspruch tendieren. Soziale Werte, in ihrer Gesamtheit die geltende *Moral* genannt, sind in diesem Sinne die vom einzelnen zu verinnerlichenden überlieferten Orientierungsmuster, die angeben und entscheidend mitbestimmen, wie in dieser Gesellschaft die Welt zu sehen ist und wie man sich in ihr zu verhalten hat. Wir nennen die Übernahme dieser Normen die *Internalisation* sozialer Werte, auf die letztlich Sozialisation abzielt.
(E.-A. Roloff, Geschichte und politische Sozialisation, in: Historischer Unterricht im Lernfeld Politik, Schriftenreihe der Bundeszentrale für politische Bildung, H. 96, S. 113–114)

Frage:
1. Was ist nach Roloff unter Sozialisation zu verstehen? Inwieweit stellt dieser Sozialisationsbegriff eine Erweiterung des Ansatzes des kognitiven Lernens dar?

Die Entwicklung »systematischer gesamtgesellschaftlicher Vorstellungen« ist nicht nur »Teilziel«, sondern im Zusammenhang mit der eigenen didaktischen Theoriebildung das zentrale Problem politisch-historischer Didaktik.

Q 35

Sobald man im dialektischen Theorieverständnis argumentiert, ist das Verhältnis von »kognitiver Struktur« des Lernenden und Struktur der Sache und des Faches nicht mehr hinreichend über die »Erkenntnisbemühungen hervorragender Wissenschaftler« zu erklären, die vermittelnd agieren, sondern zumindest in den Sozialwissenschaften nur unter Einbeziehung der historischen politisch-ökonomischen Situation, die das Bewußtsein des Kindes und des Wissenschaftlers prägt. Gewiß besteht ein »Zusammenhang der Methode, die den Gegenstand der Wissenschaft konstituiert, mit jener, die dem Lerner seine Welt konstituiert«, aber er ist vielfältig »gebrochen« aufgrund von Produktionsverhältnissen, für die private Verfügungsgewalt über Kapital und Arbeit und damit nur partielle, funktional gewährte Emanzipation konstitutiv ist. Dieses Herrschaftsverhältnis hat seine Entsprechung im Zusammenhang zwischen dem, was Jean Piaget und Rolf Oerter als »egozentrisches Weltbild« ausgegeben haben, und der bürgerlichen Wissenschaft, ob sie in ihrer Formalisierung und Reduktion auf Methodologie nun empirisch-analytisch oder hermeneutisch verfährt und damit eine dialektische Identität mit dem praktischen Alltagsbewußtsein nicht zuläßt. Also nur deren Aufhebung in kritischer Theorie der Gesellschaft kann den Zusammenhang konstruktiv machen. Ohne eine solche Theorie sind die Lernenden den gesellschaftlichen Verhältnissen als Sachzwängen relativ hilflos ausgeliefert: ohne eine solche Theorie verliert Wahrnehmung zu leicht ihr materielles Korrektiv, ohne eine solche Theorie dürften sich Egozentrik und ihre Erscheinungsformen vorrangig verfestigen mit ihrem Verzicht auf »soziologische Phantasie« (Oskar Negt), die kritisch an die gesellschaftlichen Verhältnisse gebunden ist; ein Verzicht auf optimal gewollte Emanzipation; also Verharren in einer »naiven Theorie« der Anpassung und des belanglosen Reformismus, die sich zwar nicht aktuell parteipolitisch, aber doch den dominierenden Axiomen und Denkschema historisch »Partei« gewordener Interessen zuordnen lassen.
(A. Holtmann, Sozialisation, Lernen und Theoriebildung – Überlegungen zu einer sozialisationstheoretischen politisch-historischen Didaktik, in: Historischer Unterricht im Lernfeld Politik, Schriftenreihe der Bundeszentrale für politische Bildung, H. 96, S. 153–154)

Fragen:
1. Welche Kritik übt Holtmann an der Theorie der »kognitiven Struktur«? Überprüfen Sie diese Kritik an Q 31 und Q 32.
2. Welche Funktion hat eine kritische Theorie der Gesellschaft nach Holtmann für eine historisch-politische Didaktik?
3. Inwieweit müssen nach Holtmann die soziokulturellen Voraussetzungen des Kindes Berücksichtigung finden? Wie stehen diese Voraussetzungen zu den Lernvoraussetzungen des Wissenschaftlers?

Q 36   In Abhängigkeit von der wachsenden Komplexität des Gesellschaftssystems und dem (in Schema 1) bezeichneten Strukturwandel des Normensystems werden vom erwachsenen Subjekt Rollenkompetenzen verlangt, die darin bestehen, daß Reziprozitäten auf immer abstrakterer Stufe hergestellt und die verhaltenssteuernden Instanzen immer weiter verinnerlicht werden können. Diesem Prozeß entspricht eine Wandlung der Identitätsformation
...
Abgebildet auf die Ebene der Ontogenese geben diese Überlegungen Anhaltspunkte für die Identitätsbildung in Kindheit und Jugend: sie reicht von der »natürlichen« Identität über die Rollenidentität, die mit der Lösung der ersten Reifungskrise, zur Ich-Identität, die mit der Lösung der zweiten Reifungskrise entsteht. Die Entwicklung der Rollenidentität zur Ich-Identität läßt sich so vorstellen, daß die Identität des Heranwachsenden zunächst ausschließlich davon abhängt, daß die Person von ihrer Umgebung als diese Person identifiziert wird, während sie am Ende ausschließlich davon abhängt, wie sich die Person selber identifiziert.
...
Im Verlaufe dieser Entwicklung verschiebt sich das Problem der Ausbildung und Erhaltung der Identität von der Anstrengung der Identifizierung mit immer abstrakteren Gruppen zur Aufgabe der Differenzierung innerhalb dieser Gruppen. Die Identität wird anfänglich dadurch gesichert, daß der Heranwachsende sich über die Konformität mit symbolischen Allgemeinheiten in ein soziales System erst einmal integriert, während am Ende Identität gerade auf dem Wege der Individuierung gesichert werden muß. Deshalb läßt sich diese Entwicklung auch als eine fortschreitende Autonomisierung nun nicht des kognitiven, sondern des kommunikativen Ich auffassen, das zunächst von vorgegebenen Normensystemen

abhängig ist, während es am Ende gegenüber diesen Normensystemen eine gewisse Distanz erlangt und innerhalb gewisser Grenzen die Organisation der Rollen, die es spielt, gleichsam selbst in die Hand nimmt.

...

Die Formation der Ich-Identität, die ich ableiten möchte, kann nun als Lösung eines Problems begriffen werden, das sich auf der letzten (antizipatorisch entworfenen) Stufe der politischen Universalmoral stellt. Hier läßt sich die Aufgabe der Selbstidentifikation überhaupt nicht mehr in der Weise lösen, daß a) eine Klasse abgegrenzt wird, die die Zugehörigkeit definiert, b) identifizierende Merkmale festgelegt werden, die eine Differenzierung innerhalb der Gruppe erlauben und c) die Zugehörigkeitsrelation nach einem konkreten Modell (Familie) gedeutet wird; denn: a) das Universum aller Personen erlaubt keine auf innersozialer Abgrenzung beruhende Gruppenidentität mehr, b) alle partikularen Rollen sind beliebig geworden, während die Konformitätsleistung gegenüber einer idealen Rolle (Staatsbürger-, abstrakte Menschrolle: 18. Jhdt.) nach unseren Voraussetzungen kein individuell auszeichnendes Kriterium mehr ist (Ehrenhaftigkeit, Tugendhaftigkeit) und c) ist die Zugehörigkeits-/Nichtzugehörigkeitsrelation außer Kraft gesetzt: in gewisser Weise können alle anderen als zugehörig zur abstrakten Gemeinschaft aller lebenden und toten Personen (Kants Reich der intelligiblen Wesen), und doch zugleich als Fremde angesehen werden. Diese Suspendierung der Unterscheidung des Angehörigen und des Fremden konstituiert die Kategorie des »Anderen«. Wie ist angesichts dieser Schwierigkeiten das Problem der Selbstidentifikation zu lösen?

Immerhin hat das kommunikative Ich auf dem Wege bis zu der Stufe, auf der sich dieses Problem stellt, mit der Überwindung älterer Gruppenidentitäten und ihrer Integration in höherstufige Identitäten (Hegels dialektischer Begriff der Aufhebung ist an diesem Paradigma gewonnen) eine eigentümliche Fähigkeit erworben: es hat gelernt, einerseits jeweils bestimmte Gruppen von Personen zugleich als Zugehörige und als Nicht-Zugehörige anzusehen und zu behandeln (die Staatsbürger, die nicht Familienangehörige sind; die Privatpersonen, die nicht Staatsangehörige sind); und andererseits sich selber zugleich mit etwas zu identifizieren und nicht zu identifizieren (nämlich als Familienmitglied, wenn Ego als Staatsbürger, bzw. als Staatsbürger, wenn Ego als moralische Privatperson handelt). Wenn es diese Fähigkeit, die an wenigen bestimmten Identitäten ausgebildet worden ist ...

Universal-histor. Stufen	Normen-systeme	»Ethiken«	Stufen des moralischen Bewußtseins	Herstellung von Reziprozität	Verhaltens-kontrollen	Formen der Identität	Ontogenet. Stufen
		Natura-listischer Hedonismus	vorkonvent. 1 2	Wahrneh-mungs-Rezi-prozität	Objektbeset-zung und primäre Iden-tifikation	»natürliche« Identität	Frühe Kindheit
vor-hoch-kulturell	Familien- u. Stammes-Moral	—	konvent. 1	interaktive Rezi-prozität	Verinner-lichung von Primärrollen	Rollen-identität	1. Reifungs-krise
hoch-kulturell	Staats- vs. Stammes-moral	Kosmologi-sche Ethiken, traditionelles Naturrecht	2	interaktive Rezi-prozität	Verinner-lichung von Normensatz	Rollen-identität	
modern	Privat- vs. Staats-moral	rationales Naturrecht; formalistische Ethik	prinzipiell 1	Rezi-prozität als Prinzip	Verinner-lichung von Prinzipien	Ich-identität	2. Reifungs-krise
	politische Universal-moral	Kommuni-kative Ethik	2	R. als Ver-fahrensnorm zur Recht-fertigung von Prinzipien	Verinner-lichung von Verfahrens-norm		

wenn also das Ich jene spezifische Fähigkeit generalisiert und somit lernt, überhaupt Identitätskrisen dadurch zu lösen, daß auf jeder neuen Stufe »aufgegebener« und hinzuerworbener Rollensysteme eine gestörte Balance wiederhergestellt wird, dann kann es darauf verzichten, eine Rollenidentität herzustellen. Es kann darauf verzichten, seine Identität an bestimmten Rollen festzumachen, die einerseits eine Gruppenidentität auszeichnen und andererseits identifizierende Merkmale entweder darstellen oder zu gewinnen gestatten. Das Ich kann dann vielmehr seine Identität gegenüber »Anderen« wahren, indem es in *allen* relevanten Rollenspielen das paradoxe Verhältnis, dem anderen gleich und doch von ihm absolut verschieden zu sein, zum Ausdruck bringt und so sich selbst repräsentiert: als derjenige, der seine Interaktionen in einem unverwechselbaren lebensgeschichtlichen Zusammenhang organisiert. Selbstidentifikation auf einer Stufe, auf der das Verhältnis von Ich zu »Anderen« Ausschließlichkeit gewinnt, ist möglich, wenn Ego kraft seiner eben charakterisierten Fähigkeit gleichzeitig seine soziale Identität und seine personale Identität wahrt. Mit der sozialen Identität erfüllt es die Forderung nach Konsistenz zwischen den *gleichzeitig* angesonnenen und übernommenen Rollen; mit der personalen Identität erfüllt es die Forderung nach Konsistenz in der *lebensgeschichtlichen Vertikale* zwischen den in den verschiedenen Stadien übernommenen Rollensystemen. Freilich könnte die soziale Identität durch Rollenkonformismus allein nur um den Preis der Reifizierung der Person, personale Identität durch Rollenabstinenz allein nur um den Preis der pathologischen Isolierung »gesichert«, also nicht sinnvoll stabilisiert werden. Statt dessen bedarf es der Sicherung einer prekären und verletzbaren Balance einerseits zwischen Rollenkomplementarität und Rollenambiguität, um die soziale Identität und gleichzeitig deren fiktiven Charakter, ihre Scheinnormalität zu erhalten und kommunikativ sichtbar zu machen; und andererseits einer Balance zwischen Rollendistanz und Rollenflexibilität, um die personale Identität und gleichzeitig den fiktiven Charakter ihres Absolutheitsanspruchs, ihre Scheinindividualität zu erhalten und kommunikativ sichtbar zu machen.
(J. Habermas, Notizen zum Begriff der Rollenkompetenz, in: Kultur und Kritik, Frankfurt 1973, S. 209, 227–231)

Fragen:
1. Welche Wandlung der Identitätsformation stellt Habermas fest? (vgl. Schema 1)

2. Beschreiben Sie die Entwicklung der Rollenidentität beim einzelnen Menschen (Ontogenese).
3. Welche Forderungen stellen sich nach Habermas an die Ich-Identität aufgrund der historischen Entwicklung?
4. Welche Lernleistung hat nach Habermas das »kommunikative Ich« vollbracht?
5. Habermas versucht, diese Lernleistung zu generalisieren. Dabei gelangt er zum Begriff der Balance (= Identitäts-Balance), die zum Richtziel der kommunikativen Geschichtsdidaktik geworden ist. Beschreiben Sie die Leistungen, die mit dem Lernziel der Identitäts-Balance (Rollenkompetenz) verbunden sind.
6. Was ist unter personaler und sozialer Identität zu verstehen?

Q 37 Der Geschichtsunterricht hat es in der ganzen Breite seiner möglichen Inhalte mit Interaktionen zu tun, denen durchweg das strukturelle Muster von Eigen- und Fremdgruppen zugrunde liegt. Der Lernende wird unablässig in Form von Parteinahme und Ablehnung, von Sympathie-, Loyalitäts- und Gegeneinstellungen kognitiv-affektiv in diese Interaktion einbezogen. Zu den formalen Operationen, die der Geschichtsunterricht (relativ unabhängig von bestimmten Inhalten) für eine intellektuelle Einübung in Rollenkompetenz leistet, gehören z. B.:
– Motive, Normen und Grundsätze von gesellschaftlichem Handeln kennenlernen und Handlungsfolgen abschätzen lernen;
– die Perspektivität von Erwartungen, Gedanken, Gefühlen anderer Personen oder Gruppen analysieren lernen;
– die wechselnde Reflexivität von Erwartungen in Interaktionen abtasten lernen;
– die Bündelung von Verhaltenserwartungen in Gruppen und Gesellschaften analysieren lernen.
Solche Operationen sind dem Geschichtsunterricht nicht von außen aufgesetzt, sondern werden über Jahre hinweg in beinahe jeder Geschichtsstunde an wechselnden Inhalten eingeübt, ja eingeschliffen. Jeder Geschichtslehrer weiß, wie sich beim Anfangsunterricht Zehn- oder Elfjährige z. B. bei der Abschätzung von Handlungsmotiven oder -folgen immer förmlich auf Glatteis bewegen, wie sie auf phantasievolle, oft unfreiwillig komische Weise wirklichkeitsfern sind bei dem Versuch, das Handeln von Menschen zu verstehen, die ihnen in dreifacher Weise fremd sind: weil sie nicht wirklich, sondern nur »vorgestellt« sind, weil es sich

um Erwachsene in ihrer Fremdheit handelt und weil sie aus einer anderen Zeit mit anderen Verhaltensnormen stammen. Durch unablässige Einübung der genannten (und vieler verwandter, hier nicht aufgezählter) Operationen kristallisiert sich allmählich eine immer differenziertere Wirklichkeitseinschätzung heraus. Wirklichkeit differenziert zu erkennen, ist aber nicht nur eine Sache intellektueller Wissensverarbeitung, sondern beruht auch auf einer psychischen Leistung, nämlich einer balancierten Ichstärke. Zu den schwierigsten psychischen Fähigkeiten gehört das Aushaltenkönnen von Komplexität, und dazu zählen immer auch Widersprüche, Unstimmigkeiten, Mehrdeutigkeiten.

Hier liegt ein Einwand nahe. Ist diese Art von Wirklichkeitserschließung im Geschichtsunterricht nicht dadurch begrenzt, daß sie sich im Bereich des Sich-Vorstellens von Interaktionen anderer, nicht in Form tatsächlicher Interaktion der eigenen Person mit anderen vollzieht? Der Einwand scheint schwerwiegend zu sein, weil er eine natürliche, prinzipiell nicht zu überschreitende Begrenztheit alles Lehrens von Geschichte betrifft, er verliert jedoch an Gewicht, ja er verkehrt sich in eigentümlicher Weise zu einem Vorzug, wenn man folgendes bedenkt: Zu den schwierigen Lernleistungen, die heute, in unserer historischen Gegenwart, zur Rollenkompetenz befähigen, gehören die Ausweitung, Überwindung und gleichzeitige Integration älterer Identitäten (also der Stadt, des Stammes, der Konfession, Rasse, Nation) und *diese können nicht einfach in konkreten Realsituationen erworben werden.* Gehen wir vom tatsächlichen Rollenhandeln des Heranwachsenden in erfahrbaren Interaktionssituationen seiner Lebenswelt aus, so werden so anspruchsvolle Kompetenzen wie die erwähnten nie verlangt. Sie kommen im täglichen Leben nicht vor. Wir leben im Zeitalter einer beginnenden universalen Einheit der Geschichte, einer Weltgesellschaft. Der Klang dieser Worte ist harmonisch, die Wirklichkeit ist antagonistisch, von Konflikten durchsetzt, Katastrophen in sich bergend. Die dementsprechende pädagogische Aufgabe besteht darin, in der Erziehung dafür zu sorgen, daß sich Identität nicht mehr starr und ausschließlich an vorgegebenen Gruppen festmacht, daß die Heranwachsenden vielmehr auch die Befähigung zur Rollenflexibilität und Identitätsbalance erwerben. Die universale Einheit der Geschichte auf diesem Globus ist, obschon werdende Realität, für die Erfahrungsmöglichkeiten des einzelnen ein Abstraktum, das in konkreten Lebens- oder Verwendungssituationen mit ihren niederstufigen Rollenbindun-

gen nicht »vorkommt«. Aus diesem Grund können die dementsprechenden Befähigungen nicht dem informellen Sozialisationsprozeß allein überlassen bleiben, sie gehören zwingend in die organisierte Erziehung, und das heißt in unserem Zusammenhang, in den Geschichtsunterricht. Daß sich diese Kompetenzen im Geschichtsunterricht lediglich innerhalb des kognitiven Horizonts von Erschließen, Analysieren und Verstehen vorgestellter Interaktionen abspielen, bedeutet nicht, daß eine feste Trennwand gegenüber dem praktischen, sozialen Handeln bestünde, denn die Grundvoraussetzung der realen Interaktion ist ja auch gerade eine kognitive Leistung, nämlich die Fähigkeit, sich die Erwartungen und Bedürfnisse des Interaktionspartners in Hinsicht auf das eigene Handeln vorzustellen und dieses danach einzurichten. –
(R. Schörken, Kriterien für einen lernzielorientierten Geschichtsunterricht, in: Die Funktion der Geschichte in unserer Zeit, Stuttgart 1975, S. 290–292)

Fragen:
1. Welche Operationen im Geschichtsunterricht führen nach Schörken zu einer Einübung in Rollenkompetenz? Vergleichen Sie diese Operationen mit den Ausführungen von Habermas.
2. Welche psychischen Leistungen sind nach Schörken bei der Einübung in Rollenkompetenz erforderlich?
3. Was ist unter »balancierter Ichstärke« zu verstehen? (vgl. Q 36)
4. Worin liegt nach Schörken der Vorteil des Erlernens der Rollenkompetenz an der Vergangenheit?
5. Welche Gegenwartsanalyse liegt der didaktischen Konzeption von Schörken zugrunde?
6. Wie beurteilt Schörken die Erfahrungsmöglichkeiten des Schülers heute?
7. Wie verhalten sich nach Schörken kognitive Leistungen zum sozialen Handeln?

Q 38 Das historische Lernen kann als Prozeß der Identitätsgewinnung bezeichnet werden; denn Identität konstituiert sich erst in der Zeit und durch die Identifizierung mit und Abgrenzung von dem historischen Anderen. Emanzipation heißt im historischen Lernen Abbau irrationaler und Aufbau rationaler Identitäten. Der Geschichtsunterricht strukturiert sich nach der Fähigkeit des Schülers, seine soziale und individuelle Identität zu artikulieren, in rationaler Weise zu integrieren und zu erweitern. Die Identitäts-

bindungen an Familie, Gruppen, Nation usw. müssen aber in ihrem Geltungsanspruch problematisiert und erst durch eine offene Diskussion argumentativ bestätigt oder abgewiesen werden. Denn die identitätsverbürgenden Deutungssysteme einer Gesellschaft können nicht einfach kritiklos übernommen werden; erst durch eine historisch-kritische Reflexion werden sie im Sinne der emanzipativen Identitätsgewinnung integrierbar.
(A. Kuhn, Einführung in die Didaktik der Geschichte, München 1977, S. 72–73)

Frage:
1. Was versteht Kuhn unter Identitätsgewinnung?

Identität ist für die Geschichtswissenschaft wie für Geschichtsdidaktik eine wesentliche Kategorie. | Q 39

...

Unter Identität ist der »durch Sprache dem Bewußtsein verfügbar gemachte Ort der einzelnen Person in einem sozialen Beziehungssystem« zu verstehen. Nach Erikson ist die Identität das, was die Individuen »für ihr historisches Selbst halten«. Das sprachlich formulierbare Selbstverständnis des Individuums muß ständig mit dem Verständnis, das andere Individuen des gleichen sozialen Beziehungssystems von ihm haben, in Übereinstimmung gebracht werden. Identität ist deshalb »kein fester Besitz des Individuums«, sondern muß in Interaktionsprozessen stets »neu formuliert« werden. Identität ist eine Eigenleistung des Individuums und umschreibt die Fähigkeit, sich wechselnden Situationen als identisches Selbst zu erfahren. In Agnes Hellers Versuch einer Typologie der Persönlichkeitswerte ist Ich-Identität »das Verhältnis der Persönlichkeit zu sich selbst«. In dieser Typologie würde Ich-Identität dem Persönlichkeitswert der »Echtheit« entsprechen: »›Echt‹ ... ist, wer ›sich selbst darstellt‹, ›unecht‹ der Rollenspieler.«
Die Eigenleistung, die das Individuum beim Aufbau und der Aufrechterhaltung der Ich-Identität aufbringen muß, liegt in seiner Fähigkeit, zwei Aspekte seiner Ich-Identität in Balance zu halten: personale Identität und soziale Identität. Personale Identität erlangt das Individuum, wenn es ihm gelingt, in lebensgeschichtlicher Perspektive eine unverwechselbare Biographie aufzubauen. In den wechselnden Situationen seiner Lebens-

geschichte muß das Individuum die Kontinuität seines Ichs wahren und mit sich selbst identisch bleiben.
Soziale Identität bewahrt das Individuum, wenn es in seiner Zugehörigkeit zu verschiedenen, oft »inkompatiblen« Bezugsgruppen die ihm zugemuteten Rollen zu einer Einheit integrieren kann. Die sozialen Rollen werden zu seinem individuellen Rollenhaushalt zusammengefaßt. Sie werden »harmonisch integriert«. Diese harmonische Integration wird dort gefährdet, wo eine objektive Beziehung eines Individuums zu einer sozialen Gruppe gesamtgesellschaftlich diskriminiert oder institutionell unterdrückt wird. Wenn das Individuum personale Identität bewahrt, deutet es retrospektiv seinen eigenen Lebenslauf. Es kommuniziert mit sich als seinem anderen, der durch die Zeit von ihm getrennt ist. Diese Kommunikation ist aber gleichzeitig im sozialen Raum eine Kommunikation mit anderen Individuen bzw. sozialen Gruppen und deren Erwartungen. Die personale Identität ist deshalb von der sozialen Identität nicht abhebbar. Im »Schnittpunkt« der horizontalen Ebene der sozialen Gruppen und der vertikalen Ebene der eigenen Lebensgeschichte konstituiert sich Ich-Identität. Dieser Schnittpunkt ist der logische Ort, an dem das Balanceproblem gelöst werden muß.
Ich-Identität als zu errichtende Balance zwischen personaler und sozialer Identität war bisher keine ernsthafte didaktische Zielsetzung. Indem der Akzent schulisch veranstalteter Bildungsprozesse lediglich auf der Identifikation mit einer als dominant angegebenen Basis lag, wurde sowohl soziale Enteignung betrieben als auch Ich-Identität nie ernsthaft beabsichtigt.
Identitäten werden in Identifikationsprozessen aufgebaut. Identität meint dabei keine Nachahmung oder Imitation, sondern einen »Mechanismus des Rollenlernens«. Identitätsbildung ist nur interaktionistisch möglich. Identifikation meint sowohl ein Sich-Identifizieren als auch ein sich selber als ein bestimmtes Individuum identifizieren lassen.
...
Ich-Identität hat zur Voraussetzung, daß dem Individuum keine soziale Identität öffentlich oder institutionell zugemutet wird, sondern ihm selbst das Recht auf eigene Identifikationen vorbehalten bleibt. Nur so bleibt der Identifikationsprozeß eine wechselseitige, durch Abwesenheit von Zwang charakterisierte Interaktion mit historischen und gegenwärtigen sozialen Gruppen. Auch zur Herstellung personaler Identität benötigt das Individuum einen Interaktionspartner: Das Ich muß mit sich

selber kommunizieren können. Das Individuum kommuniziert »mit sich als einem anderen«, wobei der andere der zeitlich frühere ist. Mit ihm muß sich das Individuum identifizieren können. Hier findet »Selbstidentifikation« im eigentlichen Sinne statt und ermöglicht Kontinuität von Lebensgeschichte.

Identifikation und Selbstidentifikation werden damit zur wesentlichen Voraussetzung von Ich-Identität. Das gegenwärtige Ich hat Erfahrungen gemacht, die das zeitlich frühere Ich noch nicht hatte. Es kann deshalb von seinem gegenwärtigen Selbstverständnis frühere Identifikationen und die mit ihnen verknüpften Verhaltensweisen als falsch erkennen. Mit einem zeitlich früheren Ich wird sich das gegenwärtige Ich nur identifizieren können, wenn die früheren Identifikationen ablösbar sind. Identitätsstiftung durch Identifikation und Selbstidentifikation ist nur durch die gleichzeitige Ablösung überholter Identifikationen möglich. Damit ist Identität keinesfalls ein Arsenal akkumulierter und abgelegter Identifikationen, sondern »eine neue Kombination alter und neuer Identifikationsfragmente«.

Identifikation ist für die traditionelle Geschichtsdidaktik kein unbekannter Begriff. In einer lediglich auf Methode verkürzten Weise versprach man sich von Identifikation eine effektivere Lernleistung bei Schülern. Historische Vorgänge und Persönlichkeiten sollten von den Schülern am effektivsten verstanden werden, wenn sie sich mit ihnen identifizieren. Der eigentliche Identifikationsprozeß inhaltlicher Art, die Übernahme von Verhaltenserwartungen, blieb undiskutiert. Die Verhaltensorientierungen waren in dem didaktisch präsentierten Identifikationsobjekt eingeschlossen gedacht.

...

Ein Geschichtsunterricht, der unbekümmert um die Lebensgeschichte von Individuen und unbekümmert um die im Sozialisationsprozeß angelegte oder bereits weitgehend ausgebildete personale und soziale Identität von Schülern ein dekretiertes Pensum einschließlich der darin enthaltenen Identifikationsbasen erledigt, betreibt zumindest potentiell wie beiläufig Identitätsbeschädigung bis hin zur Identitätszerstörung.
(K. Bergmann, H. J. Pandel, Geschichte und Zukunft, Frankfurt 1975, S. 147–151, 159)

Fragen:
1. Was verstehen Bergmann und Pandel unter Ich-Identität?
2. Vergleichen Sie die Ausführungen von Bergmann-Pandel mit

der sozialisationstheoretischen Konzeption von Habermas und Schörken.
3. Bestimmen Sie die Bedeutung der Lebensgeschichte für die didaktische Konzeption von Bergmann-Pandel.
4. Bergmann und Pandel sprechen von Identitätsbeschädigungen und Identitätszerstörung durch den Geschichtsunterricht. Auf welche Weise kann die Identitätsbeschädigung durch den Geschichtsunterricht vermieden werden?

Zum Weiterdenken:
– Die Begriffe Identifikation und Identität kommen sowohl in den entwicklungspsychologischen als auch in den sozialpsychologischen Texten vor. Liegt ein Unterschied in dem jeweiligen Gebrauch dieser Begriffe?
– Das Lernziel der kritischen Identitätsgewinnung hat ebenso wie das Lernziel Emanzipation viele Diskussionen hervorgerufen. Nehmen Sie zu dieser Lernzielorientierung Stellung.
– Diskutieren Sie die unterrichtlichen Konsequenzen dieser Lernzielorientierung.

Überprüfen Sie Ihr Wissen:

In dieser Lerneinheit sind folgende Begriffe von besonderer Bedeutung:
- Entwicklungspsychologie
- kognitive (kognitivistische) Lernpsychologie
- Sozialpsychologie
- Sozialisationstheorie
- Verstehen
- Lernen
- Lernziele – Bildungsziele
- Struktur
- Operationen / Operationalisieren
- Ich-Identität
- kommunikatives Ich (kommunikative Kompetenz)
- Identitäts-Balance
- personale und soziale Identität
- lebensgeschichtlicher Zusammenhang

- Interaktion
- Kommunikation
- symbolisch
- Rolle

– Welche drei psychologischen Richtungen wurden für die Geschichtsdidaktik als bestimmend bezeichnet? Charakterisieren Sie diese drei Richtungen. Welchen Einfluß haben sie auf die jeweiligen fachdidaktischen Konzeptionen?

– Ordnen Sie die übrigen Begriffe der entsprechenden psychologischen und fachdidaktischen Richtung zu. Diskutieren Sie sie unter dem psychologischen und dem fachdidaktischen Aspekt.

– Die kommunikative Geschichtsdidaktik stand in dieser Lerneinheit im Mittelpunkt. Nehmen Sie hierzu Stellung.

4 Geschichtswissenschaft und Geschichtsdidaktik (V. Rothe)

4.1 Geschichtswissenschaft und Historismus

Ziel dieser Lerneinheit ist es,
- die wesentlichen Züge des Historismus zu erfassen und seine Bedeutung für die Geschichtsdidaktik zu erkennen,
- sich mit den grundlegenden Prämissen bekannt zu machen, die zu einer Neuorientierung der Geschichte als historisch-kritischer Sozialwissenschaft geführt haben,
- zu erfahren, was Geschichte als historisch-kritische Sozialwissenschaft intendiert,
- neuere geschichtsdidaktische Ansätze und Konzeptionen auf die Adaption eines gewandelten Geschichtsverständnisses hin zu analysieren (Inhalte, Methoden).

Problemdarstellung

Gegenüber dem Naturrechtsdenken in seiner zunächst christlichen und später profanen Ausprägung, seiner als unwandelbar begriffenen menschlichen Vernunft[1], behauptete der im 19. Jahrhundert aufkommende und bis heute vertretene Historismus das Veränderliche und Wandelbare der zur Geschichte geronnenen menschlichen Daseinsweisen. Gleichzeitig damit wurde die Wert- und Normfrage relativiert[2]; die einzelnen Vertreter des Historismus verlagerten die Wertentscheidungen entweder in den Bereich des persönlichen Bekenntnisses (Ranke), einer anthropologischen Annahme (Droysen) oder einer Geschichtsphilosophie (Hegel). Dennoch gehört zu einer der Voraussetzungen für die Bedeutung des Historismus als »Denkform« und sogar »Weltanschauung«[3], daß der Geschichte als aufklärerisches Erbe Vernünftigkeit und immanente Sinnhaftigkeit[4] innewohne. Diese Vorstellung wurde allerdings – unter Absehung von Hegel – nicht so weit getrieben, daß Fortschrittlichkeit im Sinne des Prozessualen behauptet wurde. Der Historismus spricht von Bewegung; das Wort »Entwicklung« ist nicht linear zu verstehen[5].

Besondere Bedeutung kam im Historismus dem »Verstehen« als Mittel historischer Rekonstruktion zu. Wir fassen diesen Begriff heute enger. Im Historismus vermittelte der Verstehensbegriff »eine Grundformel sittlichen Menschseins«[6] und besaß damit eine anthropologische Komponente. Im Gegensatz zu den Geisteswissenschaften und ihrem Bemühen, dem je einzelnen, Individuellen im geschichtlichen Verlauf verstehend gerecht zu werden, konnten die Naturwissenschaften an der Allgemeingültigkeit ihrer erforschten Gesetze und dem Kausalitätszusammenhang der Materie (noch) festhalten. Sie »erklärten« die Welt. Das naturwissenschaftliche Denken der Zeit bestimmte auch die Bemühungen der Geschichtswissenschaft, ihren Forschungen einen exakten, empirisch gesicherten Charakter zu verleihen[7].
Die eigentliche Kritik am Historismus wurde erst möglich, nachdem sich seine unbefragten Selbstverständlichkeiten »historisch« aufzulösen begannen und die Ohnmächtigkeit seiner Sittlichkeitsvorstellungen offenbarten: Dem Krieg, dem Nationalsozialismus, der Vernichtung und Ausrottung von Menschen hatte der Historismus nichts entgegenzusetzen gewußt, seine Methoden nicht auf sich selbst angewandt[8]. Die Verabsolutierung der (Macht-)Staatsidee stand einer Demokratisierung der politischen Verhältnisse im Wege.
Auch die von marxistischer Seite geäußerte Kritik, der Historismus sei die restaurativ-herrschaftslegitimierende Ideologie einer bürgerlichen Gesellschaft, rüttelte an seinem Selbstverständnis. Der Wandel der historischen und politischen Verhältnisse ließ es überdies angebracht erscheinen zu fragen, ob historische Kollektive immer noch im Sinne von Kollektivindividualitäten interpretiert werden konnten. Anregungen aus der Soziologie und aus anderen Gesellschaftswissenschaften führten in der Bundesrepublik zu einer Neudefinition der Geschichte als historisch-kritischer Sozialwissenschaft[9].

Q 40

Der Kern des Historismus besteht in der Ersetzung einer generalisierenden Betrachtung geschichtlich-menschlicher Kräfte durch eine individualisierende Betrachtung. Das bedeutet nicht etwa, daß der Historismus nunmehr das Suchen nach allgemeinen Gesetzmäßigkeiten und Typen des menschlichen Lebens überhaupt ausschlösse. Er muß es selber üben und mit seinem Sinne für das Individuelle verschmelzen. Es war ein neuer Sinn, den er dafür

erweckte. Auch damit ist nicht gesagt, daß das Individuelle am Menschen und den von ihm geschaffenen sozialen und kulturellen Gebilden bis dahin ganz unbeachtet geblieben sei. Aber gerade die innersten bewegenden Kräfte der Geschichte, Seele und Geist der Menschen, waren im Banne eines generalisierenden Urteils verblieben. Der Mensch mit seiner Vernunft und seinen Leidenschaften, seinen Tugenden und Lastern sei, so meinte man, in allen Zeiten, die wir kennen, im Grunde derselbe geblieben. Diese Meinung enthielt wohl einen richtigen Kern, aber verstand nicht die tiefen Wandlungen und die Mannigfaltigkeit der Gestaltungen, die das seelische und geistige Leben des einzelnen und der Gemeinschaften trotz eines dauernden Bestandes menschlicher Grundeigenschaften erfährt. Es war insbesondere die von der Antike her herrschende naturrechtliche Denkweise, die den Glauben an die Stabilität der menschlichen Natur, voran der menschlichen Vernunft, einprägte. Die Aussagen der Vernunft können, so hieß es danach, wohl getrübt werden durch Leidenschaften und Unwissenheit, aber wo sie von diesen Trübungen sich freimacht, sagt sie zu allen Zeiten dasselbe aus, ist sie fähig, zeitlose, absolut gültige Wahrheiten, die der im Weltall im ganzen herrschenden Vernunft entsprechen, zu finden.
Dieser naturrechtliche Glaube hat sich durch die Anpassungen, die Ernst Troeltsch gezeigt hat, auch mit dem Christentum verbinden können. Es ist nicht auszudenken, was dieses Naturrecht, sei es in seiner christlichen, sei es in seiner seit der Renaissance wieder durchbrechenden profanen Form, für die abendländische Menschheit von fast zwei Jahrtausenden bedeutet hat. Es war ein fester Polarstern inmitten aller Stürme der Weltgeschichte. Es gab dem denkenden Menschen einen absoluten Halt im Leben, einen um so stärkeren, wenn er dabei von dem christlichen Offenbarungsglauben überhöht wurde. Es konnte gebraucht werden für die mannigfachsten, sehr unter sich streitenden Ideologien. Die als ewig und zeitlos angenommene menschliche Vernunft konnte sie alle rechtfertigen, ohne daß man es bemerkte, daß diese Vernunft dabei selbst ihren zeitlosen Charakter verlor und sich als das erwies, was sie war, eine geschichtlich wandelbare, sich immer wieder neu individualisierende Kraft. Man könnte, wenn man sich romantischen Stimmungen hingeben wollte, diese Täuschung beneiden und als glückliche und schöpferische Naivität der Jugend bezeichnen. Denn die oft beneidete Stilsicherheit in den Lebensformen und die unbedingte Glaubenskraft früherer Jahrhunderte hingen damit zusammen. Die Reli-

gion, wird man vielleicht einwenden, vermochte dafür noch mehr als das Naturrecht. Aber Naturrecht und Religion waren nun eben auch lange ineinander verschmolzen und wirkten praktisch in dieser Verschmelzung auf die Menschen. Wir haben hier nicht damit, sondern nur mit derjenigen Stufe des Naturrechts zu tun, die dem Historismus unmittelbar vorausging. Ebensowenig haben wir das Problem zu lösen, ob und inwieweit trotz allem das Naturrecht einen immer wieder auflebenden Kern zeitloser menschlicher Bedürfnisse enthält. Daß es als historische Idee und Kraft auch neben und nach dem Durchbruch der neuen individualisierenden Denkweise gewirkt hat und bis heute wirkt, ist bekannt. So wurde das 19. Jahrhundert recht eigentlich zum Mischkessel dieser beiden Denkweisen. Erst recht führt die Genesis des Historismus in der zweiten Hälfte des 18. Jahrhunderts, die wir darstellen wollen, in Mischungen und Brechungen, in Residuen des Alten neben dem Durchbruche des Neuen hinein. Wohl ist der Historismus seitdem derart zum Bestandteil des modernen Denkens geworden, daß dem aufmerksamen Blicke seine Spuren fast in jedem wesentlichen Urteil über menschliche Gebilde entgegentreten. Denn fast immer schwingt, klarer oder unklarer, die Vorstellung mit, daß die Besonderheit dieser Gebilde nicht nur von äußeren, sondern auch von inneren individuellen Bedingungen abhänge. Aber nur in ganz wenigen großen Erscheinungen hat der Historismus seine volle Tiefe und Kraft entwickelt. Verflachung in sich selbst und Einbruch fremder und gröberer Elemente in seine Gedankenwelt waren die Gefahren, die ihn bis heute begleiteten. Durch seine Verflachung konnte die Meinung aufkommen, daß er zu einem haltlosen Relativismus führe und die schöpferischen Kräfte des Menschen lähme. Wir wissen, daß wir nur bei wenigen und nicht bei den vielen heute Gehör für ihn finden. Aber wir sehen in ihm die höchste bisher erreichte Stufe in dem Verständnis menschlicher Dinge und trauen ihm eine echte Entwicklungsfähigkeit auch für die um uns und vor uns liegenden Probleme der Menschheitsgeschichte zu. Wir trauen ihm damit die Kraft zu, die Wunden, die er durch die Relativierung der Werte geschlagen hat, zu heilen – vorausgesetzt, daß er Menschen findet, die diesen -ismus in echtes Leben umsetzen.
(Friedrich Meinecke, Die Entstehung des Historismus, München 1965, S. 2 ff.)

Fragen:
1. Welche Betrachtungsweise war nach Meinecke mit dem Naturrecht verbunden?
2. Durch welche Betrachtungsweise wurde sie abgelöst?
3. Untersuchen Sie den hier behaupteten Zusammenhang zwischen Historismus und Relativismus.
4. Was für Gefahren waren mit der »Verflachung« des Historismus noch gegeben?
5. Wie sah Meinecke die Zukunft des Historismus?

Q 41 Alle diese und die übrigen hiermit zusammenhängenden Geschichten der romanischen und germanischen Nationen sucht nun dies Buch in ihrer Einheit zu ergreifen. Man hat der Historie das Amt, die Vergangenheit zu richten, die Mitwelt zum Nutzen zukünftiger Jahre zu belehren, beigemessen; so hoher Ämter unterwindet sich gegenwärtiger Versuch nicht: er will bloß zeigen, wie es eigentlich gewesen.
Woher aber konnte dies neu erforscht werden? Die Grundlage vorliegender Schrift, der Ursprung ihres Stoffes sind Memoiren, Tagebücher, Briefe, Gesandtschaftsberichte und ursprüngliche Erzählungen der Augenzeugen; andere Schriften nur alsdann, wo sie entweder aus jenen unmittelbar abgeleitet, oder durch irgendeine originale Kenntnis ihnen gleich geworden schienen. Jede Seite zeigt an, welches diese Werke gewesen; die Art der Forschung und die kritischen Resultate wird ein zweites Buch vorlegen, das mit gegenwärtigem zugleich ausgegeben wird.
Aus Absicht und Stoff entsteht die Form. Man kann von einer Historie nicht die freie Entfaltung fordern, welche wenigstens die Theorie in einem poetischen Werke sucht, und ich weiß nicht, ob man eine solche mit Recht in den Werken griechischer und römischer Meister gefunden zu haben glaubt. Strenge Darstellung der Tatsache, wie bedingt und unschön sie auch sei, ist ohne Zweifel das oberste Gesetz. Ein zweites war mir die Entwicklung der Einheit und des Fortgangs der Begebenheiten. Statt daher, wie erwartet werden kann, eine allgemeine Darstellung der öffentlichen Verhältnisse Europas vorauszuschicken, was den Gesichtspunkt wenn nicht verwirrt, doch zerstreut haben würde, habe ich vorgezogen, von jedem Volk, jeder Macht, jedem einzelnen, wie sie gewesen, erst dann ausführlicher zu zeigen, wenn sie vorzüglich tätig oder leitend eintreten: unbekümmert darüber, – denn wie hätte ihre Existenz immer unberührt bleiben können? – daß schon

vorher hier und da ihrer gedacht werden mußte. Hierdurch konnte wenigstens die Linie, die sie im allgemeinen halten, die Straße, die sie nehmen, der Gedanke, der sie bewegt, desto besser gefaßt werden. Endlich, was wird man von der Behandlung im einzelnen sagen, einem so wesentlichen Stück historischer Arbeiten? Wird sie nicht oft hart, abgebrochen, farblos, ermüdend erscheinen? Es gibt für dieselbe edle Muster, alte und – man verkenne es nicht – auch neue; doch habe ich sie nicht nachzuahmen gewagt: ihre Welt war eine andere. Es gibt für sie ein erhabenes Ideal: das ist die Begebenheit selbst in ihrer menschlichen Faßlichkeit, ihrer Einheit, ihrer Fülle; ihr wäre beizukommen: ich weiß, wie weit ich davon entfernt geblieben. Man bemüht sich, man strebt, am Ende hat man's nicht erreicht. Daß nur niemand darüber ungeduldig werde! Die Hauptsache ist immer, wovon wir handeln, wie Jakobi sagt, Menschheit wie sie ist, erklärlich oder unerklärlich: das Leben des einzelnen, der Geschlechter, der Völker, zuweilen die Hand Gottes über ihnen.
(Leopold von Ranke, Fürsten und Völker – Geschichte der romanischen und germanischen Völker von 1494–1514, Wiesbaden 1957, S. 4f.)

»Das Real-Geistige, welches in ungeahnter Originalität dir plötzlich vor den Augen steht, läßt sich von keinem höheren Prinzip ableiten. Aus dem Besonderen kannst du wohl bedachtsam und kühn zu dem Allgemeinen aufsteigen; aus der allgemeinen Theorie gibt es keinen Weg zur Anschauung des Besonderen.«
(Leopold von Ranke, Politische Gespräche, Göttingen 1958, S. 57.)

| Q 42 |

Friedrich: Alle die Staaten, die in der Welt zählen und etwas bedeuten, sind erfüllt von besonderen, ihnen eigenen Tendenzen. Es würde lächerlich sein, sie für ebenso viele Sicherheitsanstalten für die Individuen, die sich zusammengetan, etwa für ihr Privateigentum, zu erklären. Vielmehr sind jene Tendenzen geistiger Art, und der Charakter aller Mitbürger wird dadurch bestimmt, ihnen unauslöschlich aufgeprägt. Durch die Verschiedenheiten, welche hieraus entspringen, werden die Formen der Verfassung, die allerdings eine gemeinschaftliche Notwendigkeit haben, allenthalben anders modifiziert. Von der obersten Idee hängt alles ab. Das will es sagen, wenn auch die Staaten ihren Ursprung von Gott

| Q 43 |

herleiten. Denn die Idee ist göttlichen Ursprungs. – Jeder selbständige Staat hat sein eigenes ursprüngliches Leben, das auch seine Stadien hat und zugrunde gehen kann wie alles, was lebt, aber zunächst seinen ganzen Umkreis erfüllt und beherrscht und mit keinem andern gleich ist.
Karl: In diesem Sinne verstehst du es, daß die Staaten Individuen seien.
Friedrich: Individualitäten, eine der andern analog, – aber wesentlich unabhängig voneinander. Statt jener flüchtigen Konglomerate, die sich dir aus der Lehre vom Vertrag erheben wie Wolkengebilde, sehe ich geistige Wesenheiten, originale Schöpfungen des Menschengeistes, – man darf sagen, Gedanken Gottes.
(Ebd., S. 60f.)

Fragen:
1. Welches Interesse leitet Ranke bei seiner geschichtlichen Untersuchung?
2. Worauf stützt er seine Untersuchungen (Materialien)?
3. Welches methodische Vorgehen wählt Ranke?
4. Wie gelangt er zur Darstellung der Einheit?
5. Welchen höchsten Ausdruck von Einheit kennt nach ihm die Geschichte, und wie begründet er ihn?[10]
6. Charakterisieren Sie die geschichtliche Sinnhaftigkeit bei Ranke.

Q 44 Wir haben schon früher bemerkt, daß, wenn es eine Wissenschaft der Geschichte geben soll, diese ihre eigene Erkenntnisart, ihren eigenen Erkenntnisbereich haben muß. ... So gewiß es ist, daß auch wir Menschen in dem allgemeinen Stoffwechsel mit leben und weben, und so richtig es sein mag, daß jeder einzelne nur eben die und die Atome aus der »ewigen Materie« vorübergehend zusammenfaßt und zu seiner Daseinsform hat, ebenso gewiß oder vielmehr unendlich gewisser ist, daß vermittelst dieser »fließenden Bildungen« und ihrer trotz alledem vitalen Kräfte etwas gar Besonderes und Unvergleichliches geworden ist und wird, eine zweite Schöpfung nicht von neuen Stoffen, aber von Formen, von Gedanken, von Gemeinsamkeiten und ihren Tugenden und Pflichten, die sittliche Welt.
In diesem Bereich der sittlichen Welt ist alles von der kleinsten Liebesgeschichte bis zu den großen Staatsaktionen, von der einsamen Geistesarbeit des Dichters oder Denkers bis zu den

unermeßlichen Kombinationen des Welthandels oder dem prüfungsreichen Ringen des Pauperismus unserem Verständnis zugänglich; und was da ist, verstehen wir, indem wir es als ein Gewordenes fassen.

Es ist bereits erwähnt worden, daß Buckle die Willensfreiheit zugleich mit der göttlichen Providenz nicht sowohl außer Rechnung läßt, als vielmehr für Illusionen erklärt und über Bord wirft. Auch in den Bereichen der Philosophie ist neuester Zeit Ähnliches gelehrt worden; ein Denker, dessen ich mit persönlicher Hochachtung gedenke, sagt: Wenn man alles, was ein einzelner Mensch ist und hat und leistet, A nennt, so besteht dies A aus $a + x$, indem a alles umfaßt, was er durch äußere Umstände von seinem Land, Volk, Zeitalter usw. hat, und das verschwindend kleine x sein eigenes Zutun, das Werk seines freien Willens ist. Wie verschwindend klein immer dies x sein mag, es ist von unendlichem Wert, sittlich und menschlich betrachtet allein von Wert. Die Farben, der Pinsel, die Leinwand, welche Raffael brauchte, waren aus Stoffen, die er nicht geschaffen; diese Materialien zeichnend und malend zu verwenden, hatte er von den und den Meistern gelernt; die Vorstellung von der heiligen Jungfrau, von den Heiligen, den Engeln fand er vor in der kirchlichen Überlieferung; das und das Kloster bestellte ein Bild bei ihm gegen angemessene Bezahlung: – aber daß auf diesen Anlaß, aus diesen materiellen und technischen Bedingungen, aufgrund solcher Überlieferungen und Anschauungen die Sixtina wurde, das ist in der Formel $A = a + x$ das Verdienst des verschwindend kleinen x. Und ähnlich überall. Mag immerhin die Statistik zeigen, daß in dem bestimmten Lande soundso viele uneheliche Geburten vorkommen, mag in jener Formel $A = a + x$ dies a alle die Momente enthalten, die es »erklären«, daß unter tausend Müttern 20, 30, wie viele es denn sind, unverheiratet gebären: – jeder einzelne Fall der Art hat seine Geschichte, und wie oft eine rührende und erschütternde, und von diesen 20, 30 Gefallenen wird schwerlich auch nur eine sich damit beruhigen, daß das statistische Gesetz ihren Fall »erkläre«; in den Gewissensqualen durchweinter Nächte wird sich manche von ihnen sehr gründlich überzeugen, daß in der Formel $A = a + x$ das verschwindend kleine x von unermeßlicher Wucht ist, daß es den ganzen sittlichen Wert des Menschen, das heißt seinen ganzen und einzigen Wert umschließt.

Es wird keinem Verständigen einfallen zu bestreiten, daß auch die statistische Betrachtungsweise der menschlichen Dinge ihren großen Wert habe; aber man muß nicht vergessen, was sie leisten

kann und leisten will. Gewiß haben viele, vielleicht alle menschlichen Verhältnisse auch eine rechtliche Seite; aber darum wird man doch nicht sagen wollen, daß man das Verständnis der Eroika oder des Faust unter den juristischen Bestimmungen über das geistige Eigentum suchen müsse.
(Johann Gustav Droysen, Historik, hg. v. R. Hübner, Darmstadt 1960, S. 396 ff.)

Fragen:
1. Dieser Auszug stammt aus einer breiten Erwiderung auf den Vorwurf des Engländers H. T. Buckle, die Geschichtswissenschaft sei unwissenschaftlich. Buckle »gedenkt die Geschichte dadurch zu einer Wissenschaft zu erheben, daß er die historischen Tatsachen aus allgemeinen Gesetzen zu beweisen lehrt«[11]. Wie sieht Droysen die materiellen Bedingungen des Daseins?
2. Worin unterscheiden sich nach ihm naturwissenschaftliche Tatsachen und menschliche Geschichte?
3. Welchen Begriff stellt Droysen dem naturwissenschaftlichen Erklären gegenüber?
4. Welches Bild hat Droysen vom Menschen?
5. Welche Bestimmung des Menschen sieht Droysen durch die Bucklesche Position in Frage gestellt?
6. Definieren Sie den Begriff des Individuellen.

Q 45 Ganz so einfach also wie bei dem Verstehen eines zu uns Sprechenden ist die Aufgabe der historischen Interpretation nicht. Aber die wesentliche Grundlage gewinnen wir daher. Es kommt zunächst darauf an, die Gesichtspunkte zu finden, auf die wir unser historisches Verstehen, unsere Interpretation zu richten haben, sie so zu finden, daß in ihnen alles umfaßt ist, was man verstehen kann.
1. Nach der Natur der Sache ergreifen wir zunächst den einfachen Bestand des historischen Materials, wie es uns durch die Kritik geordnet vorliegt und in dieser Ordnung fast schon die Skizze des sachlichen Zusammenhanges gibt. Diesen sachlichen Zusammenhang vervollständigen wir durch die pragmatische Interpretation.
2. Die Tatsachen, für die uns diese Materialien als Zeugnis dienen, geschahen in der und der Zeit, in dem und dem Lande; sie standen in der damaligen Gegenwart und unter dem Einfluß aller der Gegebenheiten und Bedingungen, die jene Gegenwart enthielt.

Hemmend oder fördernd, näher oder entfernter haben alle diejenigen Verhältnisse mit eingewirkt, welche zusammen jene Gegenwart bildeten. Und nicht bloß diese allgemeinen Verhältnisse, jedes einzelne stand unter den lokalen, wirtschaftlichen, religiösen, technischen Bedingungen, auf die es in seinem Werden oder Wirken angewiesen war. Die Spuren dieser Einwirkungen müssen an dem uns vorliegenden Material aufgesucht und aufgefaßt, sie müssen in ihrer Stärke und in ihrem Umfang wiedererkannt werden. Das ist die Interpretation der Bedingungen.
3. Nicht immer wird unser Material so angetan sein, daß wir daran noch die Aktion und den Willen der beteiligten Individuen konstatieren können; und selbst wo wir einzelne, die Führenden, die schöpferisch Tätigen erkennen, entzieht sich die Masse der Geführten, der Schauenden usw. der Beobachtung. Aber wenn diese Massen da auch ohne Bedeutung und Einwirkung nur rezeptiv und passiv zu sein scheinen, sie sind es doch nur unter dem Gesichtspunkt dieses großen Vorganges, dieser bedeutenden Tatsache; sie werden von den Leitenden nicht bloß bestimmt und geführt, sondern auch repräsentiert. Dieser Leitenden Meinung und Anschauung, ihre Tendenz, ihre Handlungsweise, ihre Zwecke werden wir zu verstehen, uns gleichsam in ihre Seele zu versetzen suchen müssen, um die in den Materialien bezeugte Tatsache wie nach ihrem pragmatischen Verlaufe und nach den Bedingungen, unter denen sie sich vollzog, auch nach ihrem Werden durch den Willen und die Leidenschaften der Handelnden zu erkennen. Das ist die psychologische Interpretation.
4. Wir haben damit den Kreis des Verstehens noch nicht geschlossen. Wir finden immer noch, daß da ein Etwas übrigbleibt, das sich unter diese drei Punkte nicht rubriziert, ein Etwas von ganz besonderer Bedeutung, das immer, wenn auch unmerklich, die ganze Bewegung trägt und oft wie plötzlich in mächtiger Energie hervorbricht. Über allen Interessen, Begabungen und persönlichen Absichten der einzelnen steht ein Gemeinsames, das in jedem einzelnen mächtig und mächtiger als alles ist. Die Bedingungen werden erst rege und konzentrieren sich unter der Einwirkung dieses Faktors, der ganze pragmatische Verlauf zeigt sich von ihm beherrscht und gelenkt. Das sind die Gemeinsamkeiten, in denen das sittliche Dasein der Menschen seinen Ausdruck, seine Zusammenfassung und seine Kraft hat, die großen sittlichen Mächte, die, in der Empfindung und dem Gewissen jedes Menschen lebendig, ihn über sich selbst und sein kleines Ich

erheben, um in den großen Gestaltungen dieser Gemeinsamkeiten mitlebend ein mehr als nur individuelles und ephemeres Dasein zu haben. Das ist es, was mit dem Ausdruck Interpretation der Ideen gemeint ist. Wir sollten vielleicht besser sagen: Interpretation nach den sittlichen Mächten.
(Johann Gustav Droysen, Historik, hg. v. R. Hübner, Darmstadt 1960, S. 154f.)

Q 46 Das Wesen der historischen Methode ist *forschend zu verstehen*.

§ 9 [M 7]

Die Möglichkeit des Verstehens besteht in der uns kongenialen Art der Äußerungen, die als historisches Material vorliegen.

Sie ist dadurch bedingt, daß die sinnlich geistige Natur des Menschen jeden inneren Vorgang zu sinnlicher Wahrnehmbarkeit äußert, in jeder Äußerung innere Vorgänge spiegelt. Wahrgenommen erregt die Äußerung, sich in das Innere des Wahrnehmenden projizierend, den gleichen inneren Vorgang. Den Schrei der Angst vernehmend, empfinden wir die Angst des Schreienden usw.

Das Tier, die Pflanze, die Dinge der unorganischen Welt verstehen wir nur zum Teil, nur in gewisser Weise, nach gewissen Beziehungen, solchen, in denen sie uns Kategorien unseres Denkens zu entsprechen scheinen. Sie haben uns kein individuelles, wenigstens kein persönliches Sein. Indem wir sie nur nach jenen Beziehungen verstehen und fassen, sind wir unbedenklich, sie in ihrem individuellen Sein zu negieren, sie zu zerlegen, zu zerstören, sie zu brauchen und zu verbrauchen.

Den Menschen, menschlichen Äußerungen und Gestaltungen gegenüber sind wir und fühlen wir uns in wesentlicher Gleichartigkeit und Gegenseitigkeit, jedes Ich geschlossen in sich, jedes jedem anderen in seinen Äußerungen sich erschließend.

§ 10 [M 8]

Die einzelne Äußerung wird verstanden als eine Äußerung des Innern im Rückschluß auf dies Innere; dies Innere wird verstanden in dem Beispiel dieser Äußerung, als eine zentrale Kraft, die, in sich eins und gleich, wie in jeder ihrer peripherischen Wirkungen und Äußerungen, so in dieser sich darstellt.

Das einzelne wird verstanden in dem Ganzen, und das Ganze aus dem einzelnen.

Der Verstehende, weil er ein Ich, eine Totalität in sich ist wie der, den er zu verstehen hat, ergänzt sich dessen Totalität aus der

einzelnen Äußerung und die einzelne Äußerung aus dessen Totalität.
Das Verstehen ist ebenso synthetisch wie analytisch, ebenso Induktion wie Deduktion.

§ 11
Von dem logischen Mechanismus des Verstehens unterscheidet sich der Akt des Verständnisses. Dieser erfolgt unter den dargelegten Bedingungen als unmittelbare Intuition, als tauche sich Seele in Seele, schöpferisch wie das Empfängnis in der Begattung.

§ 12 [M 9]
Der Mensch wird, was er seiner Anlage nach ist, Totalität in sich, erst in dem Verstehen anderer, in dem Verstandenwerden von anderen, in den sittlichen Gemeinsamkeiten (Familie, Volk, Staat, Religion usw.).
Der einzelne wird nur relativ Totalität; verstehend und verstanden ist er nur wie ein Beispiel und Ausdruck der Gemeinsamkeiten, deren Glied er ist und an deren Wesen und Werden er Teil hat, er selbst nur wie ein Ausdruck dieses Wesens und Werdens.
(Ebd., S. 328f.)

Fragen:
1. Welche methodischen Vorgehensweisen sind nach Droysen mit einer verstehenden historischen Interpretation verbunden?
2. Welche Interpretation legt Droysen für die Erforschung der »Masse der Geführten« nahe?
3. Wie begründet Droysen eine Interpretation nach den sittlichen Mächten?
4. Was versteht man unter sittlichen Mächten?
5. Welche Bedeutung hat das »Verstehen« für die wissenschaftliche Tätigkeit des Historikers, welche für ihn selbst?
6. Charakterisieren Sie das Menschenbild und die Geschichtsauffassung Droysens.

Zum Weiterdenken:
Sind historische Mächte immer sittlich zu nennen?

Q 47 Nur seine Handlungen, seine fixierten Lebensäußerungen, die Wirkungen derselben auf andere belehren den Menschen über sich selbst; so lernt er sich nur auf dem Umweg des Verstehens selber kennen. Was wir einmal waren, wie wir uns entwickelten und zu dem wurden, was wir sind, erfahren wir daraus, wie wir handelten, welche Lebenspläne wir einst faßten, wie wir in einem Beruf wirksam waren, aus alten verschollenen Briefen, aus Urteilen über uns, die vor langen Tagen ausgesprochen wurden. Kurz, es ist der Vorgang des Verstehens, durch den Leben über sich selbst in seinen Tiefen aufgeklärt wird, und andererseits verstehen wir uns selber und andere nur, indem wir unser erlebtes Leben hineintragen in jede Art von Ausdruck eigenen und fremden Lebens. So ist überall der Zusammenhang von Erleben, Ausdruck und Verstehen das eigene Verfahren, durch das die Menschheit als geisteswissenschaftlicher Gegenstand für uns da ist. Die Geisteswissenschaften sind so fundiert in diesem Zusammenhang von Leben, Ausdruck und Verstehen. Hier erst erreichen wir ein ganz klares Merkmal, durch welches die Abgrenzung der Geisteswissenschaften definitiv vollzogen werden kann. Eine Wissenschaft gehört nur dann den Geisteswissenschaften an, wenn ihr Gegenstand uns durch das Verhalten zugänglich wird, das im Zusammenhang von Leben, Ausdruck und Verstehen fundiert ist.
(Wilhelm Dilthey, Der Aufbau der geschichtlichen Welt in den Geisteswissenschaften, Frankfurt 1970, S. 98f.)

Fragen:
1. Definieren Sie den Verstehensbegriff bei Dilthey.
2. Worin liegt die Gemeinsamkeit der Geisteswissenschaften begründet?

Q 48 Zum Wesen dessen, was man historischen Sinn nennt, gehört nicht nur die Systemlosigkeit, sondern die unbefangene Auffassung des geschichtlichen Verlaufes setzt auch einen Glauben an das »Recht« jeder geschichtlichen Wirklichkeit voraus. Deshalb wird der Historiker als Historiker sich des direkten Werturteils über seine Objekte zu enthalten suchen. ... Der Historismus nämlich, der sich so positiv dünkt, erweist sich, sobald man ihn zu Ende denkt, als eine Form des Relativismus und Skeptizismus und kann, konsequent durchgeführt, wie jeder Relativismus nur zum voll-

ständigen *Nihilismus* kommen, das heißt er muß sich selber auflösen. Den Schein, daß er das nicht tut, erweckt er allein dadurch, daß er willkürlich und höchst unphilosophisch an irgendeiner *beliebigen* Gestaltung der geschichtlichen Mannigfaltigkeit haften bleibt, das sogenannte Recht des Geschichtlichen ohne Begründung gerade an sie knüpft und sich dann aus ihr eine Fülle des positiven Lebens holt, mit dem er seine Weltanschauung ausstaffiert. Das unterscheidet ihn zwar von dem abstrakt formulierten Relativismus und Nihilismus, hebt ihn aber im *Prinzip* in keiner Weise über diesen hinaus. Der Historismus müßte, wenn er konsequent wäre, das Recht des Geschichtlichen *jedem* historischen Sein zugestehen, und deshalb darf er nirgends haften bleiben, gerade weil er überall haften sollte. Er macht als Weltanschauung die Prinzipienlosigkeit zum Prinzip und ist daher von der Geschichtsphilosophie wie von der Philosophie überhaupt auf das entschiedenste zu bekämpfen.
Die Philosophie (...), welche kritisch zu den Kulturwerten Stellung nimmt, weiß von einem »Rechte«, das jedem Geschichtlichen als solchem zukommt, nichts, und ebenso entschieden, wie sie das rein historische Verfahren der Einzelforschung anerkennt, ist für sie der *Historismus als Weltanschauung* ein Unding.
(Heinrich Rickert, Die Probleme der Geschichtsphilosophie, Heidelberg 1924, S. 129f.)

Fragen:
1. Mit Hilfe der Geschichtsphilosophie will Rickert den Historismus überwinden. Wie charakterisiert Rickert den Historismus?
2. Was kritisiert Rickert am Historismus?
3. Auf welchen Historiker könnte seine Kritik am ehesten zutreffen?
4. Welchem Mangel des Historismus könnte eine wertbezogene Geschichtsphilosophie abhelfen?

4.2 Zur Kritik am Historismus

Vielmehr wird ... vor allem die auffällige Tatsache vermerkt werden müssen, daß keine der angedeuteten Grundvorstellungen Rankes heute unbestritten ist, sondern daß an allen eine zum Teil leidenschaftliche Kritik geübt wird, ja einige sogar als Zeichen der

Q 49

Abkehr des deutschen Geistes von den verpflichtenden Grundsätzen europäischen Denkens gedeutet werden. ... Die Lehre von der geistigen Individualität der Staaten ist nicht nur durch die Brutalität erschüttert, mit der im Jahrhundert totalitärer Staatsmacht Macht begehrt und behauptet wird; von ihr scheint sich auch die Destruktion der »Gemeinschaftlichkeit von Europa«, wie sie Ranke selbst genannt hat, durch den nationalsouveränen Staat ihre realistische Rechtfertigung erborgt zu haben.
(Th. Schieder, Nachwort zu: L. v. Ranke, Die großen Mächte, Politisches Gespräch, Göttingen 1958, S. 84.)

Q 50 In der Tat spielte die Geschichte im Prozeß des Niedergangs der traditionellen Metaphysik in der zweiten Hälfte des 19. Jahrhunderts die Rolle eines ideologischen Auffanglagers. Der Historismus wurde »zur ›letzten Religion‹ der Gebildeten«. ...
Droysen glaubte sich unbedenklich auf die Analyse des Handelns einzelner Individuen und der zwischen ihnen bestehenden Gemeinsamkeiten beschränken zu können, weil nach seiner Ansicht dabei gleichsam automatisch auch das Wirken der übergreifenden »sittlichen Mächte« zur Anschauung gebracht wurde. Der pseudopositivistisch verdünnte Historismus des späteren 19. Jahrhunderts ließ letztere, als zu metaphysisch, in den Hintergrund treten, und setzte ein rein individualisierendes Verfahren an deren Stelle. Immer mehr neigte man dazu, historische Entwicklungen vorwiegend auf die persönlichen Motivationen von einzelnen großen Staatsmännern oder herausragenden Persönlichkeiten, oder allenfalls die ideologische, namentlich die religiöse Grundhaltung bestimmter sozialer Gruppen zurückzuführen. Die Anfänge der Bismarckforschung sind dafür ein gutes Beispiel, die Diskussion über die Ursprünge des modernen Kapitalismus um die Jahrhundertwende ein anderes.
Die individualisierende Heuristik, wie sie sich im späteren Historismus entwickelte, geriet immer dann in Schwierigkeiten, wenn sie komplexe gesellschaftliche Strukturen zu beschreiben hatte. Doch täuschte man sich über die hier aufbrechenden Probleme vielfach hinweg, weil man sich in der Nachfolge Rankes angewöhnt hatte, gesellschaftliche Institutionen wie insbesondere die modernen Staatsgebilde gleichsam als »Kollektiv-Individualitäten« anzusehen, die einem immanenten Lebensprinzip, beispielsweise der Staatsräson oder der Nationalität, gehorchen. Nachdem dieser Schritt einmal vollzogen war, schien es theore-

tisch möglich, diese institutionellen Gebilde in analoger Weise wie Individuen »verstehend« zu erfassen.
(Wolfgang J. Mommsen, Die Geschichtswissenschaft jenseits des Historismus, Düsseldorf 1971, S. 14f.)

Fragen:
1. Welche Kritik übt Th. Schieder an Ranke, insbesondere an seiner Vorstellung von der »geistigen Individualität der Staaten«?
2. Begründen Sie, was den Historismus zur »letzten Religion der Gebildeten« gemacht hat.
3. Warum reicht es nicht aus, geschichtliches Handeln an dem Wirken »sittlicher Kräfte« oder persönlicher Motivationen festzumachen?
4. Wie wurde die Geschichte von Kollektiven erforscht?

4.3 Geschichtsdidaktische Konsequenzen

Problemdarstellung:

Sämtliche Lehrpläne, Geschichtsdidaktiken, Stundenentwürfe und Schulbücher des 19. und 20. Jahrhunderts tradieren die Geschichtsauffassungen und Geschichtsinhalte des Historismus. Sie sind durchdrungen von dem Postulat der Bildsamkeit durch geistesgeschichtliche Stoffe (Weniger) und der Erziehung zur Besinnung durch verstehende Teilhabe am Historischen (Roth). Auch da, wo in modernen Didaktiken auf die Uneingelöstheit und Folgenlosigkeit pädagogischer Versprechungen durch die Geisteswissenschaften hingewiesen wird (Rohlfes), erfolgt doch keine entschiedene Umorientierung, sondern eine »Teilrevision des Historismus, dessen Methodenrepertoire und Gegenstandsbereich erweitert werden, dessen Forschungsschwerpunkte durch andere abgelöst werden«[12]. Zu den lernpsychologischen Konsequenzen des Historismus vgl. Kap. 3, zu den inhaltlichen Kap. 6.

In der Geistesgeschichte, wie sie dann *Haym* und *Dilthey* in ihren großen Werken anpackten, ist, neben dem Eindringen in den Kern aller Erscheinungen, dem Erfassen des universalen Zusammenhanges nach der Breite und Tiefe, das Entscheidende die

Q 51

Bedeutung, die die Geschichte für die Weltanschauung, als »Mittel tieferer Bildung«, als »Ergänzung der Lebenserfahrung des einzelnen«, zur Erweiterung des eigenen Lebensraumes und Steigerung des Lebensgefühls, zur »Gewinnung einer praktischen Weltansicht« erhält. Geschichte ist so Gegenstand höchster Bildung...

In der Didaktik des Geschichtsunterrichts wird von Geistesgeschichte etwa seit 1910 gesprochen... Die Kulturgeschichte entwickelt auf ihrem Gebiete alle Eigenschaften, die der Bildung überhaupt eigentümlich sind. Wir sahen, wie sie schließlich als *Geistesgeschichte* zu den höchsten Formen der Bildung führt, wie sie in der völligen Hingabe an Gesetz und Notwendigkeit doch zur souveränen Freiheit über alle Bindungen, zur Überwindung des Geschichtlichen in der Geschichte verhilft. Das geht dann weit über das bloße Verständnis der Gegenwart und die Vorbereitung auf die eigene Tat hinaus. Das Ganze der geistig-geschichtlichen Welt wird aufgenommen zur Gestaltung der Persönlichkeit, der beschränkte Umkreis der Existenz wird unendlich erweitert hinein in die Fülle des geschichtlichen Lebens. Die Geschichte hört auf, nur Vergangenheit zu sein, das ist der letzte Sinn der Kulturgeschichte als Geistesgeschichte: aus dem Vergangenen wird lebendigste, unmittelbarste Gegenwart, die Ewigkeit tritt in die Zeit, und unsterbliche Gehalte gewinnen eine existentielle Beziehung zum Menschen.

Die besondere *pädagogische* Bedeutung der Kulturgeschichte in diesem umfassenden Sinne liegt in der Begründung einer unmittelbaren, sittlichen Verantwortung für jeden einzelnen, die sie erfahren läßt. Auch die elementarsten Funktionen der moralischen Existenz des Menschen erhebt sie zu geschichtlicher Bedeutung und ordnet sie in die größten Zusammenhänge der Menschheitsentwicklung ein. Aber, indem sie so die Verbundenheit des einzelnen mit allen Mächten des Lebens, sein Eingebettetsein in den Strom des Geschehens zeigt, wahrt sie zugleich die menschliche Freiheit gegenüber allem Geschehen und allen geschichtlichen Bindungen, durch den ihr wesensmäßig zugehörigen Begriff der *Humanität,* der Mensch und Menschentum immer noch mehr sein läßt als alle jeweils von den Menschen geschaffenen Gebilde und Einrichtungen, der über Leistung und Tat hinaus auf Gesinnung und seelische Haltung des Menschen zielt.

(Erich Weniger, Die Grundlagen des Geschichtsunterrichts, Leipzig, Berlin 1926, S. 173, 183 ff.)

Im Geschichtsunterricht vollzieht sich die Begegnung der jungen Generation mit der geistig-geschichtlichen Welt. Aber damit ist noch nicht seine Besonderheit bezeichnet, denn jeder geisteswissenschaftliche Unterricht vermittelt der Jugend solche Begegnungen oder führt sie – anders ausgedrückt – in bestimmte Bereiche dieser Welt ein. Sieht man, wie es wohl dem Sachverhalt am nächsten kommt, das Individuum von vornherein unauflöslich verflochten mit dem geschichtlichen Leben, selbst zugehörig zu der geschichtlichen Welt, so dient der geisteswissenschaftliche Unterricht, abgesehen von seinen sonstigen Zielen, immer auch der Aufklärung dieser Zusammenhänge, dem Bewußtmachen von etwas, was an sich schon vorliegt. Das Besondere des Geschichtsunterrichts ist nun, daß diese Aufklärung über den Zusammenhang der geistig-geschichtlichen Welt, die Einführung in ihren Sinn »*sub specie subjecti*«, unter der *Kategorie der Verantwortung* des Individuums und der Generation vor der Geschichte und damit um der Einordnung des persönlichen Lebens in die *historische Zeit,* in den einmaligen Verlauf des Geschehens willen unternommen wird. Im Geschichtsunterricht wird die *Geschichte als Aufgabe* gesehen. Das ist der Sinn der Rede von dem »*Verständnis der Gegenwart*«, das hier immer, da es eine Gegenwart als Gegenstand der Besinnung nicht eigentlich gibt, Erkenntnis der in der Zeit vorliegenden Aufgaben bedeutet. Der Geschichtsunterricht will dem einzelnen, der Generation, dem Volk die nächstliegende Aufgabe, den Punkt des eigenen Einsatzes und des verantwortlichen Handelns zeigen, im Unterschied etwa von dem Ziel der Deutschkunde, die ein ebenfalls geschichtliches Verhalten von ganz anderer Beschaffenheit meint. Individuum, Generation, Volk sollen sich selbst durch den Geschichtsunterricht als Faktoren des geschichtlichen Lebens begreifen und die in der Zeit gegebene Aufgabe in ihren Willen aufnehmen.
(Erich Weniger, Die geisteswissenschaftliche Begründung des Geschichtsunterrichts, in: Schule und Wissenschaft, 1. Jg. 1926, S. 481.)

Q 52

Geschichtliche Besinnung bedeutet also, durch Vergegenwärtigung der historischen Ereignisse das verstehende Teilhaben so zu steigern, daß eine denkende und wertende Aufarbeitung ermöglicht wird. Wenn »verstehendes Teilhaben« bedeutet, die damaligen Entscheidungen miterlebend nachzuvollziehen, die Sorgen und Hoffnungen der damals Lebenden mittragend zu teilen und die spezifischen Bedingungen und Grundlagen für die damaligen

Q 53

Entscheidungen zu erkennen und anzuerkennen, dann bedeutet »denkende Aufarbeitung«, die damals zugrunde liegenden menschlichen Probleme [je nach der Art des Tatbestandes] so in allgemeinmenschliche, übergeschichtliche, soziologische, sozialkundliche, kulturkundliche oder ethische Kategorien zu übersetzen und einzufangen, daß wir uns mit der damaligen geschichtlichen Situation und den auf sie bezogenen menschlichen Handlungen *historisch wertend* auseinandersetzen können. Und zwar so, daß wir – die wir als Unsbesinnende zwischen den damaligen Handlungen und Aufgabenlösungen und den heutigen Auffassungen und Wertungen stehen – sowohl die vergangenen Entscheidungen in ihrem Wert oder Unwert besser verstehen lernen, als auch eine größere geschichtliche *Standpunktsicherheit* den eigenen politischen Lebensfragen und Lebensnöten gegenüber gewinnen. Diese größere geschichtliche Standpunktsicherheit ist dann nichts anderes als der Ausdruck jener geschichtlichen Besonnenheit, von der wir oben gesprochen haben. So erscheint also auch hier wieder die *geschichtliche Besonnenheit als die reifste Frucht* der geistigen Auseinandersetzung des Menschen mit der Geschichte. Sie gibt dem Betrachtenden geschichtlich-politische Verstehens- und Wertkategorien an die Hand, mit deren Hilfe er sich die politische Situation der Gegenwart erhellen und sie verantwortlich mittragen kann.
(Heinrich Roth, Kind und Geschichte, München 1962, S. 106 f.)

Q 54   Alle Stoffe müssen in lebendige, anschaulich erzählte Handlung gefaßt werden. ...
Da alles Erlebte entsprechend dem Eindruck haftet, den es in der Seele des jungen Menschen hinterläßt, werden die geschichtlichen Ereignisse um so besser behalten, je bildhafter und packender sie erzählt werden. Nur so – in erlebten Szenen – werden die Stoffe der Geschichte über das 15. Lebensjahr hinaus im Gedächtnis lebendig bleiben und weiterführenden Betrachtungen als Grundlage dienen können.
Gleichzeitig wenden sich anschaulich und bildhaft erzählte Ereignisse an Gemüt und Werterleben des Kindes und wirken dort – über das Belehrende des geschichtlichen Inhalts hinaus – erziehlich. Sie tragen auf diese Weise dazu bei, im jungen Menschen eine Werteordnung aufzubauen und sein Gefühlsleben zu veredeln.
(Hans Ebeling, Zur Didaktik eines kind-, sach- und zeitgemäßen Geschichtsunterrichts, Hannover 1965, S. 314 f.)

Mit dem Zurückweichen der Geistes- vor den Sozialwissenschaften scheint die Historie ihren bis dahin so sicheren Standort verloren zu haben; im Augenblick macht es ihr größte Mühe, einen eigenen Gegenstandsbereich zu behaupten – den Anspruch auf die spezifisch historische Methode hat sie schon längst aufgegeben. So entspricht dem vielberufenen Schwinden des historischen Bewußtseins die Krise der Geschichtswissenschaft, und diese spiegelt sich in der Ratlosigkeit der ihr zugeordneten Fachdidaktik. Geschichte galt lange Zeit als Bildungsfach kat' exochen. Diese Bewertung fand und findet ihren Ausdruck in entsprechend sublimen Zielbestimmungen vieler Bildungspläne und didaktischen Werke. Vom Welt- und Menschenbild bis zum Erlebnis der Ehrfurcht, von der Liebe zur Vergangenheit bis zur verwandelnden Kraft historischer Vorbilder erstreckt sich die Skala hochgespannter Erwartungen. Solche Zielangaben sind fatal, weil sie dem Unterricht Wirkungen zumuten, die er aus eigener Kraft nicht hervorbringen kann. Postulate aber, die als unerfüllbar empfunden werden, können dem Unterricht keine Impulse geben; sie sind nichts als verbale Leerformeln, denen jede Verbindlichkeit abgeht.

(Joachim Rohlfes, Umrisse einer Didaktik der Geschichte, Göttingen 1976, S. 8.)

Q 55

Die Geschichtsdidaktik muß sich heute dem Vorwurf soziologischer, insbesondere neomarxistischer Kritiker stellen, die westdeutsche Geschichtswissenschaft wie die Geschichtspädagogik seien in bürgerlich-spätkapitalistischen Auffassungen befangen und außerstande, das herrschende Gesellschaftssystem kritisch zu durchleuchten; damit werde die ungerechte Sozialordnung stabilisiert und die notwendige Umgestaltung behindert. Solche Vorhaltungen sind um so gravierender, als die Historie ohnehin bei vielen Sozialwissenschaftlern in dem Geruch steht, in ihrem Reflexionsniveau rückständig und deshalb unfähig zu sein, ihre Gegenstände ideologiekritisch zu hinterfragen.

(Joachim Rohlfes, Umrisse einer Didaktik der Geschichte, Göttingen 1976, S. 13.)

Q 56

Fragen:
1. Welche pädagogische Bedeutung hat der Umgang mit der Geschichte bei Weniger?

2. In welchem Verhältnis stehen in Q 52 Tradition und Individuum zueinander? Man hat behauptet, daß der alte Geschichtsunterricht die einzelnen Schüler zur Passivität und Affirmation erzogen habe.
3. Welches Ergebnis soll der Umgang mit der Geschichte nach Roth hervorbringen?
4. Warum betont Ebeling die Bedeutung des erzählten historischen Ereignisses? Vgl. Q 47 (Lehrervortrag).
5. Was kritisiert Rohlfes an der alten Geschichtsauffassung und ihrer Bedeutung für den Unterricht? Teilen Sie diese Kritik aufgrund der hier vorgelegten Materialien?

4.4 Geschichtswissenschaft als historische Sozialwissenschaft

Problemdarstellung:

Der Historismus bemühte sich um die Erschließung der Geschichte im Sinne der Frage, wie es gewesen ist. Die möglichst der Zeit entstammenden Quellen können darauf eine Antwort geben, wobei die Tatsache der Erschließung selbst mit Hilfe hermeneutischer Methoden eine unabdingbare Voraussetzung dafür bildete. Der subjektive Faktor als wesentlicher Bestandteil der Interpretation dessen, »wie es gewesen«, tritt damit in die Methodenreflexion und -diskussion. »Nicht nur erklärt die Vergangenheit die Gegenwart, sondern auch die Gegenwart Teile der Vergangenheit«[13]. Mit dieser Einsicht waren schwerwiegende Folgeprobleme verknüpft:
— Die mögliche Unstimmigkeit zwischen Gemeintem und Gedeutetem, zwischen historischem Feld und historischer Rekonstruktion konnte so lange unentdeckt bleiben, als sie sich im Medium des Verstehbaren und des Sittlichen vollzog. Die ethnologische und kulturanthropologische Forschung rückte jedoch Forschungsgegenstände in den Mittelpunkt des Interesses, die mit den herkömmlichen historischen Methoden allein nicht mehr zu bewältigen waren.
— Die gelungene oder mißlungene historische Rekonstruktion wurde abhängig von der psychologischen Verfaßbarkeit und dem engen oder weiten Weltverständnis des Historikers[14]. Anders gefaßt: man begriff, daß die Erfahrung des Historikers begrenzt

war. Zumindest mußte die Situationsgebundenheit wissenschaftlicher Reflexion im Forschungsprozeß mit berücksichtigt werden. Umgekehrt erlaubte diese Standortgebundenheit aufgrund des zeitlichen Abstandes und der voller entfalteten wissenschaftlichen Zugriffsmöglichkeiten die Hinwendung zu neuen und fruchtbaren Rekonstruktionen. Auf die Weise rückte im 20. Jahrhundert der Bereich der Arbeiterbewegung in das historische Forschungsfeld.
– Die im 19. Jahrhundert aufkommenden Gesellschaftswissenschaften bedeuteten eine besondere Herausforderung für die Geschichtswissenschaft und den mehr kontemplativen Umgang mit ihrem Wissenschaftsgegenstand. Aber erst seit den sechziger Jahren dieses Jahrhunderts ist die Geschichtswissenschaft wirklich bereit, auch mit verallgemeinernden, quantifizierenden Methoden an ihren Forschungsbereich heranzugehen und ihre Legitimation auch an die Frage zu knüpfen, was für einen Dienst sie der Gesellschaft mit ihren Forschungsergebnissen erweist (Kocka). An dieser Stelle berühren sich fachwissenschaftliche mit fachdidaktischen Interessen; vgl. Kap. 2.
Darüber hinaus wird versucht, mit einem Hypothesenset[15] die geschichtlichen Bereiche zu analysieren und zu erklären, wobei aber das Verstehensmoment nicht aufgehoben wird. Östlichen Historikern zufolge spricht aus dieser Umorientierung der Geschichtswissenschaft die Tatsache, daß die individuell aufgefaßte Ereignisgeschichte sich schwer mit einer Sehweise vertrage, die sich auf »langfristige Strategien für Klassenauseinandersetzungen und Steuerungsprogramme für ›Sozialtechnik‹ einlassen müsse«[16]. Mit der Hinwendung zur Lehre von der Industriegesellschaft und der Gesellschaftsgeschichte sei die realhistorische Anpassung an die wirtschaftliche Entwicklung der Bundesrepublik vollzogen worden.
Diese Kritik sei hier eingeflochten, weil sie die wichtige Frage impliziert: Gelingt es westdeutscher sozialwissenschaftlicher Theoriebildung, sich von blinder positivistischer Affirmation und Anpassung freizuhalten, oder folgt auch sie unbefragt wirtschaftlich-technischen »Zwangsläufigkeiten«? Es geht also nicht nur um eine Theoriebildung im engeren Sinne, sondern um ihre gesellschaftstheoretischen Implikationen und Bezüge, um das Bild von der Gesellschaft und der Rettung des kritisch-aufklärerischen Momentes in ihm. Bisher hat die Geschichte als historische Sozialwissenschaft sich auch als kritische verstanden und ihre gesellschaftstheoretischen Prämissen in Anlehnung an die Frankfurter Schule formuliert. Zu ihren erkenntnisleitenden Interessen

gehört das Interesse an Emanzipation und (vgl. Q 58) die Frage nach den »Folgen von getroffenen oder den sozialen Kosten von unterlassenen Entscheidungen«[17].

Die Verwendung von Hypothesensets verschiedener wissenschaftstheoretischer Herkunft, die Zusammenbündelung von verschiedenartigen Erklärungsmodellen geschieht im Namen heuristischen Nutzens für die Forschung und aufgrund der Notwendigkeit der Entwicklung interdisziplinärer Forschungsstrategien. Bei einer Verzahnung dieser Komplexe ist darauf zu achten, daß das kritische Moment nicht zurückgedrängt oder durch andere Theorieansätze ausgeschaltet wird. Im übrigen wird auf Kap. 5 verwiesen.

Q 57 Die politischen und gesellschaftlichen Erfahrungen der vergangenen Jahrzehnte haben die Gewalt von Sachzwängen in der industriellen Welt, die Macht großer Massenbewegungen in Frieden und Krieg, kurzum: die Durchschlagskraft von Kollektivphänomenen in einem besonderen Ausmaß erwiesen. Von ihnen sind die großen Persönlichkeiten dieser Zeit – »groß« im guten oder schlechten Sinn einer unleugbaren historischen Bedeutung und Wirkung – mitgetragen worden, ohne sie sind ihre rühmlichen oder fatalen Erfolge kaum denkbar. Diese realhistorische Entwicklung hat dem von der Romantik geförderten Persönlichkeits- und Genieideal, aber auch dem oft dogmatisierten Individualitätsprinzip des deutschen Historismus gewissermaßen den Boden entzogen. ... Ob das »Verstehen« nämlich strengen wissenschaftstheoretischen Ansprüchen weiterhin ohne andere theoretische Ergänzungen voll genügen kann, ist heftig umstritten und wird von einigen Sozialwissenschaftlern energisch bezweifelt.

Das »Verstehen« ist aus dem aristotelischen Intuitionsbegriff erwachsen, von der theologischen Hermeneutik erstmals systematisch behandelt – man denke an Schleiermachers Theorie der Auslegung – und dann meist mit einem rational nicht ganz erklärbaren Einfühlungsvermögen verbunden worden. Es ist mithin in hohem Maße Ausfluß sensibler Begabung und menschlicher Reife und beruhte überdies in Deutschland stillschweigend auf einigen zunehmend der Kritik ausgesetzten Voraussetzungen, von denen hier nur einige erwähnt seien. Wenn Johann Gustav Droysen, der vielleicht mit dem schärfsten analytischen Verstand über die Probleme des historischen Kerngedankens: »forschend zu verstehen«, reflektiert hat, die Behauptung aufstellte, daß

»nichts, was den menschlichen Geist bewegt und sinnlichen Ausdruck gefunden hat, [...] nicht verstanden werden könnte«, dann darf man das heute unter anderem auch als Ausdruck der optimistischen, relativ statischen Anthropologie des Historismus bewerten. Sie war statisch in dem Sinne, daß sie trotz allem Interesse an Evolution eine gleichbleibende Struktur der Empfindungs- und Ausdrucksweisen, der Impulse und des Denkens voraussetzte, wie das auch Burckhardts berühmtes Wort »vom duldenden, strebenden und handelnden Menschen, wie er ist und immer war und sein wird«, ausdrückt. Wahrscheinlich hat die Verstehenslehre die Historizität der Verhaltensweisen und Kategorien menschlichen Denkens doch unterschätzt – so paradox das auch gerade im Hinblick auf den Historismus klingen mag –, andererseits aber ihre Möglichkeiten überschätzt. Wegen ihrer individualistischen Zuspitzung, wegen ihres Zuschnitts auf die bedeutenden historischen Persönlichkeiten hat sie zudem zum Verständnis von Kollektivphänomenen insgesamt nicht nur wenig beigetragen, sondern trotz Droysens Betonung der »sittlichen Mächte« oft deren historische Erfassung geradezu gehemmt. Sie hat, der Kantschen Kategorienlehre ungeachtet, der unhistorischen, anthropologischen und erkenntnistheoretischen Auffassung zugeneigt, eine Gleichartigkeit der Denkmuster und Reaktionsweisen über die Jahrhunderte und Jahrtausende hinweg unterstellt. Nicht nur die moderne Kulturanthropologie und Ethnosoziologie haben indessen diese Prämisse fragwürdig und unsicher gemacht, sondern auch die Erfahrungen, die Historiker selber, z. B. aus der Beschäftigung mit höchst fremdartigen Denkweisen, resignierend gewonnen haben (und wie sie ein eminent feinfühliger Historiker wie Johan Huizinga im *Herbst des Mittelalters* beschrieben hat), tauchen ihre beanspruchte allgemeine Gültigkeit in Zweifel.

Der Wert erlernbarer Kenntnisse ist natürlich vom Historismus nie geleugnet worden, doch im Grunde ist das »Verstehen« an die intuitive Begabung und Einsicht, an Talent und Genius, an die Befähigung zum »schöpferischen Akt« (Droysen) des Nachvollziehens, aber auch und vor allem an den Erfahrungshorizont des Historikers stets gebunden gewesen. »Man muß [...] immer schon Horizont haben«, hat Gadamer zu Recht betont, um sich überhaupt »dergestalt in eine Situation versetzen zu können«. Von diesem individuellen Erfahrungshorizont kann das »Bezugssystem« des Historikers, wie Habermas unterstrichen hat, schlechthin »nicht unabhängig sein«. Mit dem Blick auf diesen

Zusammenhang hat daher Theodor Mommsen einmal sinngemäß gesagt, daß der Historiker erst mit zunehmendem Alter ein guter Historiker werde, d. h., wenn er im Besitz möglichst vielfältiger menschlicher Erfahrungen ist, die als Grundlage seines Urteils dienen können. Ähnlich drückte sich Dilthey aus, als er den »Ausgangspunkt für das Verständnis« im »Lebensreichtum der einzelnen Individuen selber« erkannte.

Nach Herkunft, Bildungsgang und Lebensumständen werden aber natürlich auch dem Erfahrungshorizont des Historikers gemeinhin deutliche Grenzen gesetzt. Diese begrenzte Weite und Intensität seiner Erfahrungen – das Wort durchaus im weiten Sinn verstanden – bestimmen mit die Selektion, die beim Prozeß des »Verstehens« notwendig stattfindet. Sie bedingen entscheidend das Denken des Historikers in Analogieschlüssen, d. h. er erfaßt einen Ausschnitt aus der Vergangenheit analog zu den Möglichkeiten, die in seinem Erfahrungshorizont eingeschlossen oder dort gespeichert sind. ...

Daß der Historiker kraft seiner Ausbildung und Begabung, seiner Phantasie und Selbstdisziplin usw. die Schranken seiner Herkunft und Persönlichkeit transzendieren kann, trifft sicher manchmal zu. Daß es ihm oft oder gar in der Regel gelinge, ist wohl eine Täuschung. Daß er es aber können sollte, bleibt das Postulat der Geschichte als Wissenschaft. Hier vor allem werden weitere Überlegungen zu ihrer Theorie einzusetzen haben.

Schließlich setzte auch das »Verstehen« insgeheim eine harmonische Übereinstimmung mit einigen als vorwaltend aufgefaßten Grundtendenzen des 19. Jahrhunderts voraus. Der mit nicht allzu starker Skepsis versetzte Glaube an einen stetigen menschlichen Fortschritt, an die Segnungen des liberalen Nationalstaats und einer sich in ihm entfaltenden reichen Kultur, färbte fast die gesamte Geschichtsschreibung des deutschen Historismus, er gestattete es dem »verstehenden« Historiker, sich im Einverständnis mit der Kontinuität der jüngsten Entwicklung seines Kulturkreises zu bewegen. Dieses innere Scharnier zwischen Wissenschaftstheorie und Zeitverständnis ist in Deutschland durch den Ersten Weltkrieg, spätestens jedoch durch die Erfahrungen seit 1933 gesprengt worden, obwohl es eine Übertreibung wäre zu behaupten, daß daraus allenthalben auch die Konsequenzen für die Methodologie des Historikers gezogen worden seien. Seither sind oft Zweifel, Skepsis und Unsicherheit an die Stelle der Selbstsicherheit und der ehemals selbstverständlichen Wertmaßstäbe – seien es nun die verfassungs- oder die gesellschaftspolitischen – getreten. Zumindest ist der optimistische Grundton, der früher meist beim »Verstehen« mitschwang, gedämpft worden. Wenn zuvor Kontinuität in gleichsam aufsteigender Linie alles prägte, so warf die Erfahrung mit dem Nationalsozialismus die Frage nach der Kontinuität mit der neueren Geschichte in beispielloser Schärfe auf. Die Diskussion über diese Kontinuität hat erst kürzlich wieder neu begonnen. Sie wird, wie es scheint, die Kategorie der Diskontinuität nicht als zentral anerkennen, aber mit größerer Aussicht auf Klärung der Probleme vorangetrieben werden können, wenn auch explizit Theorien der sozialökonomischen Entwicklung, der politischen Herrschaft und der sozialpsychischen Auswirkungen des gesellschaftlichen und politischen Systems zugrunde gelegt werden, anstatt allein beim herkömmlichen »Verstehen« mit seiner Bindung an den individuellen Erfahrungshorizont zu verharren.

(Hans-Ulrich Wehler, Geschichte und Psychoanalyse, in: Ders., Geschichte als historische Sozialwissenschaft, Frankfurt 1973, S. 88ff.)

Fragen:
1. Interpretieren Sie das Verhältnis von großen Persönlichkeiten und Massenbewegungen. Welche Kollektiverscheinungen sind gemeint?
2. Warum reicht bei Wehler der Verstehensbegriff zur Erfassung bestimmter historischer Phänomene nicht aus?
3. Welche historischen Veränderungen haben dazu beigetragen, das Selbstverständnis des Historismus zu erschüttern?

Aber die Notwendigkeit, ihre erkenntnisleitenden Interessen (diese eigentümliche Mischung aus Theorieverständnis und Praxisbezug) klar zu formulieren, kann durchaus dazu führen, gemeinsame Positionen beider Wissenschaften einzugrenzen, obwohl hier die Geschichte weiter als die Soziologie über ihren historischen Schatten springen müßte. Aus einem gemeinsamen Interesse an »emanzipatorischen Entwicklungsprozessen«, an der Durchleuchtung der Widerstände gegen sie und an der Vermehrung ihrer Durchsetzungschancen lassen sich identische Ziele von Soziologie und Geschichte bestimmen, zumal da es hier unabweisbar empirisch erhärteter historischer Theorien bedarf. Auch von den Zielen her läßt sich mithin schwerlich die Eigenständigkeit beider Disziplinen überzeugend ableiten; jedenfalls braucht im Hinblick auf die Ziele keine gravierende Divergenz mehr zu

Q 58

bestehen, wenn – um es noch einmal zu betonen – die Geschichte hierzulande endlich den Bannkreis der politischen Implikationen des Historismus verläßt und aussichtsreiche andere Elemente aus der Wissenschaftsgeschichte, auch aus ihrer eigenen, aufnimmt.
... Aber die Systemtheorien frieren dynamische Prozesse ein – zunächst aus theoretischen Gründen. Veränderung wird zu oft als Folge exogener Impulse begriffen, endogener Wandel – ein Zentralproblem der Geschichte – dagegen stillschweigend ausgeklammert, diskriminiert oder unbegreifbar wie für diejenige französische Strukturgeschichte, die angesichts der Dominanz der »longue durée« die Revolution von 1789 nicht mehr recht erfassen kann. Die historischen Zeiten sind aus der Systemtheorie verbannt worden; sie kann nach ihrem Kunstgriff: aus methodischen Gründen die Geschichte erst einmal stillgelegt zu haben, diese aller bisherigen Erfahrung nach nicht wieder als Bewegung erfassen. Überdies bietet sie sich als technokratisches Herrschaftswissen zur »Systemsteuerung« geradezu an, denn unleugbar beruht ihre derzeitige Resonanz auch darauf, daß große Bereiche des gesellschaftlichen Lebens systemartig organisiert sind. Und sie steigert den Eindruck vom Sachzwangcharakter von Entwicklungen, die einem konkret analysierbaren Interessen- und Herrschaftszusammenhang entstammen. Die Inspiration einer historisch-kritischen Sozialwissenschaft kann deshalb schwerlich von den gegenwärtigen Systemtheorien kommen; die mögliche Konvergenz von Geschichtswissenschaft und Soziologie wird vielmehr – um noch einmal einige Punkte herauszugreifen – unter folgenden Bedingungen voranschreiten können:
Ganz zentral ist die Einigung auf die Notwendigkeit eines bestimmten Desideratums: auf historische Theorien, die gewöhnlich mittlere Reichweite besitzen. »Die wahre Theorie«, so hat Marx seine Vorstellungen beschrieben, »muß innerhalb konkreter Zustände und an bestehenden Verhältnissen klargemacht und entwickelt werden«. »Niemals« aber könne man zu einer solchen Theorie »gelangen mit dem Universalschlüssel einer allgemeinen geschichtsphilosophischen Theorie, deren größter Vorzug darin besteht, übergeschichtlich zu sein«. In der Einleitung zu seinen *Grundrissen der Kritik der Politischen Ökonomie* hat er genauer die Entwicklungsstufen bei der Erarbeitung solcher historisch-dialektischer Theorien charakterisiert...
Im Anschluß an das Marxsche Theorieverständnis hat Habermas unlängst die »historischen Bewegungsgesetze« der »dialektischen Analyse« pointiert von den Gesetzmäßigkeiten der analytisch-

empirischen Theorie neopositivistischer Provenienz unterschieden. Weil diese historischen Theorien »vom spezifischen Zusammenhang einer Epoche, einer Situation nicht abstrahieren, gelten sie keineswegs generell. Sie beziehen sich nicht auf [...] Konstantes, sondern auf einen jeweils konkreten Anwendungsbereich, der in der Dimension eines im ganzen einmaligen und in seinen Stadien unumkehrbaren Entwicklungsprozesses, also schon in Kenntnis der Sache selbst und nicht bloß analytisch definiert ist.« An eine andere Tradition anknüpfend, haben Karl Mannheim und C. Wright Mills auf die »principia media« von Bacon und John Stuart Mill zurückgegriffen und eine Theoriekonzeption, die nur »in historisch beschränkten Zeiten und Räumen« gilt, befürwortet. Von diesen Positionen her ist Kooperation zwischen Historikern und Soziologen (und Ökonomen) durchaus möglich. Eine historische Theorie des deutschen Faschismus oder des klassischen okzidentalen Imperialismus von den 1870er Jahren bis 1945 wäre in diesem Sinne sehr wohl vorstellbar; sie würde die Analyse sozialökonomischer, politischer und sozialpsychologischer Zusammenhänge einleuchtend koordinieren können.

Es kann hier nur angedeutet werden, daß diese historischen Theorien einen bestimmten Realitätsbegriff voraussetzen. Die unter Historikern noch immer verbreitete neokantianische Erkenntnistheorie neigt dazu, Vergangenheit als riesigen unüberschaubaren Fluß, als ungeordnetes »Chaos« (M. Weber) zu verstehen, in das der an bestimmte Wertideen gebundene Historiker erst Struktur hineinbringt. »Geschichte ist, was die Historiker tun«: diese Formulierung J. Berlins drückt das nur überspitzt aus. Dagegen wird man darauf beharren müssen, daß die Vergangenheit unabhängig vom erkennenden Subjekt Strukturen besitzt, sozusagen weiche, keine von vornherein eindeutig harten, schnell aus der Sache selbst sich ergebenden, jedenfalls erkennbare, durch einen Pluralismus konkurrierender Interpretationen erschließbare. Wird das nicht eingeräumt, so entfällt eine entscheidende Prüfungsinstanz für die Erklärungskraft jeder historischen Theorien. Völlige Beliebigkeit – je nach der Vorentscheidung durch verpflichtende Wertbezüge – ist dadurch ausgeschlossen, der Interpretationspluralismus kann daher nicht unendlich groß sein.

(Hans-Ulrich Wehler, Geschichte und Soziologie, in: Ders., Geschichte als historische Sozialwissenschaft, Frankfurt 1973, S. 15ff.)

Fragen:
1. Welche gemeinsamen Ziele formuliert Wehler für die Geschichtswissenschaft und die Soziologie?
2. Was sind emanzipatorische Entwicklungsprozesse?
3. Welche Kategorie muß die Geschichtswissenschaft berücksichtigen, von der die Soziologie leichter absehen kann?
4. Von welchen Vorstellungen muß die Geschichtswissenschaft Abschied nehmen, um in Zusammenarbeit mit der Soziologie zu breiteren Forschungsansätzen und aussagekräftigen Ergebnissen zu kommen? Überlegen Sie, welche methodologischen Konsequenzen das hat.
5. Welche Einwände bringt Wehler gegen eine systemtheoretisch verfahrende Sozialwissenschaft vor? Bringen Sie diese Einwände in Zusammenhang mit Kap. 1 und den dort genannten Gefahren einer Curriculumtechnologie.
6. Warum bezeichnet Wehler die Systemtheorie als unhistorisch?
7. Wie muß eine Theorie nach Wehler beschaffen sein, damit sie historisch »brauchbar« werden kann? Was heißt: mittlere Reichweite?
8. Überlegen Sie, was es didaktisch bedeuten könnte, wenn eine Geschichtstheorie universalistische Allgemeingültigkeit beanspruchte.
9. Was bedeutet, eine historische Theorie könne die Analyse sozialökonomischer, politischer und sozialpsychologischer Zusammenhänge einleuchtend koordinieren? Vgl. Sie dieses mit dem historistischen Forschungsinteresse.
10. Warum betont Wehler, daß die Geschichte, unabhängig vom erkennenden Subjekt, Strukturen besitzt? Kann ein solcher Gedanke nur durch Marx erhärtet werden?

Q 59 Sicher ist es weiterhin angesichts geschichtsfeindlicher Strömungen in wichtigen Bereichen von Gesellschaft und Politik nötig, auf die Leistungen hinzuweisen, die die Geschichte – und nur diese – für eine liberal-demokratische Gesellschaftsordnung erbringen kann und muß. Doch wird es zugleich wieder wichtiger, die Reflexion auf diese Funktionen den Historikern selbst anzusinnen, zwecks Orientierung ihrer eigenen Arbeit und als Voraussetzung dafür, daß jene Leistungen auch wirklich erbracht werden. Niemand wird ja ernstlich bestreiten können, daß die Geschichtswissenschaft immer auch eine gesellschaftliche Veranstaltung ist, daß sie gesellschaftlicher Institutionen und Kosten, Arbeit und

Verzichte zu ihrer Verwirklichung bedarf; dies zeigt sich nicht nur im öffentlich zu deckenden Bedarf an Forschungsmitteln und Lehrstühlen, sondern auch in dem notfalls mit staatlichen Zwangsmitteln durchgesetzten Ansinnen gegenüber Generationen von jungen Menschen, viele Stunden ihrer Zeit zum Studium der Geschichte zu verwenden, notwendigerweise auf Kosten anderer möglicher Studien und Tätigkeiten. Da genügt es nicht, auf das eigene Schwergewicht der Geschichtswissenschaft zu verweisen. Ebensowenig reicht es aus, die Geschichtswissenschaft nur mit dem Hinweis auf antiquarische und ästhetische Interessen, auf des Forschers Liebe zur Sache, auf historische Neugier oder die private Freude bei der Wahrheitsfindung legitimieren zu wollen – obwohl all dies zweifellos in sich berechtigt ist und für die allermeisten Historiker unaufgebbar sein dürfte. Als gesellschaftliche Einrichtung in der Konkurrenz um öffentliche Aufmerksamkeit, Interessen und Mittel muß sich die Geschichtswissenschaft die Frage nach ihren Leistungen und Funktionen, nach ihrer Bedeutung für die Gesellschaft und die einzelnen nicht nur gefallen lassen, sondern auch selbst stellen, da sie dadurch Kriterien entwickeln bzw. überprüfen kann, nach denen Prioritäten in Unterricht, Lehre und Forschung rational diskutiert und gesetzt werden können. Zu fragen ist also nach den gesellschaftlichen Funktionen, die eine richtig verstandene Geschichtswissenschaft wahrnimmt, bzw. unter bestimmten Bedingungen wahrnehmen kann und soll; zu fragen ist danach, was die Geschichte – und möglicherweise nur die Geschichte – konkret beitragen kann, wenn es darum geht, vernünftige Weisen des menschlichen Zusammenlebens zu entwerfen, zu erarbeiten oder auch zu bewahren, und was das für die Art, wie Geschichtswissenschaft betrieben werden sollte, bedeutet.
Die Frage nach den Funktionen von Geschichtswissenschaft und -unterricht, nach den Qualifikationen, die sie erzeugen sollen, hat eine politische, eine normative Dimension; die Antworten sind deshalb notwendig von politischen Überzeugungen mitbeeinflußt und somit in Grenzen kontrovers. Doch muß das Spektrum verschiedener und konkurrierender Antworten auf diese Frage begrenzt sein, wenn anders nicht die Grundprinzipien kritischer Wissenschaft und damit eines wissenschaftlich fundierten Geschichtsunterrichts verletzt werden sollen. Es ist nämlich zu bedenken, daß die historische Wissenschaft (wie andere Wissenschaften, insbesondere Geistes- und Sozialwissenschaften, auch) von ihren eigenen Strukturprinzipien und Funktionsvorausset-

zungen her auf bestimmte reale gesellschaftliche und politische Bedingungen angewiesen ist, ohne die sie nicht verwirklicht werden kann. Zu den Prinzipien geschichtswissenschaftlichen Arbeitens gehören unbegrenzte und relativ autonome Diskussion, die Ablehnung von empirisch oder argumentativ nicht hinreichend begründeten Sätzen, die Bereitschaft zur (gegebenenfalls auch radikalen) Revision vorwissenschaftlicher Ausgangspunkte oder wissenschaftlicher Zwischenergebnisse angesichts neuer Evidenz oder überzeugender Argumente, die diskursive Pluralität von Ansätzen, Fragen, Theorien und Methoden – gehört kritische Rationalität in diesem hier nicht weiter zu entfaltenden Sinn. Die auch nur tendenzielle Verwirklichung solcher Prinzipien verlangt aber ein Minimum an Liberalität und Herrschaftsfreiheit, an Rechtsstaatlichkeit und Aufgeklärtheit innerhalb der Gesellschaft, deren Teil und Veranstaltung die Wissenschaft ist. Leicht läßt sich zeigen, daß in politischen Systemen, in denen jenes schwer generell formulierbare Minimum nicht erfüllt war oder ist, in Diktaturen oder autoritären Systemen der verschiedenen Art, Geschichtswissenschaft als Geschichtswissenschaft aufgrund wissenschaftsfremder Pressionen und Instrumentalisierungen Schaden litt und leidet. Aus diesem Zusammenhang zwischen unaufgebbaren Strukturprinzipien der Geschichtswissenschaft einerseits und deren Funktionsvoraussetzungen in der gesellschaftlich-politischen Realität andererseits lassen sich, wenn auch nur in großer Allgemeinheit, Ziele und Normen bestimmen, die die Geschichtswissenschaft nur um den Preis ihrer eigenen Selbstaufgabe oder doch Beschädigung verletzen kann, die überdies zugleich mit den Forderungen unserer Verfassungsordnung übereinstimmen, z. T. sogar aus dieser abgeleitet werden können und die der Frage nach den wünschenswerten Funktionen der Geschichte als Richtschnur dienen können. Zu diesen Zielen gehören: das Interesse an maximaler individueller und kollektiver Freiheit, an Demokratisierung im Sinne des Abbaus aller überflüssigen Herrschaft innerhalb der verschiedensten gesellschaftlichen Beziehungen, an möglichst gewaltloser und rationaler Konfliktaustragung, die Sicherung der Menschen- und Bürgerrechte, eine einigermaßen mündige Öffentlichkeit, weitgehende Abwesenheit von Not, auch Toleranzbereitschaft und anderes mehr. Wenn sich für solche notwendig sehr allgemeine Zielsetzungen aus den skizzierten Gründen prinzipieller Konsensus herstellen läßt, so lassen sich zwar aus diesen Zielsetzungen konkrete Funktionen, Inhalte und Methoden von Geschichtswissenschaft

und Geschichtsunterricht nicht bruchlos und stringent deduzieren. Wohl aber scheiden von solchen Zielsetzungen her einige denkbare Funktionen des Geschichtsunterrichts von vornherein aus: so etwa Erziehung zur emotionalen Identifikation mit Inhalten, die der historischen Kritik entzogen sind, Erziehung zur Unkritik und Argumentationsfeindlichkeit aller Art, Erziehung zu demagogischer Hetze usw. — Auch kann die Orientierung an solch allgemeinen Prinzipien die Formulierung der wünschenswerten Funktionen der Geschichtswissenschaft, wenn auch nicht eindeutig determinieren, so doch orientieren und leiten.
(Jürgen Kocka, Geschichte — wozu? in: Ders., Sozialgeschichte, Göttingen 1977, S. 120ff.)

Fragen:
1. Welche Rahmenbedingungen muß eine Gesellschaft schaffen und gewährleisten, damit die Geschichtswissenschaft ihre Aufgabe wahrnehmen kann?
2. Welche gesellschaftlichen Funktionen sollten Geschichtswissenschaft und Unterricht erfüllen? Für welche Ziele sollten sich beide einsetzen?
3. Welches normative Bezugssystem wird dabei angesprochen?
4. Charakterisieren Sie die einzelnen Zielsetzungen. Halten Sie sie dem Vorschlag von Kocka gemäß für konsensfähig?

Zum Weiterdenken:
— Reicht angesichts der Erfahrung der Einen Welt heute das hier vorgeschlagene normative Bezugssystem aus, um sinnvolle, richtungsweisende, gesellschaftspolitische Vorschläge einbringen zu können?
— Welche Gefahren könnten andererseits mit einer Überdehnung des gesellschaftlichen Bezugsrahmens verbunden sein?

Historismus

Gegenstand der Forschung:
Haupt- und Staatsaktionen der Vergangenheit; Geschichte großer Persönlichkeiten; historische »Individualitäten«; Betonung des (deutschen) Nationalstaates;
Methode: Verstehende Methode, quellenkritische Arbeit;...

Absichten, Ziele: »Wie es gewesen«; Traditionsaneignung; Bewährung vor der Vergangenheit;...
Wertbezugspunkt: Die Vergangenheit
Kritik: Herstellung einer Quasi-Objektivität der Geschichte; Vernachlässigung des Vorverständnisses des Forschers und seiner Gesellschaftsbezogenheit; Überbewertung der Forscherpersönlichkeit; Vernachlässigung der Geschichte von Gesellschaften und von Kollektivphänomen; Grenzen der verstehenden Methode;...

Geschichte als historisch-kritische Sozialwissenschaft

Gegenstand der Forschung:
Einbezug auch der Geschichte von Gesellschaften und Kollektiven aufgrund eines eigenen Gesellschaftsverständnisses;...

Methode: Erklärende Methoden (Theorien, Hypothesen) aus benachbarten Sozialwissenschaften werden kombiniert mit der verstehenden Methode; Einbezug quantifizierender Verfahrensweisen;...
Absichten, Ziele: Erkenntnisgewinn für Gegenwart und Zukunft durch gezieltere Anfragen an die Geschichte;...
Wertbezugspunkt: Gegenwart und Zukunft
Probleme: Komplexes Wissenschaftsverständnis; Aufwerfen der Frage nach historisch-gesellschaftsbezogenen Strukturen in Absetzung von östlich-marxistischen Theorien; Frage nach der Reichweite des westlich-demokratischen Bezugsrahmens bei der Bestimmung historischer Gesellschaften; die volle Berücksichtigung eines kritisch-emanzipativen Gesellschaftsverständnisses auch unter Anwendung empirisch-analytischer Verfahrensweisen;...

4.5 Geschichtsdidaktische Relevanz

Problemdarstellung:

Die Frage, wie Geschichte als historisch-kritische Sozialwissenschaft mit der Geschichtsdidaktik vermittelt wird, kann nicht global beantwortet werden. Die verschiedenen geschichtsdidaktischen Richtungen, die sich einem neueren Geschichtsverständnis anschließen, unterscheiden sich sehr stark in der Form der Adaption einer Geschichte als historisch-kritischer Sozialwissenschaft. Einigkeit herrscht in der Forderung, nicht ohne erkenntnisleitende Interessen und ein Theorieverständnis an die Geschichte heranzutreten. Dieses Theorieverständnis wird unterschiedlich ausgelegt:
1. Lothar Steinbach »verkürzt« es auf das Interesse an Sozialgeschichte und korreliert dieses sozio-ökonomische Vorverständnis mit sozio-ökonomischen historischen Verhältnissen. Das entsprechende geschichtsdidaktische Thema kann dann z. B. lauten: »Arbeiter, Schule und Sozialdemokratie.« Steinbach geht dabei von der Annahme aus, daß Schüler an einem solchen Thema interessiert sein könnten, weil sie der gleichen Lebenswelt angehören.
2. Auch Uwe Uffelmann versteht Geschichtswissenschaft als Sozialwissenschaft, besser, Sozialgeschichte und baut seine didaktischen Überlegungen auf diesem Wissenschaftsverständnis auf. Der Rekurs auf die Frankfurter Schule erfolgt, um dieses fachwissenschaftliche Verständnis unter dem Vorzeichen des erkenntnisleitenden Interesses wissenschaftstheoretisch zu legitimieren.[18]
3. Die Hessischen Rahmenrichtlinien weisen im Fach Gesellschaftslehre einen Arbeitsschwerpunkt Geschichte aus. Dieser Schwerpunkt ist in gesellschaftliche Strukturen eingebettet: Sozialisation, Wirtschaft, öffentliche Aufgaben und intergesellschaftliche Konflikte. Diesen Bereichen werden Anfragen an die Geschichte entnommen. Im weitesten Sinne korrespondiert dieses Gesellschaftsverständnis mit dem in Q 58 angesprochenen. Auf einen von hier aus möglichen sozialwissenschaftlichen Begründungszusammenhang wird aber verzichtet.[19]
4. In den bisher skizzierten Ansätzen wurde 1. die traditionelle Geschichte um die Sozialgeschichte erweitert und so in die Fachdidaktik einbezogen. Auf die Weise wird der Geschichtsunterricht um einen thematischen Schwerpunkt bereichert, doch

sind weder curriculare Forderungen noch geschichtswissenschaftliche Möglichkeit im Sinne einer historischen Sozialwissenschaft ausgeschöpft. Es ist zweitens zu beobachten, daß unter Umgehung der vorhandenen sozialwissenschaftlichen Theoriebildung die eigenen erkenntnisleitenden Interessen und didaktischen Entscheidungen als sozialwissenschaftliche Theorie ausgegeben werden.[20] Die Vernachlässigung der durch die Forschung ermittelten sozialwissenschaftlichen Theoriebildung verhindert die Verknüpfung der erkenntnisleitenden Interessen und didaktischen Entscheidungen mit dem Stand der sozialwissenschaftlichen Theoriebildung. Erst ihre Berücksichtigung ermöglicht eine kritische Inanspruchnahme der Geschichte als historische Sozialwissenschaft in fachdidaktischen Entscheidungsprozessen. Darauf macht G. von Staehr aufmerksam. Auch A. Kuhn vertritt diese Position.
5. Werner Boldt und Antonius Holtmann sprechen von dialektisch-historischen Sozialwissenschaften und fordern eine Aufhebung der Trennung von Gesellschaft und Geschichte als selbständige Wissenschaftsbereiche und Schulfächer. Das auch die Schüler einbeziehende Interesse an »höchstmöglicher Emanzipation« verlange nach einem Erkenntnisprozeß, der über die dialektische historische Theorie den »einheitlichen Gegenstand ›Gesellschaft‹« theoretisch-praktisch erfassen helfe.[21]
6. Von geschichtswissenschaftlicher Seite wird der Versuch unternommen, Geschichte als historisch-kritische Sozialwissenschaft so zu präsentieren, daß Geschichtsdidaktik sich an dieser Bezugswissenschaft besser orientieren kann.[22]
Die hier dargebotenen Textauszüge beziehen sich, soweit sie den Fachdidaktikern zuzuordnen sind, hauptsächlich auf das fachwissenschaftliche Selbstverständnis dieser Didaktiker. Sie geben keine Auskunft darüber, ob und wieweit die historisch-didaktische Aufarbeitung dem bekundeten Wissenschaftsverständnis entspricht.

Q 60 Die »Approaches«, die Methoden, historisches Material zu entschlüsseln und zu interpretieren, können hingegen je nach »Quellenlage« und Fragestellung durch »bewußte Entscheidung« bestimmt werden. Zum Handwerkszeug des sozialwissenschaftlich orientierten Historikers gehören daher nicht nur die erlernbaren Methoden der kritisch-philologischen Erschließung von Quellen, sondern auch das Einmaleins der sozialwissenschaftlichen Forschungstechniken, die von den Survey-Studien der Politologie

bis zu den Regeln für die Behandlung aggregierter Daten bei der komparativen Methode der Wirtschaftswissenschaften reichen.
Das Problem der »Auswahl« bestimmt sich also danach, was für unsere jeweilige Fragestellung wichtig ist und was nicht. Wenn uns die »Taten großer Männer«, im Sinne von Heinrich von Treitschke oder Thomas Carlyle, interessieren, dann suchen wir uns diejenigen Quellen (zumeist schriftliche Überlieferung) aus, die etwas über die »Taten großer Männer« aussagen. Wenn wir uns dagegen für die »große Zahl der Namenlosen« und »Erfolglosen« interessieren, etwa die sozialen Unterschichten im 19. Jahrhundert, dann könnte das Schicksal einer Putzfrau wichtig und für uns sozialwissenschaftlich »interessant« sein.
Unser Thema »Arbeiter, Schule und Sozialdemokratie« mißt den sozio-ökonomischen Verhältnissen in der Geschichte eine hohe Bedeutung bei. ...
Der Schüler kann den historischen Sachverhalt, den es im Geschichtsunterricht zu erkennen gilt, nicht von außen betrachten, sondern nur als etwas, das ihn selbst betrifft und die Art seines Betrachtens mitbestimmt. In den Erkenntnisprozeß, der sich in unserem Falle an einer Thematik sozio-ökonomischer Verhältnisse des 19. Jahrhunderts orientiert, geht die gesellschaftliche Erfahrungswelt des Schülers mit ein: er wird veranlaßt, über seine eigene »Lebenswelt«, die z. B. auch durch die Zugehörigkeit zu einem ganz bestimmten Schultypus gekennzeichnet ist, nachzudenken. Die Verbindung der eigenen Lebenswelt mit dem »Anderen« des historischen Gegenstandes ruft Denkimpulse hervor, die das Bewußtsein schärfen und die »Selbstreflexion« auf die jeweils gegenwärtige Situation lenken, für die der Lernende Klärung und Handlungsorientierung sucht.
Entscheidend ist doch gerade, daß die Intentionalität, bestimmte Themen auszuwählen, sowohl den Lern- als auch den Sozialisationsvoraussetzungen der Schüler angemessen sein sollte.
(Lothar Steinbach, Didaktik der Sozialgeschichte, Stuttgart 1976, S. 24 ff.)

Fragen:
1. Welchem Wissenschaftsverständnis folgt der Autor?
2. Welche didaktische Begründung gibt die Q für die Themenwahl?
3. Genügt diese Begründung? Vgl. Sie mit Q 63.

Q 61 Bisher ist von der Geschichtswissenschaft nur andeutungsweise die Rede gewesen. Detaillierte Ausführungen zu dem, was Geschichtswissenschaft sei, können hier nicht erfolgen, aber das knapp umrissene Didaktikverständnis, verbunden mit den Überlegungen zur Kritischen Theorie zum Zweck der wissenschaftstheoretischen Grundlegung eben dieses Verständnisses implizieren schon eine bestimmte Auffassung von Geschichtswissenschaft, wenn es darum geht, Gesellschaften zu analysieren, d. h. nicht nur gegenwärtige, sondern auch vergangene auf ihre Struktur, die Voraussetzungen ihrer Entstehung wie der Bedingungen, Verlaufsformen und Richtungen ihres Wandels hin zu untersuchen. Geschichtswissenschaft wird demnach als Sozialwissenschaft verstanden. Sie ist nicht eine Wissenschaft sui generis mit nur ihr eigenen Forschungsmethoden. Als Integrationswissenschaft vereinigt sie im Feld der anderen Sozialwissenschaften hermeneutische Verfahrensweisen mit empirisch-analytischen. Die Konsequenzen für das Unterrichtsfach Geschichte als Integrationsfach liegen damit auf der Hand. Begreift sich der Geschichtsunterricht aber als sozialwissenschaftlicher Unterricht, so ist auch für ihn – nicht nur für die politische Bildung generell – die Frage des Praxisbezuges relevant. Wird Geschichtsunterricht unter emanzipatorischem Erkenntnisinteresse konzipiert, so ist das Problem der Handlungsorientierung nicht ausklammerbar.
(Uwe Uffelmann, Vorüberlegungen zu einem problemorientierten Geschichtsunterricht im sozialwissenschaftlichen Lernbereich, in: Aus Politik und Zeitgeschichte, Beilage zur Wochenzeitung das Parlament, B 33/75, S. 9.)

Frage:
1. Auf welches Wissenschaftsverständnis beruft sich Uffelmann?

Q 62 *Arbeitsschwerpunkt Geschichte*
Entsprechend den allgemeinen Lernzielen wird der Stellenwert der Geschichte im Lernbereich Gesellschaftslehre bestimmt über die Klärung der Frage, inwiefern die Auseinandersetzung mit »Vergangenem« beiträgt zu einer reflektierten Einschätzung gegenwärtiger gesellschaftlicher Verhältnisse. Der Gegenwartsbezug geschichtlicher Fragestellungen und Inhalte wird damit zur Grundlage für die Lernzielbestimmung. Die hierdurch bezeichnete Aufgabe findet ihre Parallele in dem heutigen Bemühen um ein neues Selbstverständnis der Geschichtswissenschaft und beruht auf der Erkenntnis, daß die Beschäftigung mit Geschichte sich

durch einen Nachweis ihrer Beziehung zu den jeweils relevanten politisch-gesellschaftlichen Problemen legitimieren muß. Damit scheidet eine Konzeption des Geschichtsunterrichts, wie auch der Geschichtswissenschaft, aus, der die Geschichte als in sich abgeschlossene Vergangenheit gilt, als eine Ansammlung von objektiv gesicherten Daten und Tatsachen, die unabhängig von unserem Bewußtsein, von unserer jeweiligen gesellschaftlichen Interessenlage existieren. ...
Demgegenüber müßte Geschichtsunterricht so angelegt sein, daß er die Interessengebundenheit historischer Fragestellungen offenlegt. Bei der Frage nach Lösungsmöglichkeiten für diese Aufgabe ist durchgängig zu beachten, daß auch die Materialien aus der Vergangenheit ihrerseits ebenfalls unter dem Gesichtspunkt der in sie eingegangenen Standortgebundenheit zu beurteilen sind. (Zum Beispiel: Wer hat was und aus welchen Gründen für überlieferungswürdig befunden?) Diese Standortgebundenheit gelangt nicht nur in der Auswahl und Zuordnung der Fakten zum Ausdruck, sondern bereits in ihrer Benennung (so ist es z. B. ein Unterschied, ob dasselbe Faktum als »fränkische Landnahme« oder als »Einfall der Barbaren« deklariert wird; ebenso liegt bereits Interpretation von Fakten vor, wenn die Ereignisse des 1. 9. 1939 unter der Formel »Ausbruch des 2. Weltkrieges«, »Einfall der Deutschen in Polen« oder »Überfall Hitlers auf Polen« zusammengefaßt werden). Ein Ziel des Geschichtsunterrichts ist in diesem Zusammenhang die Einsicht, daß Grundlage des Unterrichts historische Quellen, d. h. Formen der Überlieferung gesellschaftlicher Wirklichkeit, nicht aber diese Wirklichkeit selbst sind.
Bezieht man diese Konzeption auf ihre unterrichtspraktischen Auswirkungen, dann stellt sich vor allem die Frage, ob sich mit ihr nicht die Gefahr des Relativismus verbinde: Schüler, denen die Standortgebundenheit geschichtlichen Fragens und geschichtlicher Überlieferung bewußt wird, könnten sich mit dem Argument, letztlich sei doch nichts Gesichertes zu ermitteln, überhaupt jeder Auseinandersetzung mit Geschichte verweigern. Damit wäre dann zwar die Vorstellung einer unabhängig für sich objektiv existierenden Geschichte erschüttert, zugleich jedoch einer Auffassung Vorschub geleistet, die im Widerspruch zu den allgemeinen Lernzielen der Gesellschaftslehre Ergebnisse einer historisch-gesellschaftlichen Analyse in das Belieben des Fragenden stellt. Demgegenüber ist es gerade Aufgabe des Geschichtsunterrichts zu zeigen, daß aus der Standortgebundenheit historischer Frage-

stellungen und historischer Überlieferung nicht die Beliebigkeit historischer Urteile folgt. Der Objektivitätsanspruch historischer Aussagen begründet sich aus der Forderung, daß solche Aussagen den von der Geschichtswissenschaft entwickelten methodischen Verfahren der Quellenkritik standhalten müssen. Mit solchen Verfahren wird es darüber hinaus möglich, das Erkenntnisinteresse, das in jede Beschäftigung mit Geschichte eingeht, zu ermitteln. Ein so verstandener Begriff von Objektivität führt auch dazu, daß unter der Forderung nach dem Gegenwartsbezug von Geschichtsunterricht und Geschichtswissenschaft nicht vordergründige Aktualisierung zu verstehen ist. Vielmehr geht es darum zu prüfen, warum zu bestimmten Zeiten bestimmte Aspekte der Vergangenheit für bestimmte Gruppen/Schichten einer Gesellschaft »aktuell«, das heißt von Interesse gewesen sind. Dieses Vorhaben verlangt das Eingehen auf die Auswirkungen und Folgen, die bestimmte Formen der Geschichtsbetrachtung, bestimmte Inhalte von Geschichtsbildern für die Beurteilung und vor allem die Legitimation politischen Handelns in der jeweils gegenwärtigen Situation gehabt haben bzw. haben. Dazu gehört auch die Überprüfung der Folgen einer Haltung, die die historischen Voraussetzungen politischer Entscheidungen außer acht läßt. Auch hier wird es um mehr gehen, als zum Beispiel lediglich den »Verlust der Geschichte« zu beklagen. ... Sollen Schüler befähigt werden, zu einer rationalen Einschätzung ihres eigenen Standortes und zu einer reflektierten Wahrnehmung und Beurteilung gesellschaftlicher Zusammenhänge, dann müßten für sie unmittelbar erfahrene Verhältnisse in ihren historischen Bedingungen faßbar werden. Dies ist gleichbedeutend mit der Einsicht, daß jeweils bestehende Verhältnisse nicht statisch sind, sondern Momente eines Prozesses. Ein Hauptziel des Unterrichts wird demnach sein müssen, Veränderung erfahrbar zu machen. Allerdings kann es sich dabei nicht darum handeln, den Begriff der Veränderung isoliert zu verstehen und dementsprechend eine isolierte Erfahrung von Veränderung zu vermitteln. Mit dem Begriff der Veränderung ist immer auch mitgesetzt der Begriff der Kontinuität. Kontinuität stellt sich im Unterricht her, indem nach den Bedingungen für Veränderung gefragt wird.
Als Ansatzpunkt dafür bietet sich an, unter vergleichbaren Fragestellungen einzelne Aspekte, unter denen eine Gesellschaft betrachtet werden kann, miteinander in Beziehung zu setzen. Die methodische Grundlage für dieses Vorgehen bietet der Strukturbegriff. Mit seiner Verwendung ist gewährleistet, daß Verschie-

denartigkeit unter einem gemeinsamen Bezugsrahmen vergleichbar wird. Zusammenhänge, die auf diese Weise Gegenstand von Lernen werden, können sein:
– Soziale Beziehungen und wirtschaftliche Verhältnisse (z. B. Horde – Jäger/Sammler
Großfamilie – Ackerbau und Handwerk...
(Rahmenrichtlinien, Sekundarstufe I Gesellschaftslehre, Der Hessische Kultusminister, o. J., S. 18 ff.)

Fragen:
1. Welcher Bezugspunkt für Geschichtsunterricht wird in dieser Q gewählt?
2. Wie wird er begründet? Reicht diese Begründung aus?
3. Wie nennt man ein Verfahren, das die Geschichte der Überlieferung von Geschichte der geschichtlichen Wirklichkeit trennt? Warum wird dieses Verfahren eingeführt?
4. Wie wird die Integration zwischen Geschichte und Gesellschaftslehre hergestellt?
5. Wird das »heutige Bemühen der Geschichtswissenschaft um ein neues Selbstverständnis« in diese Richtlinien eingebracht?

In differenzierten Industriegesellschaften mit pluralen Interessen, deren pluralen Ausdrucks- und Erscheinungsformen sowie einer Pluralität von Möglichkeiten, für die Durchsetzung von Interessen zu kämpfen, ist die historische Tatsache – als politische Tatsache verstanden – zu eng, um einer Konfrontation mit aktuellen Erkenntnisinteressen standzuhalten. Historische Tatsachen können als politische, soziale und ökonomische Tatsachen verstanden werden, in dem Sinne, daß ihnen stets bestimmte soziale Beziehungen und ökonomische Verhältnisse in einer bestimmten politischen Ordnung zugrunde liegen. Der Begriff der sozialen Tatsache wird im folgenden in dieser umfassenden Bedeutung verstanden. ... Soziale Tatsachen werden mit Hilfe von Interpretationsmustern erarbeitet, die sich auf sozialwissenschaftliche Theorien stützen, in denen sozialwissenschaftliche Erfahrungen und Kenntnisse verallgemeinert ihren Ausdruck gefunden haben; das methodisch abgesicherte Wissen über die Gesellschaft in einem ihrer Lebensbereiche, das dem aktuellen Forschungsstand entspricht, ermöglicht eine Interpretation, welche über die Deutung der Kinderarbeit im zeitgenössischen Kontext hinausweist. ...

Q 63

Das sozialwissenschaftliche Wissen über die Entwicklungsbedingungen von Kindern und Jugendlichen, über die Bedeutung kommunikativer Kompetenz sowie über die allgemeine und politische Sozialisation als Interpretationsmuster der Quelle zu nutzen heißt, sich am aktuellen Forschungsstand zu diesen Fragen orientieren; denn wenngleich das zeitgenössische Wissen dem aktuellen Wissen nicht entsprach, ist andererseits nur über dieses und seine Anwendung bei der Interpretation dann auch möglich, sowohl den Bewußtseinsstand und das Wissen der Zeitgenossen, die sich mit dem Problem Kinderarbeit auseinanderzusetzen hatten, festzustellen als auch eine realistische Erklärung für die Problemlösungsmöglichkeiten zu erarbeiten, die in jener Zeit gesehen wurden.

Solche Erklärungen gehen dann aber über eine bloß moralische Mißbilligung patriarchalischer, kirchlich-wohltätiger oder sozialstaatlich-integrativer Gegenmaßnahmen hinaus, weil sie vor dem Hintergrund des aktuellen sozialwissenschaftlichen Wissens vorgenommen werden. Dieses bietet zugleich auch das Kriterium für die Urteilsbildung, ohne daß allerdings übersehen werden darf, daß das zeitgenössische Wissen von ganz anderen Kenntnissen und Voraussetzungen ausging.

Wenn dem angegebenen Beispiel folgend sozialwissenschaftliches Wissen der Gegenwart als Interpretationsmuster herangezogen wird, so bleibt die Interpretation der Quelle nachprüfbar und revidierbar, wenn die Sozialwissenschaften ein Wissen zum Problem Entfaltung und Verkümmerung von Menschen hervorgebracht haben, das den alten Wissensstand verändert oder differenziert. Dagegen sind moralische und bloß subjektive Interpretationsmuster weder nachprüfbar noch revidierbar, da ihre theoretischen Voraussetzungen nicht aufgedeckt werden oder unbewußt bleiben.

(Gerda von Staehr, Die Funktion der Quelle für die historische, soziale und politische Erkenntnisarbeit im Unterricht, in: K. Bergmann/J. Rüsen (Hrsg.), Geschichtsdidaktik: Theorie für die Praxis, Düsseldorf 1978, S. 118ff.)

Fragen:
1. Dieser Auszug bezieht sich auf die mögliche Funktion von Quelleninterpretation zur Kinderarbeit im 19. Jahrhundert. Welche Gründe werden für das Heranziehen von Forschungsergebnissen aus dem Bereich der systematisch betriebenen Sozialwissenschaften genannt?

2. Was spricht gegen »bloß subjektive« Interpretationsmuster? Suchen Sie solche in den übrigen Q dieses Kapitels auf.
3. Welche didaktischen Schwierigkeiten ergeben sich aus der Forderung dieser Q?

Methoden `Q 64`
Die analytischen Kategorien entsprechen den geschichtlichen und gesellschaftlichen Zusammenhängen: In der Dialektik von Sein und Bewußtsein liegt das Gewicht auf der materiellen Basis; die Widersprüche in den Bewegungen des Seins und Bewußtseins vollziehen sich im dialektischen Dreischritt von These, Antithese und Synthese. Dessen konkrete Bestimmung liegt in dem Bemühen, die empirisch nicht faßbaren, sie aber strukturierenden Gesamtzusammenhang zu sehen (Dialektik–Einzelnes–Totalität, Erscheinung–Wesen). Selbst in gesellschaftliche Bedingungen einbezogen und in der »Methode« an den Untersuchungsgegenstand gebunden (Dialektik, Subjekt–Objekt), vollzieht sich der Erkenntnisprozeß über die vorläufige begriffliche Bestimmung der Einzelheiten (Vorstellung) von diesem Abstrakten (den Kategorien des »geläufigen Denkens«) zum Konkreten, zum Wesen als strukturierender Gesamtzusammenhang der Einzelerscheinungen (Begriff), analysiert und »gewertet« mit dem Interesse an höchstmöglicher Emanzipation; das um Emanzipation bemühte Handeln selbst beschleunigt und differenziert die Erkenntnis: Praxis als Korrektiv der Theorie (Dialektik, Theorie–Praxis). Historisch-genetisches und komparatives Interesse in bezug auf Probleme gesellschaftlicher Konflikte und politischer Systeme (v. Beyme).

Erkenntnisbereiche
Integration der »Disziplinen« über den einheitlichen Gegenstand »Gesellschaft« und über die einheitliche dialektisch-historische Theorie. »Disziplinen« artikulieren je spezifische Fragestellungen entsprechend dem gesamtgesellschaftlich-geschichtlichen Aspekt im Rahmen der Politischen Ökonomie. Gesellschaftswissenschaft ist immer eine historische Wissenschaft.

Handlungsansprüche
In der Dialektik von Theorie und Praxis ist Handeln um der Emanzipation willen erkenntnistheoretisch und politisch notwendig.

Dialektisch-historische Theorien begründen sich aus der Gattungsgeschichte des Menschen als in der Dialektik von Theorie

und Praxis zunehmende Bewußtwerdung auf der Grundlage der Entwicklung der politisch-ökonomischen Bedingungsfaktoren. Die der Metatheorie immanenten theoretischen Kontroversen rühren von der unterschiedlichen Gewichtung, der subjektiven (Bewußtsein: Theoreme, Methodologie) und objektiven (Sein: Produktivkräfte, Produktionsverhältnisse) Faktoren.
(W. Boldt, A. Holtmann, Geschichte als Gesellschaftswissenschaft: Überlegungen zur Integration der Fächer, in: R. Schörken (Hg.), Zur Zusammenarbeit von Politik- und Geschichtsunterricht, Stuttgart 1978, S. 28 f.)

Fragen:
1. Erklären Sie das Verhältnis von geschichtlich-gesellschaftlichen Zusammenhängen einerseits und Sein und Bewußtsein andererseits.
2. Warum werden bei der Bestimmung von geschichtlich-gesellschaftlichen Verhältnissen analytische Verfahrensweisen bevorzugt?
3. Begründen Sie, warum die materielle Basis Ausgangspunkt für die Bestimmung des Verhältnisses von Sein und Bewußtsein bei Boldt/Holtmann ist.

Q 65 a) Gerade wenn man Geschichte (auch) als historische Sozialwissenschaft versteht, wird man sie als didaktische Veranstaltung im weitesten Sinne begreifen müssen. Das soll heißen: Sie ist auf Mitteilung und Wirkung innerhalb eines sie beeinflussenden Mitteilungs- und Wirkungszusammenhangs angelegt; darin liegt ihre wichtigste Begründung und Rechtfertigung. Daraus folgt, daß »jener komplexe Vorgang, durch den sich in unterschiedlichster Weise in der Gesellschaft Vorstellungen von Geschichte aufbauen, weiterentwickeln, verändern, verflüchtigen und wieder neu entstehen«, nicht nur Gegenstand einer separaten »Didaktik der Geschichte« ist, sondern jedenfalls tendenziell in die Fachwissenschaft selbst einbezogen werden muß. Damit hängt zusammen, daß die Reflexion auf die gesellschaftlich-politischen Aufgaben der Geschichtswissenschaft – und solche Reflexion hat immer eine normative, d. h. auch: nicht von jedem mit gleichem Resultat realisierte Dimension –, Teil der Fachwissenschaft ist und nicht etwa in eine separate Fachdidaktik abgeschoben werden darf. Gerade wenn man die emanzipatorischen – man sollte sich das

Wort nicht zu schnell verleiden lassen – Aufgaben der Geschichtswissenschaft ernst nimmt und sie bei der Festsetzung von Inhalten und Methoden von Forschung und Lehre zu berücksichtigen fordert, wird man allerdings gleichzeitig darauf bestehen müssen, daß jede Instrumentalisierung der Geschichtswissenschaft, jede unmittelbare Bindung von Forschung und Lehre an außerwissenschaftliche Zwecke und Interessen zu unterbleiben hat, daß der Wissenschaftsprozeß so frei wie möglich sein und seinen eigenen Gesetzen und Entscheidungsregeln folgen muß. Zwischen notwendiger gesellschaftlicher Verpflichtung und legitimen Ansprüchen auf wissenschaftliche Autonomie mögen ab und zu Spannungen auftreten, die durch Kompromisse zu lösen sind, welche auf den verschiedenen Ebenen geschichtswissenschaftlicher Arbeit – Forschung, wissenschaftliche Lehre, Schulunterricht – sehr verschiedenartig gewichtet sein werden.

Sicherlich haben die Fachwissenschaftler den Vermittlungsaspekt, die didaktische Dimension ihrer Arbeit, meist (nicht immer) zu gering geschätzt. Vielleicht war dies der Anlaß für die Entstehung einer Disziplin, die sich auf Vermittlung spezialisiert. In den letzten Jahren hat in der Fachwissenschaft die Bereitschaft, ihre eigene didaktische Dimension ernstzunehmen und sich als Teil eines nicht nur innerwissenschaftlichen Kommunikationsprozesses zu verstehen, ein wenig zugenommen. Hoffentlich setzt sich das fort. Doch steht andererseits zu befürchten, daß die hypertrophe Auswucherung des »erziehungswissenschaftlichen Begleitstudiums«, wie sie von irregeleiteten Kultusbürokratien dekretiert wird, und die immer selbstbewußteren Einflußansprüche einer zunehmend professionalisierten, separat sich etablierenden Didaktik (mit einem schnell wechselnden, aber doch Eigenständigkeit demonstrierenden Fachjargon) die Fachwissenschaft zunehmend in Verteidigungsstellung treiben. Dies ist um so verständlicher, als gerade wegen der skizzierten Umakzentuierung der Geschichtswissenschaft in Richtung einer historischen Sozialwissenschaft das fachwissenschaftliche Geschäft – Forschung und Lehre – noch schwieriger und anspruchsvoller geworden ist, so daß die drohende Einschränkung des »fachwissenschaftlichen Anteils« in der wissenschaftlichen Lehrerausbildung in der Tat entschieden zurückgewiesen werden muß.

Wenn hier der Fachwissenschaft angesonnen wird, ihre didaktische Dimension ernst und jedenfalls teilweise in die eigenen Hände zu nehmen, dann bedeutet das keineswegs eine Absage an vernünftige Formen der schwerpunktmäßigen Arbeitsteilung, über deren wünschenswerte Art hier nicht zu handeln ist. Die Probleme der Fachdidaktik sind zweifellos so komplex und schwierig, daß sie der spezialisierte Fachwissenschaftler nur in den Grundlinien, nicht in voller Breite und notwendiger Differenziertheit, in seine Arbeit (und auch seine Lehrveranstaltungen) einbeziehen kann. Insbesondere – aber nicht nur – gilt das für die Erforschung und Vermittlung der so schwierigen praktischen Fertigkeiten bei der Umsetzung fachwissenschaftlicher Einsichten im Geschichtsunterricht der verschiedensten Art. Für didaktische Ausbildung und Forschung bleibt hier sehr viel zu tun, in enger Verbindung zur Fachwissenschaft und also vornehmlich als Fachdidaktik.

b) Die Umsetzungsproblematik stellt sich für eine in Richtung »historische Sozialwissenschaft« verstandene, theorieorientierte Geschichtswissenschaft in der Tat besonders dringlich. Denn was als Zuwachs an analytischer Kraft gefordert und erreicht wird, stellt sich häufig als Erschwerung bei der Mitteilung geschichtswissenschaftlicher Einsichten an eine breitere Öffentlichkeit heraus. Die nötige Theorieorientierung der Geschichtswissenschaft erschwert ihre Erzählbarkeit. . . .

Wie kann man erzählbare Ereignisse und dramatisierbare Handlungen dazu benutzen, um dahinterliegende, in Ereignisse und Handlungen eingehende Strukturen und Prozesse einsichtig zu machen, z. B. in der Biographie eines tüchtigen Handwerkers um 1870 die Gesetzmäßigkeit des aufsteigenden Industriekapitalismus durchsichtig zu machen, der bekanntlich einige Handwerkszweige zerrieb? Fragen der Theorieorientierung der Geschichtswissenschaft haben wir bisher vor allem in bezug auf Forschung diskutiert; sicher stellen sie sich in bezug auf die verschiedenen Formen der Vermittlung und Darstellung anders dar. Wie sind diese Unterschiede in der Problemstellung zu bestimmen? Wie könnten Lösungen aussehen? Diese und ähnliche Fragen müßten stärker diskutiert und geklärt werden, nicht nur im Interesse der Fachdidaktik, sondern auch und gerade im Interesse von Fachwissenschaftlern, die ihr Fach (auch) als historische Sozialwissenschaft – und das heißt u. a.: unter der Perspektive gesellschaftlich-politischer Pädagogik – verstehen.

(Jürgen Kocka, Sozialgeschichte – Strukturgeschichte – Sozialwissenschaft, zuletzt in: Geschichtsdidaktik, H 4, Düsseldorf 1977, S. 295 ff.)

Fragen:
1. Welche Aufgabe erwächst nach Kocka einer Geschichtswissenschaft, die Geschichte als historische Sozialwissenschaft betreibt?
2. Wie wird diese Aufgabe begründet?
3. Woraus können Spannungen zwischen Forschung und Lehre resultieren?
4. Was spricht nach Kocka für die begrenzte Eigenständigkeit der Fachdidaktik?
5. Handelt es sich bei der Frage nach dem Verhältnis von Forschung und Lehre letztlich nur um eine »Umsetzungsproblematik«, wie Kocka meint?
6. Welche berechtigte, welche unberechtigte Sorge bezüglich des Verhältnisses von Forschung und Didaktik spricht aus der Q?

Die Geschichtswissenschaft unter Berücksichtigung ihrer gesellschaftlichen und geschichtstheoretischen Prämissen Q 66

Sowohl der theoretische Reflexionsstand der Geschichtswissenschaft als einer historischen Sozialwissenschaft als auch ihr materialer Forschungsstand bestimmen die Möglichkeiten und die Grenzen der Fachdidaktik als einer praxisorientierten Theorie der Vermittlungsprozesse, die es mit dem Vermittlungsgegenstand Geschichte zu tun hat. Unter diesem Aspekt ist es naheliegend, auf das gesellschaftliche und wissenschaftliche Selbstverständnis der Richtungen innerhalb der Geschichtswissenschaft zurückzugreifen, welche die Prämissen des Faches unter gesellschaftstheoretischen und sozialwissenschaftlichen Fragestellungen in besonders hohem Maße reflektiert haben.

Im folgenden wird auf die Konzeption der Gesellschaftsgeschichte »als sozialgeschichtliche Interpretation der allgemeinen Geschichte« zurückgegriffen. Dieser Ansatz wurde schon in den zwanziger Jahren von Vertretern der »Annales« wie Marc Bloch propagiert. Während er heute in England vor allem von Hobsbawm weiterentwickelt wird, so finden wir in Deutschland, insbesondere bei Repräsentanten der sogenannten Bielefelder Schule, Befürworter dieser Forschungsrichtung.

Die Vertreter der Gesellschaftsgeschichte sind sich bewußt, daß sich »das Ideal der vollständigen Beschreibung« von Geschichte gar nicht konsequent vorstellen läßt. Der Anspruch auf eine »histoire totale« wird als »illegitim« zurückgewiesen, die Erkenntnisgrundlage bildet das historische Material, allerdings im

Bewußtsein der gesellschaftstheoretischen und metawissenschaftlichen Prämissen dieses Erkenntnisprozesses. Damit wird der Anspruch auf eine Totalgeschichte zurückgewiesen, die Prämissen der Geschichte als einer jeweils gesellschaftlichen Totalität werden jedoch anerkannt. Damit bleibt die Voraussetzung einer konkreten Utopie als theoretische Anstrengung im Interesse einer vernünftigen und humaneren Organisation der Gesellschaft innerhalb der Konzeption der Gesellschaftsgeschichte erhalten, während die Dialektik von induktiver Methode und abstrakter Rekonstruktion der gesamtgesellschaftlichen Erklärungszusammenhänge die Forschungsmethode selbst bestimmt. Für alle Vertreter dieser sozialwissenschaftlich orientierten Schule gilt: »Allgemeine Erfordernis von Wissenschaft ist, daß sie die theoretischen Prämissen klarlegt, die motivierenden Fragen formuliert und legitimiert, den Gang des Forschungsprozesses auf allen Stufen transparent macht, und schließlich, daß sie ihre Ergebnisse einer allgemeinen Kontrolle, Kritik und möglichen Widerlegungen offenhält«. In diesem Sinne zeichnen sich die Arbeiten, die insbesondere aus dieser Schule hervorgegangen sind, dadurch aus, daß sie sowohl ihre erkenntnisleitenden, aus der Gegenwart gewonnenen Interessen als auch ihren sozialwissenschaftlichen Bezugsrahmen mit seinen spezifischen theoretischen Annahmen, Kategorien und Hypothesen explizit darlegen und offen zur Diskussion stellen.
(Annette Kuhn, Zur Zusammenarbeit von Geschichtsunterricht und Politikunterricht – Ein curriculumtheoretischer Vorschlag, in: Rolf Schörken [Hg.], Zur Zusammenarbeit von Geschichts- und Politikunterricht [Anmerkungen und Argumente], Stuttgart 1978, S. 119 ff.)

Fragen:
1. Warum erblickt Kuhn in der Konzeption der Gesellschaftsgeschichte die eigentliche Bezugswissenschaft für die Geschichtsdidaktik?
2. Begründen Sie, was »konkrete Utopie« (vgl. Kap. 5) heißt und was dieser Anspruch unter curricularem Aspekt bedeuten könnte. Vgl. Kap. 1.

Überprüfen Sie Ihr Wissen:

Folgende Begriffe sind in diesem Kapitel eingeführt und verwendet worden. Überprüfen Sie Ihr Wissen mit Hilfe dieses Kataloges:

- Historismus
- Individualismus
- Relativismus
- Naturrechtliches Denken
- Allgemeine Gesetzmäßigkeit
- Willensfreiheit
- Determinismus
- Sozialwissenschaftlicher Lernbereich
- Historische Sozialwissenschaften
- Geschichte als Integrationsfach
- dialektisch-historische Theorie

5 Geschichtstheorie und Geschichtsdidaktik (V. Rothe)

5.1 Kritische Theorie der Gesellschaft

Ziel dieser Lerneinheit ist es,
die wesentlichen Züge der kritischen Theorie kennenzulernen:
- ihren Ideologiebegriff,
- ihre erkenntnisleitenden Interessen,
- ihr dialektisches Verständnis,
- ihr Interesse an Emanzipation;
- die wesentlichen Züge der kritischen Theorie zu vergleichen mit der Art der Übernahme in das Theorieverständnis der Geschichtswissenschaft und der Geschichtsdidaktik.

Problemdarstellung

»Über die Theoriebedürftigkeit der Geschichtswissenschaft«, so lautet der Titel eines Aufsatzes von R. Koselleck aus dem Jahre 1972[1]. Es war schon in Kap. 3 und Kap. 4 angemerkt worden, daß der Wandel der Verhältnisse das traditionelle Geschichtsverständnis und damit das alte Geschichtsbild in Frage gestellt hatte.
Geschichtstheorie bedeutet »eine Reflexion der Geschichtswissenschaft über sich selbst. Sie untersucht ihre Methode, ihre leitenden Hinsichten und ihre außer- und vorwissenschaftlichen Bedingungen und Absichten«[2]. In diesem Verständnis soll hier von Geschichtstheorie die Rede sein. Auch die Geschichtsdidaktik ist an dieser Theoriediskussion mitbeteiligt.
Das Beharrungsvermögen eines alten Wissenschaftsverständnisses, die Flucht in Lernzieltaxonomien (vgl. Kap. 3), ein zu kurz gegriffenes Theorieverständnis (vgl. Kap. 4) zeugen von der Orientierungslosigkeit der Geschichtsdidaktik in den letzten Jahren. Andererseits stand die Unterrichtspraxis aufgrund der bildungspolitischen Neuorientierung (vgl. Kap. 1) unter starkem Legitimationsdruck. Die allgemeinen Erziehungswissenschaften vollzogen dabei den Rekurs auf die kritische Theorie. Der Bezug zu ihr zeigt sich besonders in der Entwicklung der kritisch-konstruktiven Didaktik bei W. Klafki und W. Schulz[3].

Neuerdings bietet sich die Chance, daß sich Geschichtswissenschaft und Geschichtsdidaktik auf ein gemeinsames geschichtstheoretisches Konzept einigen. Geschichtswissenschaft als kritisch-historische Sozialwissenschaft siedelte ihr Theorieverständnis in der Nähe der Gesellschaftstheorie der Frankfurter Schule an (vgl. Q 58), von geschichtsdidaktischer Seite ist diese Position entschieden von Annette Kuhn vertreten worden[4].
Die kritische Theorie der Gesellschaft, getragen von ihren Hauptvertretern M. Horkheimer, Th. W. Adorno, J. Habermas und A. Schmidt, ist selbst nicht unumstritten. Im sogenannten Positivismusstreit hatte sie sich gegen ein funktional-positivistisches Wissenschaftsverständnis zur Wehr zu setzen[5]; auf der anderen Seite traf ihr ideologiekritischer Anspruch auf das Unverständnis von Verfechtern der reinen Hermeneutik[6]. Auf diese Wissenschaftskontroversen kann hier nur hingewiesen werden, um den durch diese Texte auszulösenden Lernprozeß nicht zu komplex und undurchschaubar werden zu lassen. Die »Verkürzung« verstößt jedoch gegen das dialektische Selbstverständnis kritischer Theorie, die sich den Positionen verhaftet weiß, die sie kritisch transzendiert.
Dennoch sollen in diesem Kapitel die Hauptzüge dieser gesellschaftsbezogenen Theorie vorgestellt und gezeigt werden, was sie für ein geschichtswissenschaftliches und geschichtsdidaktisches Theorieverständnis bedeutsam macht.

Unwahr werden eigentliche Ideologien erst durch ihr Verhältnis zu der bestehenden Wirklichkeit. Sie können »an sich« wahr sein, so wie die Ideen Freiheit, Menschlichkeit, Gerechtigkeit es sind, aber sie gebärden sich, als wären sie bereits realisiert. Die Etikettierung solcher Ideen als Ideologien, die der totale Ideologiebegriff gestattet, zeugt vielfach weniger von Unversöhnlichkeit mit dem falschen Bewußtsein, als von Wut auf das, was in sei's auch noch so ohnmächtiger geistiger Reflexion auf die Möglichkeit eines Besseren verweisen könnte. Mit Recht hat man einmal gesagt, daß vielfach solche, die dergleichen angeblich ideologische Begriffe verschmähen, dabei weniger die mißbrauchten Begriffe meinen als das, wofür sie stehen.

Anstatt theoretischer Erörterungen darüber, wie der Ideologiebegriff heute zu formulieren wäre, möchte ich im Sinne der Absicht, die Diskussion einzuleiten, Ihnen zum Beschluß einige Hinweise auf die konkrete gegenwärtige Gestalt der Ideologie selbst geben.

Q 67

Die theoretische Konstruktion der Ideologie hängt ja von dem tatsächlich als Ideologie Wirksamen nicht weniger ab als umgekehrt die Bestimmung und Durchdringung der Ideologie Theorie voraussetzt. Lassen Sie mich zunächst an eine Erfahrung appellieren, der wohl keiner von uns sich entziehen kann: daß sich im spezifischen Gewicht des Geistes etwas Entscheidendes verändert hat. Wenn ich für einen Augenblick an die Kunst als den treuesten historischen Seismographen erinnern darf, so scheint mir kein Zweifel an einer Schwächung, die zu den heroischen Zeiten der Moderne ums Jahr 1910 aufs äußerste kontrastiert. Der gesellschaftlich Denkende kann sich nicht dabei bescheiden, diese Schwächung, von der andere geistige Bezirke wie die Philosophie kaum verschont sind, auf ein sogenanntes Nachlassen der schöpferischen Kräfte, oder auf die böse technische Zivilisation schlechthin zurückzuführen. Er wird eher eine Art Gesteinsverschiebung spüren. Gegenüber den katastrophischen Vorgängen in den Tiefenstrukturen der Gesellschaft hat der Geist selber etwas Ephemeres, Dünnes, Ohnmächtiges angenommen. Im Angesicht der gegenwärtigen Realität kann er den Anspruch seines Ernstes kaum ungebrochen so behaupten, wie er dem Kulturglauben des neunzehnten Jahrhunderts selbstverständlich war. Die Gesteinsverschiebung – buchstäblich eine zwischen den Schichten des Überbaus und des Unterbaus – reicht bis in die subtilsten immanenten Probleme des Bewußtseins und der geistigen Gestaltung hinein und lähmt eher die Kräfte, als daß es an diesen fehlte. Der Geist, der darauf nicht reflektiert und so weitermacht, als wäre nichts geschehen, scheint vorweg zur hilflosen Eitelkeit verurteilt. Hat die Ideologienlehre den Geist an seine Hinfälligkeit von je gemahnt, so muß sein Selbstbewußtsein diesem Aspekt heute sich stellen; man könnte fast sagen, daß heute das Bewußtsein, das schon Hegel wesentlich als das Moment der Negativität bestimmte, überhaupt nur soweit überleben kann, wie es die Ideologiekritik in sich selbst aufnimmt. Von Ideologie läßt sich sinnvoll nur soweit reden, wie ein Geistiges selbständig, substantiell und mit eigenem Anspruch aus dem gesellschaftlichen Prozeß hervortritt. Ihre Unwahrheit ist stets der Preis eben dieser Ablösung, der Verleugnung des gesellschaftlichen Grundes. Aber auch ihr Wahrheitsmoment haftet an solcher Selbständigkeit, an einem Bewußtsein, das mehr ist als der bloße Abdruck des Seienden. ...
Das gesellschaftlich bedingte falsche Bewußtsein von heute ist nicht mehr objektiver Geist, auch in dem Sinne, daß es keineswegs

blind, anonym aus dem gesellschaftlichen Prozeß sich kristallisiert, sondern wissenschaftlich auf die Gesellschaft zugeschnitten wird. Das geschieht mit den Erzeugnissen der Kulturindustrie, Film, Magazinen, illustrierten Zeitungen, Radio, Bestseller-Literatur der verschiedensten Typen, unter denen die Roman-Biographien ihre besondere Rolle spielen, und nun in Amerika vor allem auch Fernsehen. ...
Kaum wird mehr ein Entkommen geduldet, die Menschen sind von allen Seiten umstellt, und mit den Errungenschaften pervertierter Sozialpsychologie oder, wie man es treffend genannt hat, einer umgekehrten Psychoanalyse, werden die regressiven Tendenzen befördert, die der anwachsende gesellschaftliche Druck ohnehin entbindet. Die Soziologie hat dieser Sphäre unter dem Titel des communication research, des Studiums der Massenmedien, sich bemächtigt und dabei insbesondere Nachdruck gelegt auf die Reaktionen der Konsumenten und die Struktur des Wechselspiels zwischen ihnen und den Produzenten. Solchen Untersuchungen, die ihre Herkunft von der Marktforschung kaum verleugnen, ist gewiß ihr Erkenntniswert nicht abzusprechen; wichtiger aber dünkt es, die sogenannten Massenmedien im Sinne der Ideologiekritik zu behandeln, als bei ihrem bloßen Dasein sich zu bescheiden. Dessen stillschweigende Anerkennung durch beschreibende Analyse macht selbst ein Element der Ideologie aus.
Angesichts der unbeschreiblichen Gewalt, welche jene Medien über die Menschen heute ausüben, zu denen im übrigen auch in einem weiteren Sinn der längst in Ideologie übergangene Sport gehört, ist die konkrete Bestimmung ihres ideologischen Gehalts unmittelbar dringlich. Er zielt auf synthetische Identifikationen der Massen mit den Normen und Verhältnissen, welche, sei es anonym, hinter der Kulturindustrie stehen, sei es bewußt von dieser propagiert werden. An allem nicht Einstimmenden wird Zensur geübt, Konformismus bis in die subtilsten Seelenregungen hinein eingeübt. Die Kulturindustrie vermag dabei insofern als objektiver Geist sich aufzuspielen, als sie jeweils an anthropologische Tendenzen anknüpft, die in den von ihr Belieferten wach sind. Sie greift diese Tendenzen auf, verstärkt und bestätigt sie, während alles Unbotmäßige entweder wegbleibt oder ausdrücklich verworfen wird. Die erfahrungslose Starrheit des in der Massengesellschaft vorherrschenden Denkens wird von dieser Ideologie womöglich noch verhärtet, während zugleich ein ausgespitzter Pseudorealismus, der in allem Äußerlichen das exakte

Abbild der empirischen Wirklichkeit liefert, daran verhindert, das, was geboten wird, als ein bereits im Sinne der gesellschaftlichen Kontrolle Vorgeformtes zu durchschauen. Je entfremdeter den Menschen die fabrizierten Kulturgüter, desto mehr wird ihnen eingeredet, sie hätten es mit sich selbst und ihrer eigenen Welt zu tun. Was man auf den Fernsehschirmen erblickt, gleicht dem allzu Gewohnten, während doch die Konterbande von Parolen, wie der, daß alle Ausländer verdächtig oder daß Erfolg und Karriere das Höchste im Leben seien, als ein für allemal gegeben eingeschmuggelt wird. Wollte man in einem Satz zusammendrängen, worauf eigentlich die Ideologie der Massenkultur hinausläuft, man müßte sie als Parodie des Satzes: »Werde was du bist« darstellen: als überhöhende Verdoppelung und Rechtfertigung des ohnehin bestehenden Zustandes, unter Einbeziehung aller Transzendenz und aller Kritik. Indem der gesellschaftlich wirksame Geist sich darauf beschränkt, den Menschen nur noch einmal das vor Augen zu stellen, was ohnehin die Bedingung ihrer Existenz ausmacht, aber dies Dasein zugleich als seine eigene Norm proklamiert, werden sie im glaubenslosen Glauben an die pure Existenz befestigt.

Nichts bleibt als Ideologie zurück denn die Anerkennung des Bestehenden selber, Modelle eines Verhaltens, das der Übermacht der Verhältnisse sich fügt. Kaum ist es Zufall, daß die heute wirksamsten Metaphysiken an das Wort Existenz sich anschließen, so als wäre die Verdoppelung bloßen Daseins durch die obersten abstrakten Bestimmungen, die aus ihm gezogen werden, gleichbedeutend mit seinem Sinn. Dem entspricht weithin der Zustand in den Köpfen der Menschen. Sie nehmen die aberwitzige Situation, die angesichts der offenen Möglichkeit von Glück jeden Tag mit der vermeidlichen Katastrophe droht, zwar nicht länger als Ausdruck einer Idee hin, so wie sie noch das bürgerliche System der Nationalstaaten empfinden mochten, aber sie finden sich mit dem Gegebenen ab im Namen von Realismus. Vorweg erfahren die einzelnen sich selber als Schachfiguren und beruhigen sich dabei. Seitdem aber die Ideologie kaum mehr besagt, als daß es so ist, wie es ist, schrumpft auch ihre eigene Unwahrheit zusammen auf das dünne Axiom, es könne nicht anders sein als es ist. Während die Menschen dieser Unwahrheit sich beugen, durchschauen sie sie insgeheim zugleich. Die Verherrlichung der Macht und Unwiderstehlichkeit bloßen Daseins ist zugleich die Bedingung für dessen Entzauberung. Die Ideologie ist keine Hülle mehr, sondern nur noch das drohende Antlitz der Welt. Nicht nur

kraft ihrer Verflechtung mit Propaganda, sondern der eigenen Gestalt nach geht sie in Terror über. Weil aber Ideologie und Realität derart sich aufeinanderzubewegen; weil die Realität mangels jeder anderen überzeugenden Ideologie zu der ihrer selbst wird, bedürfte es nur einer geringen Anstrengung des Geistes, den zugleich allmächtigen und nichtigen Schein von sich zu werfen. *1954*
(Theodor W. Adorno, Beitrag zur Ideologienlehre, in: Ders., Soziologische Schriften I, Frankfurt 1972, S. 473 ff.)

Fragen:
1. Nach Adorno ist Ideologie falsches Bewußtsein, aber, dialektisch gefaßt, nicht nur das: Der Ideologiebegriff darf sich nicht mit dem Konstatieren von Ideologie begnügen.
   Welche geistige und künstlerische Erfahrung hatte die Veränderung der Gesellschaft in diesem Jahrhundert zur Folge?
2. Welche Konsequenzen erwachsen dem Geistigen aus der Erfahrung seiner »Hinfälligkeit«?
3. Mit welchem Recht darf das Bewußtsein mehr sein, »als der bloße Abdruck des Seienden«?
4. Warum empfiehlt Adorno hinsichtlich der Massenmedien die Ideologiekritik?
5. Was empört Adorno an der »Verdoppelung« »des ohnehin bestehenden Zustandes«?

Dem Individuum kann nicht dadurch geholfen werden, daß man es begießt wie eine Blume. Besser dient es dem Menschlichen, wenn die Menschen unverhüllt der Stellung innewerden, an die sie der Zwang der Verhältnisse bannt, als wenn man sie im Wahn bestärkt, sie seien dort Subjekte, wo sie im Innersten recht wohl wissen, daß sie sich fügen müssen. Nur wenn sie es ganz erkennen, können sie es ändern. Das Hohle der Sprache, die das Lebendige in der verwalteten Welt mit Clichés konserviert, vom Sozialpartner bis zur Begegnung, dem Auftrag, dem Anliegen und dem Gespräch, in das die Verstummenden immerzu kommen wollen oder sollen, verrät die Nichtigkeit des Beginnens. Sie sind auf einen pseudokonkreten, weihevollen Jargon der Eigentlichkeit verwiesen, der sich transzendenten Abglanz von der Theologie borgt, ohne sich doch auf theologische Gehalte stützen zu können. Angesichts des Mißverhältnisses zwischen der Macht der Organisation und der des einzelnen, und des vielleicht noch bestürzende-

ren Mißverhältnisses zwischen der Gewalt dessen, was ist, und der Ohnmacht des Gedankens, der es zu durchdringen versucht, hat es etwas Törichtes und Naives, mit Vorschlägen hervorzutreten, wie es nun besserzumachen sei. Wer glaubt, man könne sich am runden Tisch zusammensetzen und gemeinsam aus gutem Willen herausfinden, was zur Rettung des Menschen, der Innerlichkeit, zur Durchseelung der Organisation oder zugunsten ähnlicher Hoch- und Fernziele zu geschehen habe, verhält sich weltfremd. Er nimmt ein gemeinsames Subjekt der bewußten Gestaltung der Gesellschaft dort an, wo das Wesen gerade in der Abwesenheit eines solchen einstimmigen Subjekts der Vernunft, in der Vorherrschaft der Widersprüche besteht. Die einzige Forderung wohl, die ohne Unverschämtheit erhoben werden darf, wäre die, daß der ohnmächtige einzelne durchs Bewußtsein der eigenen Ohnmacht doch seiner selbst mächtig bleibe. Das individuelle Bewußtsein, welches das Ganze erkennt, worin die Individuen eingespannt sind, ist auch heute noch nicht bloß individuell, sondern hält in der Konsequenz des Gedankens das Allgemeine fest. Gegenüber den kollektiven Mächten, die in der gegenwärtigen Welt den Weltgeist usurpieren, kann das Allgemeine und Vernünftige beim isolierten einzelnen besser überwintern, als bei den stärkeren Bataillonen, welche die Allgemeinheit der Vernunft gehorsam preisgegeben haben. Der Satz, daß tausend Augen mehr sehen als zwei, ist Lüge und der genaue Ausdruck jener Fetischisierung von Kollektivität und Organisation, die zu durchbrechen die oberste Verpflichtung von gesellschaftlicher Erkenntnis heute bildet. ... Not wäre mit anderem die Emanzipation von jenen Mechanismen, die einzig die blind gesellschaftlich produzierte Dummheit in jedem einzelnen bewußt nochmals reproduzieren. Darum ist es dringlich, die heutige Ideologie, die in der Verdoppelung des Lebens durch alle Sparten der Kulturindustrie besteht, beim Namen zu nennen. Eine Impfung der Menschen gegen die ausgespitzte Idiotie, auf die jeder Film, jedes Fernsehprogramm, jede illustrierte Zeitung ausgehen, wäre selber ein Stück verändernder Praxis. Wir mögen nicht wissen, was der Mensch und was die rechte Gestaltung der menschlichen Dinge sei, aber was er nicht sein soll und welche Gestaltung der menschlichen Dinge falsch ist, das wissen wir, und einzig in diesem bestimmten und konkreten Wissen ist uns das andere, Positive, offen.
(Theodor W. Adorno, Individuum und Organisation, in: Ders., Soziologische Schriften I, Frankfurt 1972, S. 454 ff.)

Fragen:
1. Welche Uneigentlichkeiten und Widersprüche konstatiert Adorno für die heutige Gesellschaft?
2. Wie und mit welchem Recht werden »kollektive Mächte« abqualifiziert?
3. Wovon und durch wen verspricht sich Adorno eine Änderung?
4. Gibt Adorno eine positive Bestimmung dessen, wie veränderte Praxis aussehen soll? Warum nicht?

Alles ist Eins. Die Totalität der Vermittlungsprozesse, in Wahrheit des Tauschprinzips, produziert zweite trügerische Unmittelbarkeit. Sie erlaubt es, womöglich das Trennende und Antagonistische wider den eigenen Augenschein zu vergessen oder aus dem Bewußtsein zu verdrängen. Schein aber ist dies Bewußtsein von der Gesellschaft, weil es zwar der technologischen und organisatorischen Vereinheitlichung Rechnung trägt, davon jedoch absieht, daß diese Vereinheitlichung nicht wahrhaft rational ist, sondern blinder, irrationaler Gesetzmäßigkeit untergeordnet bleibt. Kein gesellschaftliches Gesamtsubjekt existiert. Der Schein wäre auf die Formel zu bringen, daß alles gesellschaftlich Daseiende heute so vollständig in sich vermittelt ist, daß eben das Moment der Vermittlung durch seine Totalität verstellt wird. Kein Standort außerhalb des Getriebes läßt sich mehr beziehen, von dem aus der Spuk mit Namen zu nennen wäre; nur an seiner eigenen Unstimmigkeit ist der Hebel anzusetzen. Das meinten Horkheimer und ich vor Jahrzehnten mit dem Begriff des technologischen Schleiers. Die falsche Identität zwischen der Einrichtung der Welt und ihren Bewohnern durch die totale Expansion der Technik läuft auf die Bestätigung der Produktionsverhältnisse hinaus, nach deren Nutznießern man mittlerweile fast ebenso vergeblich forscht, wie die Proletarier unsichtbar geworden sind. Die Verselbständigung des Systems gegenüber allen, auch den Verfügenden, hat einen Grenzwert erreicht. Sie ist zu jener Fatalität geworden, die in der allgegenwärtigen, nach Freuds Wort, frei flutenden Angst ihren Ausdruck findet; frei flutend, weil sie an keine Lebendigen, an Personen nicht und nicht an Klassen, länger sich zu heften vermag. Verselbständigt aber haben sich am Ende doch nur die unter den Produktionsverhältnissen vergrabenen Beziehungen zwischen Menschen. Deshalb bleibt die übermächtige Ordnung der Dinge zugleich ihre eigene Ideologie, virtuell ohnmächtig. So undurchdringlich der Bann, er ist nur Bann. Soll

Q 69

Soziologie, anstatt bloß Agenturen und Interessen willkommene Informationen zu liefern, etwas von dem erfüllen, um dessentwillen sie einmal konzipiert ward, so ist es an ihr, mit Mitteln, die nicht selber dem universalen Fetischcharakter erliegen, das Ihre, sei's noch so Bescheidene, beizutragen, daß der Bann sich löse.
(Theodor W. Adorno, Spätkapitalismus oder Industriegesellschaft? in: Ders., Soziologische Schriften I, Frankfurt 1972, S. 369f.)

Fragen:
1. Worauf führt Adorno die Ohnmächtigkeit des heutigen Menschen zurück?
2. Wozu soll eine kritische Soziologie, die allerdings auch ein Teil dieser fatalen gesellschaftlichen Wirklichkeit ist, beitragen?

Q 70 Das Streben nach einem Zustand ohne Ausbeutung und Unterdrückung, in dem tatsächlich ein umgreifendes Subjekt, das heißt die selbstbewußte Menschheit existiert und in dem von einheitlicher Theorienbildung, von einem die Individuen übergreifenden Denken gesprochen werden kann, ist noch nicht seine Verwirklichung. Die möglichst strenge Weitergabe der kritischen Theorie ist freilich eine Bedingung ihres geschichtlichen Erfolgs; aber sie vollzieht sich nicht auf dem festen Grund einer eingeschliffenen Praxis und fixierter Verhaltensweisen, sondern vermittels des Interesses an der Umwandlung, das sich zwar mit der herrschenden Ungerechtigkeit notwendig reproduziert, aber durch die Theorie selbst geformt und gelenkt werden soll und gleichzeitig wieder auf sie zurückwirkt. Der Kreis der Träger dieser Tradition wird nicht durch organische oder soziologische Gesetzmäßigkeiten umgrenzt und erneuert. Er ist weder durch biologische noch durch testamentarische Vererbung konstituiert und zusammengehalten, sondern durch die verbindende Erkenntnis, und diese garantiert nur ihre gegenwärtige, nicht ihre zukünftige Gemeinschaft. Mit dem Siegel aller logischen Kriterien versehen, entbehrt sie bis ans Ende der Epoche doch der Bestätigung durch den Sieg. Bis dahin währt auch der Kampf um ihre richtige Fassung und Anwendung. Die Version etwa, die den Apparat der Propaganda und die Mehrheit für sich hat, ist nicht schon deshalb auch die bessere. Vor dem allgemeinen historischen Umschlag kann die Wahrheit bei zahlenmäßig geringen Einheiten sein. Die Geschichte lehrt, daß solche selbst von den oppositionellen Teilen der Gesellschaft kaum beachtete, verfemte, aber unbeirrbare Gruppen aufgrund ihrer tieferen Einsicht im entscheidenden Augenblick zur Spitze werden können. Heute, da die ganze Macht des Bestehenden zur Preisgabe aller Kultur und zur finstersten Barbarei hindrängt, ist der Kreis wirklicher Solidarität ohnehin eng genug bemessen. Die Gegner freilich, die Herren dieser Periode des Niedergangs, haben selbst weder Treue noch Solidarität. Solche Begriffe bilden Momente der richtigen Theorie und Praxis. Von ihr losgelöst, verändern sie ihre Bedeutung wie alle Teile eines lebendigen Zusammenhangs. Daß etwa innerhalb einer Räuberbande positive Züge einer menschlichen Gemeinschaft sich entwickeln können, ist wahr, aber diese Möglichkeit zeigt stets einen Mangel der größeren Gesellschaft an, innerhalb deren die Bande existiert. In einer ungerechten Gesellschaft müssen die Kriminellen nicht notwendig auch menschlich minderwertig sein, in einer völlig gerechten wären sie zugleich unmenschlich. Den richtigen Sinn gewinnen Einzelurteile über Menschliches erst im Zusammenhang.

Allgemeine Kriterien für die kritische Theorie als Ganzes gibt es nicht; denn sie beruhen immer auf der Wiederholung von Ereignissen und somit auf einer sich selbst reproduzierenden Totalität. Ebensowenig existiert eine gesellschaftliche Klasse, an deren Zustimmung man sich halten könnte. Das Bewußtsein jeder Schicht vermag unter den gegenwärtigen Verhältnissen ideologisch beengt und korrumpiert zu werden, wie sehr sie ihrer Lage nach auch zur Wahrheit bestimmt sei. Die kritische Theorie hat bei aller Einsichtigkeit der einzelnen Schritte und der Übereinstimmung ihrer Elemente mit den fortgeschrittensten traditionellen Theorien keine spezifische Instanz für sich als das mit ihr selbst verknüpfte Interesse an der Aufhebung des gesellschaftlichen Unrechts. Diese negative Formulierung ist, auf einen abstrakten Ausdruck gebracht, der materialistische Inhalt des idealistischen Begriffs der Vernunft. In einer geschichtlichen Periode wie dieser ist die wahre Theorie nicht so sehr affirmativ als kritisch, wie auch das ihr gemäße Handeln nicht »produktiv« sein kann. An der Existenz des kritischen Verhaltens, das freilich Elemente der traditionellen Theorien und dieser vergehenden Kultur überhaupt in sich birgt, hängt heute die Zukunft der Humanität. Eine Wissenschaft, die in eingebildeter Selbständigkeit die Gestaltung der Praxis, der sie dient und angehört, bloß als ihr Jenseits betrachtet und sich bei der Trennung von Denken und Handeln bescheidet, hat auf die Humanität schon verzichtet. Selbst zu bestimmen, was sie leisten, wozu sie dienen soll, und zwar nicht

nur in einzelnen Stücken, sondern in ihrer Totalität, ist das auszeichnende Merkmal der denkerischen Tätigkeit. Ihre eigene Beschaffenheit verweist sie daher auf geschichtliche Veränderung, die Herstellung eines gerechten Zustands unter den Menschen. Unter dem lauten Ruf von »sozialem Geist« und »Volksgemeinschaft« vertieft sich heute der Gegensatz von Individuum und Gesellschaft mit jedem Tag. Die Selbstbestimmung der Wissenschaft wird immer abstrakter. Der Konformismus des Denkens, das Beharren darauf, es sei ein fester Beruf, ein in sich abgeschlossenes Reich innerhalb des gesellschaftlichen Ganzen, gibt das eigene Wesen des Denkens preis.
(Max Horkheimer, Traditionelle und kritische Theorie, in: Ders., Kritische Theorie – Eine Dokumentation, Bd. II, hg. v. A. Schmidt, Frankfurt 1972, S. 189 ff.)

Fragen:
1. An welche Voraussetzung bindet Horkheimer den »Zustand ohne Ausbeutung und Unterdrückung«?
2. Identifiziert Horkheimer das fortschrittliche Bewußtsein mit einer Klasse?
3. Welche Rolle spielt die Wissenschaft bei der Verwirklichung von Humanität?
4. Was müßte in ihr zusammengedacht werden?
5. Auf welche gesellschaftlichen Verhältnisse spielt die Q insbesondere an?

Q 71 Selbstreflexion, und gerade sie, ist eine endliche Kraft, denn sie gehört dem objektiven Zusammenhang, den sie durchdringt, selber an. Diese prinzipielle Fehlbarkeit veranlaßt Adorno, für einen »Zusatz von Milde« zu plädieren: »Auch der Kritischste wäre im Stande der Freiheit ein ganz anderer gleich denen, die er verändert wünscht. Wahrscheinlich wäre für jeden Bürger der falschen Welt eine richtige unerträglich, er wäre zu beschädigt für sie. Das sollte dem Bewußtsein des Intellektuellen, der nicht mit dem Weltgeist sympathisiert, inmitten seines Widerstands ein Quentchen Toleranz beimischen.«
Auch das Vermögen des Erkennens ist der Hinfälligkeit des Subjektes und seinen Beschädigungen nicht enthoben. Wenn es sich so verhält, kehrt aber die Frage wieder, wie kritisches Denken selber zu rechtfertigen sei. Unsere psychologische Antwort genügt dieser Frage nicht; sie verlangt, daß wir die Rechtsgründe der Kritik namhaft machen.

Adorno hat sich hartnäckig geweigert, eine affirmative Antwort zu geben. Er hat auch bestritten, daß der Hinweis auf die Negation des erfahrenen Leides solche Rechtsgründe enthalte. Dieser Hinweis, ohnehin das Äußerste, habe keine Implikate im Sinne einer bestimmten Negation. Und doch untersteht Adorno dem systematischen Zwang, immer wieder die Idee der Versöhnung in Anspruch zu nehmen. Dem kann Adorno sich nicht entziehen. Sobald nämlich Leiden sublimiert ist als der unmittelbar physische Schmerz, läßt es sich nur negieren, wenn zugleich ausgesprochen wird, was denn eigentlich das unter der Objektivität des gesellschaftlichen Zwanges Unterdrückte sei. Das hat Adorno einmal anknüpfend an Eichendorffs Wort von der »Schönen Fremde«, das sich über das sentimentalische Leiden an der Entfremdung, über Romantik erhebt, getan: »Der versöhnte Zustand annektierte nicht mit philosophischem Imperialismus das Fremde, sondern hätte sein Glück daran, daß das Fremde in der gewährten Nähe das Ferne und Verschiedene bleibt, jenseits des Heterogenen wie des Eigenen.« Wer sich auf diesen Satz besinnt, wird gewahr, daß der umschriebene Zustand, obgleich nie real, uns doch der nächste und bekannteste ist. Er hat die Struktur des Zusammenlebens in zwangloser Kommunikation. Und ein solches antizipieren wir notwendig, seiner Form nach, jedesmal dann, wenn wir Wahres sagen wollen. Die Idee der Wahrheit, die im ersten gesprochenen Satz schon impliziert war, läßt sich nämlich allein am Vorbild der idealisierten, in herrschaftsfreier Kommunikation erzielten Übereinstimmung bilden. Insofern ist die Wahrheit von Aussagen an die Intention eines wahren Lebens gebunden. Nicht mehr als dieses in alltäglicher Rede Implizierte, aber auch nicht weniger nimmt Kritik ausdrücklich in Anspruch. Nicht mehr und nicht weniger als diese formale Antizipation richtigen Lebens muß auch Adorno unterstellen, wenn er mit Hegel das identifizierende Denken des Verstandes und an Hegel wiederum den Identitätszwang der idealistischen Vernunft kritisiert. Gleichwohl hätte Adorno dieser Konsequenz nicht zugestimmt und darauf beharrt, daß die Metapher der Versöhnung das einzige ist, was sich sagen läßt, und auch das nur, weil diese Metapher dem Bilderverbot genügt und sich selbst gleichsam durchstreicht. Das ganz andere läßt sich nur in unbestimmter Negation bezeichnen, nicht erkennen.

(Jürgen Habermas, Theodor W. Adorno wäre 66 Jahre alt geworden, in: H. Schweppenhäuser (Hg.), Theodor W. Adorno zum Gedächtnis, Frankfurt 1971, S. 34f.)

Fragen:
1. Man hat der kritischen Theorie Dogmatismus vorgeworfen. Wodurch versucht Adorno, dieser Gefahr zu entgehen?
2. Habermas weist darauf hin, daß kritisches Denken der Beschädigung keine affirmative Antwort entgegenzusetzen habe. Welche Idee der Wahrheit impliziert der negativ umschriebene Zustand dennoch?
3. Welchen Hinweis gibt Habermas für ein gelungenes Zusammenleben unter Menschen?

Hinweis:
Die Q 66 machte deutlich, daß Negativbestimmungen nicht ohne gedachte »Antizipation des gelungenen Lebens«[7] ausgemacht werden können. Habermas hat wesentlich die Aufdeckung dieses Zusammenhanges erarbeitet und mit Überlegungen zu den erkenntnisleitenden Interessen verknüpft. Habermas unterscheidet »drei Kategorien von Forschungsprozessen«[8], die Grunderfahrungen des Individuums und der Gesellschaft reflektieren[9]:
1. empirisch-analytische Wissenschaften,
2. historisch-hermeneutische Wissenschaften,
3. systematische Handlungswissenschaften (kritische Sozialwissenschaft).

Jedem Wissenschaftsbereich ordnet er ein Erkenntnisinteresse zu: das technische, das praktische und das emanzipatorische. Nur unter dem Anspruch des emanzipatorischen Erkenntnisinteresses, das »die Kommunikation« und den »herrschaftsfreien Dialog aller mit allen entfalten«[10] möchte, wird affirmatives Wissenschaftsverständnis in kritisches überführt.

Q 72 In den *empirisch-analytischen Wissenschaften* legt das Bezugssystem, das den Sinn möglicher erfahrungswissenschaftlicher Aussagen präjudiziert, Regeln sowohl für den Aufbau der Theorien als auch für deren kritische Überprüfung fest. Zu Theorien eignen sich hypothetisch-deduktive Zusammenhänge von Sätzen, die die Ableitung von empirisch gehaltvollen Gesetzeshypothesen gestatten. Diese lassen sich als Aussagen über die Kovarianz beobachtbarer Größen interpretieren; sie erlauben bei gegebenen Anfangsbedingungen Prognosen. Empirisch-analytisches Wissen ist mithin mögliches prognostisches Wissen. Freilich ergibt sich der *Sinn* solcher Prognosen, nämlich ihre technische Verwertbarkeit, erst aus den Regeln, nach denen wir Theorien auf die Wirklichkeit anwenden.

In der kontrollierten Beobachtung, die oft die Form des Experiments annimmt, erzeugen wir Anfangsbedingungen und messen den Erfolg der dabei ausgeführten Operationen. Nun möchte der Empirismus den objektivistischen Schein an den in Basissätzen ausgedrückten Beobachtungen festmachen, darin soll nämlich ein evident Unmittelbares ohne subjektive Zutat verläßlich gegeben sein. In Wahrheit sind die Basissätze keine Abbildungen von Tatsachen an sich, sie bringen vielmehr Erfolge oder Mißerfolge unserer Operationen zum Ausdruck. Wir können sagen, daß Tatsachen und die Relationen zwischen ihnen deskriptiv erfaßt werden; aber diese Redeweise darf nicht verschleiern, daß sich die erfahrungswissenschaftlich relevanten Tatsachen als solche durch eine vorgängige Organisation unserer Erfahrung im Funktionskreis instrumentalen Handelns erst konstituieren.

Beide Momente zusammen genommen, der logische Aufbau der zulässigen Aussagensysteme und der Typus der Prüfungsbedingungen, legen die Deutung nahe: daß erfahrungswissenschaftliche Theorien die Wirklichkeit unter dem leitenden Interesse an der möglichen informativen Sicherung und Erweiterung erfolgskontrollierten Handelns erschließen. Dies ist das Erkenntnisinteresse an der technischen Verfügung über vergegenständlichte Prozesse.

Die *historisch-hermeneutischen Wissenschaften* gewinnen ihre Erkenntnisse in einem anderen methodologischen Rahmen. Hier konstituiert sich der Sinn der Geltung von Aussagen nicht im Bezugsystem technischer Verfügung. Die Ebenen von formalisierter Sprache und objektivierter Erfahrung sind noch nicht auseinandergetreten; denn weder sind die Theorien deduktiv aufgebaut, noch werden die Erfahrungen organisiert im Hinblick auf den Erfolg von Operationen. Sinnverstehen bahnt anstelle der Beobachtung den Zugang zu den Tatsachen. Der systematischen Überprüfung von Gesetzesannahmen dort entspricht hier die Auslegung von Texten. Die Regeln der Hermeneutik bestimmen daher den möglichen Sinn geisteswissenschaftlicher Aussagen.

An jenes Sinnverstehen, dem die Tatsachen des Geistes evident gegeben sein sollen, hat der Historismus den objektivistischen Schein reiner Theorie geknüpft. Es sieht so aus, als ob sich der Interpret in den Horizont der Welt oder der Sprache hineinversetzte, aus der ein überlieferter Text jeweils seinen Sinn bezieht. Aber auch hier konstituieren sich die Tatsachen erst im Verhältnis zu den Standards ihrer Feststellung. Wie das positivistische Selbstverständnis den Zusammenhang von Meßoperationen und Erfolgskontrollen nicht ausdrücklich in sich aufnimmt, so unterschlägt es auch jenes an der Ausgangssituation haftende Vorverständnis des Interpreten, durch das hermeneutisches Wissen stets vermittelt ist. Die Welt des tradierten Sinnes erschließt sich dem Interpreten nur in dem Maße, als sich dabei zugleich dessen eigene Welt aufklärt. Der Verstehende stellt eine Kommunikation zwischen beiden Welten her; er erfaßt den sachlichen Gehalt des Tradierten, indem er die Tradition auf sich und seine Situation *anwendet.*

Wenn aber die methodischen Regeln in dieser Weise Auslegung mit Applikation vereinigen, dann liegt die Deutung nahe: daß die hermeneutische Forschung die Wirklichkeit unter dem leitenden Interesse an der Erhaltung und der Erweiterung der Intersubjektivität möglicher handlungsorientierender Verständigung erschließt. Sinnverstehen richtet sich seiner Struktur nach auf möglichen Konsensus von Handelnden im Rahmen eines tradierten Selbstverständnisses. Dies nennen wir, im Unterschied zum technischen, das praktische Erkenntnisinteresse.

Die systematischen *Handlungswissenschaften,* nämlich Ökonomie, Soziologie und Politik, haben, wie die empirisch-analytischen Naturwissenschaften, das Ziel, nomologisches Wissen hervorzubringen. Eine kritische Sozialwissenschaft wird sich freilich dabei nicht bescheiden. Sie bemüht sich darüber hinaus, zu prüfen, wann die theoretischen Aussagen invariante Gesetzmäßigkeiten des sozialen Handelns überhaupt und wann sie ideologisch festgefrorene, im Prinzip aber veränderliche Abhängigkeitsverhältnisse erfassen. Soweit das der Fall ist, rechnet die *Ideologiekritik,* ebenso übrigens wie die *Psychoanalyse,* damit, daß die Information über Gesetzeszusammenhänge im Bewußtsein des Betroffenen selber einen Vorgang der Reflexion auslöst; dadurch kann die Stufe unreflektierten Bewußtseins, die zu den Ausgangsbedingungen solcher Gesetze gehört, verändert werden. Ein kritisch vermitteltes Gesetzeswissen kann auf diesem Wege das Gesetz selbst durch Reflexion zwar nicht außer Geltung, aber außer Anwendung setzen.

Der methodologische Rahmen, der den Sinn der Geltung dieser Kategorie von kritischen Aussagen festlegt, bemißt sich am Begriff der *Selbstreflexion.* Diese löst das Subjekt aus der Abhängigkeit von hypostasierten Gewalten. Selbstreflexion ist von einem emanzipatorischen Erkenntnisinteresse bestimmt.

Die kritisch orientierten Wissenschaften teilen es mit der Philosophie.
(Jürgen Habermas, Erkenntnis und Interesse, in: Ders., Technik und Wissenschaft als ›Ideologie‹, Frankfurt 1970⁴, S. 155 ff.)

Fragen:
1. Was leistet das empirisch-analytische Wissenschaftsverständnis?
2. Was leisten die historisch-hermeneutischen Wissenschaften?
3. Was leistet eine kritische Sozialwissenschaft?
4. Welche Bedeutung hat die Selbstreflexion? Welchem Erfahrungsbereich entnimmt Habermas ihre Bedeutung?

Die Erfahrung der Reflexion artikuliert sich inhaltlich im Begriff des Bildungsprozesses, methodisch führt sie zu einem Standpunkt, von dem aus die Identität der Vernunft mit dem Willen zur Vernunft zwanglos sich ergibt. In der Selbstreflexion gelangt eine Erkenntnis um der Erkenntnis willen mit dem Interesse an Mündigkeit zur Deckung; denn der Vollzug der Reflexion weiß sich als Bewegung der Emanzipation. Vernunft steht zugleich unter dem Interesse an Vernunft. Wir können sagen, daß sie einem *emanzipatorischen Erkenntnisinteresse* folgt, das auf den Vollzug der Reflexion als solchen zielt.
Freilich verhält es sich eher so, daß die Kategorie des Erkenntnisinteresses durch das der Vernunft eingeborene Interesse beglaubigt wird. Technisches und praktisches Erkenntnisinteresse können erst aus dem Zusammenhang mit dem emanzipatorischen Erkenntnisinteresse der vernünftigen Reflexion *als* erkenntnisleitende Interessen unmißverständlich, d. h. ohne der Psychologisierung oder einem neuen Objektivismus zu verfallen, begriffen werden.
(J. Habermas, Erkenntnis und Interesse, Frankfurt 1968, S. 244.)

| Q 73 |

Fragen:
1. Wo verankert Habermas die Kraft der Selbstreflexion?
2. Welche Bedeutung kann das emanzipatorische Erkenntnisinteresse für andere Erkenntnisinteressen haben? Vgl. Q 67.
3. Auf welcher aufklärerischen Annahme beruht das Interesse an Vernunft? Vgl. Kap. 2.

Q 74 Die dialektische Aufklärung ... behält ... eine durch den Positivismus preisgegebene Einsicht fest, die nämlich: daß der von Subjekten veranstaltete Forschungsprozeß dem objektiven Zusammenhang, der erkannt werden soll, durch die Akte des Erkennens hindurch selber zugehört. Diese Einsicht setzt freilich Gesellschaft als Totalität voraus, und Soziologen, die sich aus deren Zusammenhang reflektieren. Gewiß kennen die analytisch-empirisch verfahrenden Sozialwissenschaften auch einen Begriff des Ganzen; ihre Theorien sind Theorien von Systemen, und eine allgemeine Theorie müßte sich auf das gesellschaftliche System im ganzen beziehen. Mit diesem Vorgriff ist das soziale Geschehen als ein funktioneller Zusammenhang von empirischen Regelmäßigkeiten gefaßt; in den sozialwissenschaftlichen Modellen gelten die abgeleiteten Beziehungen zwischen kovarianten Größen insgesamt als Elemente eines interdependenten Zusammenhangs. Gleichwohl ist dieses hypothetisch im deduktiven Zusammenhang mathematischer Funktionen abgebildete Verhältnis des Systems und seiner Elemente strikt abzuheben von dem nur dialektisch zu entfaltenden Verhältnis der Totalität und ihrer Momente. ...

Demgegenüber behauptet eine dialektische Theorie der Gesellschaft die Abhängigkeit der Einzelerscheinungen von der Totalität; die restriktive Verwendung des Gesetzesbegriffs muß sie ablehnen. Über die partikularen Abhängigkeitsverhältnisse historisch neutraler Größen hinaus zielt ihre Analyse auf einen objektiven Zusammenhang, der auch die Richtung der historischen Entwicklung mit bestimmt. Dabei handelt es sich freilich nicht um jene sogenannten dynamischen Gesetzmäßigkeiten, die strikte Erfahrungswissenschaften an Ablaufmodellen entwickeln. Die historischen Bewegungsgesetze beanspruchen eine zugleich umfassendere und eingeschränktere Geltung. Weil sie vom spezifischen Zusammenhang einer Epoche, einer Situation nicht abstrahieren, gelten sie keineswegs generell. Sie beziehen sich nicht auf die anthropologisch durchgehaltenen Strukturen, auf geschichtlich Konstantes; sondern auf einen jeweils konkreten Anwendungsbereich, der in der Dimension eines im ganzen einmaligen und in seinen Stadien unumkehrbaren Entwicklungsprozesses, also schon in Kenntnis der Sache selbst und nicht bloß analytisch, definiert ist. Andrerseits ist der Geltungsbereich dialektischer Gesetze auch umfangreicher, gerade weil sie nicht die ubiquitären Beziehungen einzelner Funktionen und isolierter Zusammenhänge erfassen, sondern solch fundamentale Abhängigkeitsverhältnisse, von denen eine soziale Lebenswelt, eine

epochale Lage im ganzen, eben als eine Totalität bestimmt und in allen ihren Momenten durchwirkt ist: »Die Allgemeinheit der sozialwissenschaftlichen Gesetze ist überhaupt nicht die eines begrifflichen Umfangs, dem die Einzelstücke bruchlos sich einfügen, sondern bezieht sich stets und wesentlich auf das Verhältnis von Allgemeinem und Besonderem in seiner historischen Konkretion.
Historische Gesetzmäßigkeiten dieses Typs bezeichnen Bewegungen, die sich, vermittelt durch das Bewußtsein der handelnden Subjekte, tendenziell durchsetzen. Gleichzeitig nehmen sie für sich in Anspruch, den objektiven Sinn eines historischen Lebenszusammenhangs auszusprechen. Insofern verfährt eine dialektische Theorie der Gesellschaft hermeneutisch. Für sie ist das Sinnverständnis, dem die analytisch-empirischen Theorien bloß einen heuristischen Wert beimessen, konstitutiv. Sie gewinnt ja ihre Kategorien zunächst aus dem Situationsbewußtsein der handelnden Individuen selber; im objektiven Geist einer sozialen Lebenswelt artikuliert sich der Sinn, an den die soziologische Deutung anknüpft, und zwar identifizierend und kritisch zugleich. Dialektisches Denken scheidet die Dogmatik der gelebten Situation nicht einfach durch Formalisierung aus, freilich überholt es den subjektiv vermeinten Sinn gleichsam im Gang durch die geltenden Traditionen hindurch und bricht ihn auf. Denn die Abhängigkeit dieser Ideen und Interpretationen von den Interessenanlagen eines objektiven Zusammenhangs der gesellschaftlichen Reproduktion verbietet es, bei einer subjektiv sinnverstehenden Hermeneutik zu verharren; eine objektiv sinnverstehende Theorie muß auch von jenem Moment der Verdinglichung Rechenschaft geben, das die objektivierenden Verfahren ausschließlich im Auge haben.
Wie Dialektik dem Objektivismus, unter dem die gesellschaftlichen Verhältnisse geschichtlich handelnder Menschen als die gesetzmäßigen Beziehungen zwischen Dingen analysiert werden, entgeht, so erwehrt sie sich auch der Gefahr der Ideologisierung, die solange besteht, als Hermeneutik die Verhältnisse naiv an dem allein mißt, wofür sie sich subjektiv halten. Die Theorie wird diesen Sinn festhalten, aber nur, um ihn hinter dem Rücken der Subjekte und der Institutionen an dem zu messen, was sie wirklich sind. Dadurch erschließt sie sich die geschichtliche Totalität eines sozialen Zusammenhangs, dessen Begriff noch den subjektiv sinnlosen Zwang der auf die Individuen naturwüchsig zurückschlagenden Verhältnisse als die Fragmente eines objektiven

Sinnzusammenhangs entschlüsselt – und dadurch kritisiert: die Theorie »muß die Begriffe, die sie gleichsam von außen mitbringt, umsetzen in jene, welche die Sache von sich selber hat, in das, was die Sache von sich aus sein möchte, und es konfrontieren mit dem, was sie ist. Sie muß die Starrheit des hier und heute fixierten Gegenstandes auflösen in ein Spannungsfeld des Möglichen und des Wirklichen... Darum aber sind aus ihr abgeleitete Hypothesen, Voraussagen von regelhaft zu Erwartendem ihr nicht voll adäquat.« Indem die dialektische Betrachtungsweise die verstehende Methode derart mit den vergegenständlichenden Prozeduren kausalanalytischer Wissenschaft verbindet und beide in wechselseitig sich überbietender Kritik zu ihrem Rechte kommen läßt, hebt sie die Trennung von Theorie und Geschichte auf: nach dem Diktum der einen Seite hätte sich Historie theorielos bei der Erklärung spezifischer Ereignisse zu bescheiden, der hermeneutischen Ehrenrettung zufolge bei einer kontemplativen Vergegenwärtigung vergangener Sinnhorizonte. Damit objektiv sinnverstehend die Geschichte selbst theoretisch durchdrungen werden kann, muß sich, wenn anders die geschichtsphilosophische Hypostasierung eines solchen Sinnes vermieden werden soll, Historie zur Zukunft hin öffnen. Gesellschaftlich enthüllt sich in den Tendenzen ihrer geschichtlichen Entwicklung, also in den Gesetzen ihrer historischen Bewegung erst von dem her, was sie nicht ist: »Jeder Strukturbegriff der gegenwärtigen Gesellschaftsordnung setzt voraus, daß ein bestimmter Wille, diese Sozialstruktur künftig umzubilden, ihr diese oder jene Entwicklungsrichtung zu geben, als geschichtlich gültig (d. i. wirksam) gesetzt oder anerkannt werde. Selbstverständlich ist und bleibt es etwas anderes, ob diese Zukunft praktisch gewollt, in ihrer Richtung tatsächlich gearbeitet, etwa Politik getrieben – oder ob sie als konstitutives Element der Theorie, als Hypothesis, verwendet wird.« Nur derart in praktischer Absicht können die Sozialwissenschaften historisch und systematisch zugleich verfahren, wobei freilich diese Absicht aus demselben objektiven Zusammenhang, dessen Analyse sie erst ermöglicht, auch ihrerseits reflektiert werden muß.

(Jürgen Habermas, Analytische Wissenschaftstheorie und Dialektik, in: Th. W. Adorno, Der Positivismusstreit in der deutschen Soziologie, Neuwied, Berlin 1971[3], S. 156 ff.)

Fragen:
1. J. Habermas versucht, das Sein und das Sollen, Theorie und Praxis, das Wirkliche in das Mögliche zu überführen. Dazu möchte er die verschiedenen Erkenntnisinteressen und Wissenschaftsmethoden (vgl. Q 72) mit dem Interesse an der Aufhebung fundamentaler Abhängigkeiten verbunden wissen. Bestimmen Sie den dialektischen Begriff der Totalität.
2. In welchem Verhältnis qualitativer Art stehen dynamische Gesetzmäßigkeiten oder historische Bewegungsgesetze zum Ganzen?
3. Welche zwei Geltungsbereiche gibt Habermas für historische Bewegungsgesetze an?
4. Mit welchem methodischen Instrumentarium sind sie zu ermitteln?
5. Was muß soziologische Deutung leisten, wenn sie sich mit der Hermeneutik im Sinne einer dialektischen Theorie verbinden will? Kann sie bei reiner Hermeneutik stehenbleiben?
6. Wie könnte man »Dogmatik der gelebten Situation« interpretieren?
7. Einerseits knüpft kritische Theorie hermeneutisch an das »Situationsbewußtsein der handelnden Individuen an« (»identifizierend«), andererseits überholt sie es kritisch, warum?
8. In welcher Weise bestimmt der »objektive Zusammenhang« der gesellschaftlichen Reproduktion das Handeln von Individuen?
9. Welchen Wissenschaften ist daran gelegen, gesellschaftlich-historische Verhältnisse wie gesetzmäßige Beziehungen zwischen Dingen zu analysieren? Vgl. Q 72.
10. Was an der Hermeneutik hält Habermas für »naiv«?
11. Welchen historisch-temporalen Bezugspunkt wählt Habermas, um die Geschichte dialektisch aufzubrechen?
12. Welches Verhältnis muß kritische Theorie gegenüber anderen Theorien und Wissenschaften einnehmen, um sie im Hinblick auf vernünftigere Praxis zu verändern?

Zum Weiterdenken:
– Vergleichen Sie dieses Theorie-Praxisverständnis mit dem Forschungsverständnis der Geschichtswissenschaft als historisch-kritischer Sozialwissenschaft (vgl. Q 53).

– Auch Habermas vermeidet es wie Adorno, gesellschaftspolitische Zielangaben zu formulieren. Er schlägt hingegen vor, im gelungenen herrschaftsfreien Diskurs das gesellschaftlich Wünschbare zu ermitteln. Kocka formuliert seinerseits in Q 54 einen Katalog von gesellschaftlichen Funktionen für Geschichtswissenschaft und -unterricht.
– Vergleichen Sie die beiden *Verfahren* der Ermittlung von gesellschaftlich Wünschbarem und die formulierten *Ziele*. Wo liegt die größere Chance für Verallgemeinerungsfähigkeit?

5.2 Kritische Theorie der Gesellschaft und Geschichtsdidaktik

Problemdarstellung:

Die Relevanz einer kritischen Theorie der Gesellschaft für die Didaktik der Geschichte ist schon mehrfach betont worden. Sie wird besonders deutlich bei der Frage der Lernzielbestimmung, denn das Lernziel »Emanzipation« legitimiert sich aus der Einsicht in die Notwendigkeit eines Unterrichts in kritischer Absicht. Unter ein kritisches Erkenntnisinteresse fällt auch die inhaltliche Auswahl historischer Zusammenhänge, indem es die Chance zu einer kritischen Aufarbeitung der Vergangenheit bietet. Die Anknüpfung an verschüttete oder nicht beachtete Traditionen in der Geschichte könnte orientierender für die Gestaltung gegenwärtigen und zukünftigen gesellschaftlichen Lebens sein als die Tradierung weniger bewährter historischer Erinnerung.

Die folgenden Texte geben keine umfassende Antwort auf die Frage nach der Bedeutung der kritischen Theorie für die Geschichtsdidaktik. Aber sie weisen auf ihre Notwendigkeit für sie hin. Im übrigen wird auf Kap. 6 verwiesen.

Q 75 *Grundlegende Prämissen*
Vernunft schließt ein emanzipatorisches Erkenntnisinteresse notwendig ein, gewonnen aus der Geschichte des Menschen durch die Negation jeweils erkennbarer Inhumanität und der jeweils schon

möglichen Aufhebung von Entfremdung. Gesellschaftliche Verhältnisse und menschliches Bewußtsein sind materiell gegeben und bedingt.
Werte und Werturteile sind grundlegende Bezugspunkte wissenschaftlicher Erkenntnis. Wissenschaftliche Erkenntnis ist Parteinahme in den gesellschaftlichen Interessengegensätzen. Sie ist in der Parteinahme für die Benachteiligten »objektiv«. Sie bezieht sich auf die objektive Möglichkeit besserer bzw. gelungener Gesellschaft (»konkrete Utopie«).
Geschichte und gesellschaftliche Entwicklung haben ein dem Menschen erkennbares Wesen und stehen in einem die Einzelheiten strukturierenden Gesamtzusammenhang. Beides ist Ergebnis menschlichen Handelns in der Weise, daß sich aus der Auflösung von Widersprüchen neue Widersprüche und neue Auflösungen etc. ergeben, so daß die progressiven Elemente des Überwundenen im Neuen jeweils aufgehoben werden.
Die Widersprüche in der gesellschaftlichen Realität, unter den gegebenen Besitz- und Herrschaftsverhältnissen − aufhebbare und nicht aufhebbare −, machen mit emanzipatorischem Interesse das zugleich wissenschaftliche und politische Problem aus.

Ziele
Entwurf und Verwirklichung der konkreten Utopie einer besseren Gesellschaft durch Kritik und Veränderung der bestehenden Gesellschaft und unter Ausnutzung einer bereits verwirklichten Emanzipation.
(Werner Boldt/Antonius Holtmann, Geschichte als Gesellschaftswissenschaft: Überlegungen zur Integration der Fächer, in: Rolf Schörken (Hg.), Zur Zusammenarbeit von Geschichts- und Politikunterricht (Anmerkungen und Argumente), Stuttgart 1978, S. 283.)

Fragen:
1. Von welchen Prämissen gehen Boldt/Holtmann bei ihren didaktischen Überlegungen aus?
2. Welche didaktische Intention wird in diesen Prämissen deutlich?

Historisches Interesse und emanzipatorisches Erkenntnisinteresse | Q 76
Geschichtliches Interesse gehört zum Selbsterhaltungs- und Orientierungsbedürfnis der Menschen. Der einzelne muß die Entstehungsgeschichte seiner sozialen Umwelt und seiner selbst begreifen, um in Gemeinschaft leben und sinnvoll handeln zu

können. Im gleichen Sinn muß sich auch der Schüler Traditionen aneignen, die ihm Normen für sein Handeln und Deutungssysteme zur Gestaltung seines Daseins und zur Bewältigung seiner Zukunft anbieten. In diesem umfassenden und elementaren Sinn können wir von der Annahme ausgehen, daß alle Schüler ein ursprüngliches und vitales Interesse an Geschichte haben. Geschichte geht sie alle etwas an.

Dieses allgemeine Interesse an Geschichte im Rahmen der Grundorientierungen des Menschen müssen wir aber im Sinne unserer erkenntniskritischen Prämissen präzisieren und erweitern. Gehen wir zurück auf den Einheitspunkt von Erkenntnis und Interesse, auf die Vermittlung von Subjekt und Objekt, d. h. von dem einzelnen Schüler als erkennendem Subjekt und von der nicht absolut objektivierbaren geschichtlichen Welt, so lassen sich die erkenntnisleitenden Interessen an historischer Aufklärung nicht allein »an jenen objektiv gestellten Problemen der Lebenserhaltung, welche durch die kulturelle Form der Existenz als solche beantwortet worden sind«, bemessen. Die vorgefundenen Normen und Deutungssysteme reichen weder zum Überleben noch zur Humanisierung des Daseins aus. Auch der Schüler muß Entscheidungen treffen, die neu, durch keine Traditionen legitimiert sind. In ähnlicher Weise ist auch sein historisches Interesse mehr als ein Orientierungsbedürfnis innerhalb eines vorgegebenen geschichtlichen Raumes mit anerkannten Normen und legitimierten Deutungssystemen. Es entspringt vielmehr seinem Interesse an Mündigkeit. Daher ist es mehr als das Interesse an einem unverbindlichen Kennenlernen oder an einer bloßen Aneignung des Vergangenen. Wir sprechen vielmehr bei dem Schüler von einem kritischen Interesse an Geschichte. Denn es liegt in seinem Interesse an Mündigkeit, sich in einem rationalen, historischen und kritischen Aufklärungs- und Aneignungsprozeß für »seine« Geschichte zu entscheiden.

Dieses Schülerinteresse an einer kritischen Aneignung von Vergangenheiten nennen wir mit der Begrifflichkeit von Habermas ein emanzipatorisches Erkenntnisinteresse. Obgleich es sich nicht durch eine vorgegebene Zweckrationalität begründen läßt, bleibt es in einem weiteren Sinn zweckgebunden, d. h. es richtet sich aus an dem Endzweck der individuellen und der gesamtgesellschaftlichen Emanzipation. Es ist aber nicht aus den Interessen des jeweils herrschenden Systems ableitbar, wenn auch Schüler, auf ihr Interesse an Geschichte befragt, gerade diese systemgesteuerten Interessen angeben. Auch läßt es sich nicht mit einem

privatistischen Interesse, mit einem nur individuellen Bedürfnis, das eine gesellschaftlich relevante Verallgemeinerung nicht zuläßt, identifizieren. Es sprengt sowohl die Funktionsbedingungen des herrschenden Systems als auch die entpolitisierten Weiten des nur Geschichtlichen und weist auf eine zukunftsorientierte Praxis hin. Versuchen wir, uns das Verhältnis von emanzipatorischem Erkenntnisinteresse und Interesse an Geschichte zu verdeutlichen: Wir nannten das Interesse des Schülers an Geschichte emanzipatorisch, weil der einzelne Schüler, um seiner eigenen Emanzipation willen, sich auch ohne Zwang mit Geschichte beschäftigt. Seine Emanzipation ist nicht nur ein individueller, sondern ein historisch vermittelter, gesamtgesellschaftlicher Vorgang. So muß auch der Schüler in allen diesen Bezügen seine Emanzipation vollziehen; er muß erfahren, inwieweit die Vergangenheit auch für ihn eine Verbindlichkeit besitzt, die er erkennen und eigens bestätigen kann, oder – gehen wir etwas weiter in unserem emanzipatorischen Anspruch – ob die Geschichte für ihn »machbar« ist, d. h. ob er selbst als Subjekt an dieser Geschichte beteiligt ist. Entspricht der Geschichtsunterricht den Erkenntnisinteressen des Schülers, dann muß er ihm Aufklärung geben sowohl über die gesellschaftlichen Bedingungen, die seiner Emanzipation im Wege stehen, als auch über die emanzipatorischen Möglichkeiten von Individuen und Gruppen. Damit eröffnet der Geschichtsunterricht ihm einen Weg, um sich in einer rationalen, differenzierten Weise mit emanzipatorischen Kräften zu solidarisieren und gegen anti-emanzipative Bewegungen Stellung zu beziehen. Auf diese Weise kann der Schüler vergangene Handlungsnormen und -entscheidungen im Sinne seines emanzipativen Interesses als auch für ihn gültige Normen erfahren, sie auf ihre Interessenbasis hinterfragen und schließlich als eigene Handlungsnorm zur Geltung bringen. Denn auch für den Schüler gilt die geschichtskritische Erkenntnis: »wir können Geschichte nur in dem Verhältnis machen, in dem sie uns als machbar entgegenkommt!«
Bei dieser Deutung des Schülerinteresses an Geschichte greifen wir auf den ursprünglichen Wortsinn von inter-esse als Dabeisein, Beteiligtsein zurück. Das Bedürfnis des Schülers, genau zu wissen, wie es gewesen ist, ist demnach mehr als historische Neugierde in einem antiquarischen Sinn. Sein Geschichtsinteresse steht vielmehr in einem unmittelbaren Bezug zu seinen Handlungsnormen; die kritische Reflexion dieses Bezuges wird zum Inhalt des Geschichtsunterrichts. Legen wir diese Verknüpfung vom histori-

schen und emanzipatorischen Erkenntnisinteresse des Schülers unserem Unterricht zugrunde, gewinnt er eine unmittelbare Beziehung zur individuellen Lebensgeschichte jedes einzelnen Schülers. Historisches Lernen bedeutet dann nicht im Sinne von Ranke, daß der Schüler sein Selbst auslöscht, interessen-los sich in das Fremde versenkt, sondern daß er bewußt seine Interessen bei seinem Umgang mit der Vergangenheit in Kommunikation mit anderen reflektiert. Zugleich erfährt aber der Geschichtsunterricht eine Veränderung. Denn sowohl die Unterrichtsmethode als auch die Unterrichtsinhalte und -ziele werden durch diese erkenntniskritische Interpretation der Schülerinteressen neu definiert. Versuchen wir, in diesen drei Bereichen der Methode, der Inhalte und der Lernziele erste Konsequenzen anzudeuten.
(Annette Kuhn, Einführung in die Didaktik der Geschichte, München 1977[2], S. 27f.)

Fragen:
1. Wozu soll Geschichtsunterricht befähigen, der sich nicht nur an der Tradition ausweist?
2. Ist kritischer Unterricht nur ein Unterricht für den Schüler?
3. Unterricht im Sinne zukunftsorientierender Praxis: Interpretieren Sie diesen Satz unter pragmatischem (funktionalistischem) und kritischem Aspekt. Vgl.. Kap. 1.
4. Wie sind unter emanzipatorischem Erkenntnisinteresse mögliche historische Inhalte zu interpretieren?
5. Wie stehen diese unterrichtlichen Überlegungen zur Frage der Handlungsrelevanz: anleitend/orientierend?

| Q 77 | *Erkenntnisinteressen*
Ihre Selbstdefinition als Sozialwissenschaften mit einer explizit gemachten gesellschaftstheoretischen Orientierung läßt die Einzeldisziplinen zwar nicht in einer einzigen Wissenschaft aufgehen, verpflichtet sie aber auf ein gemeinsames (emanzipatorisches?) Erkenntnisinteresse. Dieses Erkenntnisinteresse stellt in doppelter Hinsicht ein notwendiges Vermittlungsglied zur politischen Bildung dar. Gravierende Differenzen zwischen den einzelnen Sozialwissenschaften, die einer Zusammenarbeit hemmend im Wege stehen, können damit ebenso abgebaut werden wie zwischen den Sozialwissenschaften und den Didaktiken. Ohne diese Gemeinsamkeit in dem Erkenntnisinteresse wird das Verhältnis von Wissenschaft und politischer Bildung ein gewalttätiges Unternehmen, das in Schülerköpfe etwas hineinpraktiziert, was

mit den aktuellen und zukünftigen Interessen der Schüler nicht zu vereinbaren ist.

Der bisherige und noch andauernde Widerstand gegen den erkenntnistheoretischen Begriff des Erkenntnisinteresses ist in erster Linie durch die damit verknüpften Folgerungen motiviert. Ausgewiesenes Erkenntnisinteresse bedeutet, den Gegenwartsbezug allen Fragens und Forschens anzuerkennen, und das heißt wiederum, Gegenwart als Prinzip der Auswahl von Forschungsobjekten und Unterrichtsinhalten zu akzeptieren. Für Theorie und Logik der Sozialwissenschaften ist das keine neue Erkenntnis. Daß die Auswahl von Forschungsgegenständen von den Wertentscheidungen der Fragenden abhängt, hatte bereits Max Weber gezeigt, indem er darauf hinwies, daß nur interessierende Merkmale gesellschaftlicher Wirklichkeit zum Untersuchungsgegenstand gemacht werden können.

Die Einsicht in den Zusammenhang von Erkenntnisinteressen, Gegenwart und Auswahl wurde bisher immer mit dem Vorwurf mangelnder Wissenschaftlichkeit abgelehnt. In diesem Punkt scheint sich durch die zunehmende geschichtstheoretische Diskussion eine Wende anzubahnen: Integration wird erleichtert durch die sich immer mehr durchsetzende Einsicht in die Gegenwartsbezogenheit der Geschichte (sowie von Wissenschaft überhaupt). Daß der Gegenwartsbezug die Wissenschaftlichkeit der Geschichtswissenschaft keineswegs aufhebt, wurde in letzter Zeit mehrfach von der Geschichtstheorie belegt. »Perspektivität und Objektivität« (Wolfgang J. Mommsen) sowie »Objektivität und Praxisbezug« (Jörn Rüsen) sind in der Geschichtswissenschaft keine einander widersprechenden und einander ausschließenden Faktoren. Sie gehören vielmehr unverbrüchlich zusammen. Damit scheint sich eine innerwissenschaftliche Entwicklung anzubahnen, die der Geschichte die Gegenwart wiederzugewinnen hilft.
(H.-J. Pandel, Integration durch Eigenständigkeit? in: R. Schörken (Hg.), Zur Zusammenarbeit von Geschichts- und Politikunterricht (Anmerkungen und Argumente), Stuttgart 1978, S. 357f.)

Fragen:
1. Welche Funktion wird dem emanzipatorischen Erkenntnisinteresse zugewiesen?
2. Wenn sich ein gesellschaftlicher Konsens in bezug auf dieses Erkenntnisinteresse herstellen ließe: welche Konsequenzen hätte das für Forschung und Lehre?
3. Wie stehen Sie zu diesem Vorschlag?

Überprüfen Sie Ihr Wissen:

Folgende Begriffe sind in diesem Kapitel eingeführt und verwendet worden. Überprüfen Sie Ihr Wissen mit Hilfe dieses Kataloges:
- Ideologie, Ideologiekritik
- Dialektik
- Erkenntnisinteressen
- falsches Bewußtsein
- Diskurs

6 Geschichtsunterricht und Geschichtsdidaktik (A. Kuhn)

Am täglichen Geschichtsunterricht entscheidet sich erst die Tragfähigkeit fachdidaktischer Theorien. Daher werden in dieser letzten Lerneinheit die Ergebnisse der bisherigen Einheiten auf ihre unterrichtspraktische Anwendbarkeit befragt. Ausgangspunkt dieser Lerneinheit sind wiederum die drei Determinanten des historisch-politischen Lernprozesses: der Schüler, der Lerngegenstand und die Gesellschaft. Auf der Basis der bisherigen Lerneinheiten können wir aber jetzt diese drei Lerndeterminanten in ihrem wissenschaftlichen und gesellschaftlichen Kontext diskutieren. Denn bei der Unterrichtsplanung müssen wir den wissenschaftlichen und gesellschaftlichen Stellenwert der drei Lerndeterminanten Schüler, Sache und Gesellschaft genau bestimmen. Auf die bisherigen Lerneinheiten bezogen, heißt dieses: Für die Praxis des Geschichtsunterrichts muß geklärt werden:
– Welche psychologischen Überlegungen liegen der Unterrichtsplanung zugrunde?
– Welche fachwissenschaftlichen Überlegungen liegen der Unterrichtsplanung zugrunde?
– Welche gesellschaftstheoretischen Überlegungen liegen der Unterrichtsplanung zugrunde?
Damit stehen wir vor der Frage: Was tragen die bisher gewonnenen Einsichten zur Psychologie, zur Geschichtswissenschaft und zur Geschichts- und Gesellschaftstheorie zur Unterrichtspraxis bei? Läßt sich fachdidaktische Theorie in Unterrichtskonstruktion übersetzen? Gibt es eine Diskrepanz zwischen fachdidaktischer Theorie und Unterrichtspraxis?
Für den Aufbau dieser Lerneinheit waren zwei Gesichtspunkte leitend. Zum einen sollte das weite Spektrum möglicher fachdidaktischer Entscheidungen auf den unterschiedlichen Ebenen der Psychologie, der Geschichtswissenschaft und der Geschichts- und der Gesellschaftstheorie vorgestellt werden, damit sich jeder über die *eigenen* fachdidaktischen Präferenzen Klarheit verschaffen kann. Denn nur dann führt eine Überprüfung der Theorie an der Praxis zur eigenen Handlungskompetenz. Zum anderen wird eine konkrete Anleitung zur Unterrichtskonstruktion gegeben, die sich der Konzeption einer kritisch-kommunikativen Didaktik ver-

pflichtet sieht. Damit ist zugleich gesagt, daß diese Lerneinheit zwar in einem formalen Sinne offen ist. Denn jede Unterrichtskonstruktion hat es mit den konstitutiven Elementen des Unterrichts (6.1), mit der Bedingungsanalyse (6.2) und mit der Frage der Lernziele-Lerninhalte und Qualifikationen (6.3) zu tun. Zugleich liegen aber dieser Lerneinheit didaktische Optionen zugrunde. Zunächst gehören nach dieser Konzeption Bedingungsanalyse und Sachanalyse (hier unter Lernziele-LerninhalteQualifikationen zusammengefaßt) eng zusammen. Die Vorrangigkeit der Bedingungsanalyse zeichnet diese didaktische Konzeption aus gegenüber einer primär am Unterrichtsgegenstand orientierten Fachdidaktik. Weiterhin sind in dieser Lerneinheit im Hinblick auf die drei Lerndeterminanten didaktische Optionen schon getroffen worden. Auf der Ebene der Psychologie wird dem sozialisationstheoretischen Ansatz gegenüber der älteren Entwicklungspsychologie und der Lernpsychologie der Vorzug gegeben, während im Hinblick auf den Lerngegenstand Geschichte als eine historisch-kritische Sozialwissenschaft verstanden wird, d. h. eine nur historistische Auffassung von Geschichte scheidet hier aus. Schließlich wird im Hinblick auf die Gesellschaft unsere Gegenwart unter dem Blickpunkt der Kritischen Theorie, d. h. unter dem kritischen Maßstab der Realisierung einer demokratischen Gesellschaft betrachtet. Insofern stehen in dieser Lerneinheit zwar eine Pluralität von didaktischen Möglichkeiten zur Diskussion. Der Planungsvorschlag selbst stellt dagegen den Versuch dar, wichtige Erkenntnisse innerhalb der verschiedenen fachdidaktischen Positionen aufzugreifen, sie aber im positiven Sinne im Hinblick auf die Konstruktion eines kritischen, am Lernziel Emanzipation orientierten Geschichtsunterricht aufzuheben. Denn obgleich die Notwendigkeit einer Reflexion der drei Lerndeterminanten im Kontext der damit verbundenen drei Entscheidungsfelder von keiner Fachdidaktik geleugnet wird, so wird diese Überprüfung der didaktischen Entscheidungen in allen drei Bereichen erst von der kritisch-kommunikativen Fachdidaktik explizit gefordert.

Folgender Aufbau bestimmt diese Lerneinheit: Ein Überblick über die konstitutiven Elemente des Unterrichts (6.1) soll in das komplexe Gefüge Geschichtsunterricht einführen und Kriterien zur Unterrichtsanalyse und -konstruktion bereitstellen. In Anlehnung an die sechs Unterrichtselemente von W. Schulz (Q 78 + 80) werden in den weiteren Abschnitten die einzelnen Elemente dieses Faktorenbündels Unterricht näher betrachtet. Dabei kommt der Bedingungsanalyse (6.2) eine ebenso große Rolle zu wie der Sach- oder Strukturanalyse im traditionellen Sinne der didaktischen Analyse, die hier unter der Fragestellung: Lernziel–Lerninhalte (6.3) behandelt wird[1]. Diese Gewichtung entspricht der neueren Entwicklung innerhalb der allgemeinen und der Fachdidaktik. Klafki hat seinerseits die Erweiterung der didaktischen Analyse durch die stärkere Berücksichtigung von gesellschafts- und ideologiekritischen Momenten einerseits und von anthropogenen und sozio-kulturellen Bedingungen (d. h. Sozialisationsfaktoren) andererseits gefordert[2]. Ähnliche gesellschaftskritische und schülerbezogene Überlegungen liegen auch der Weiterführung des Planungskonzepts von W. Schulz zugrunde[3]. Bei dieser insbesondere am Schüler orientierten Unterrichtskonzeption wird besonderer Wert auf die Bedingungsanalyse als integralem Teil der Unterrichtsplanung gelegt, die stets auf den Problemkreis: Lernziele, Lerninhalte, Qualifikationen (6.3) bezogen bleibt. Diese Interdependenz von Bedingungsanalyse und einer lernzielorientierten Sachanalyse tritt bei der Unterrichtskonstruktion (6.4) deutlich hervor: Während der erste Unterrichtsschritt von diesem Verständnis einer Bedingungsanalyse bestimmt wird, spiegelt der zweite Unterrichtsschritt die hier entwickelte Sicht einer Sachanalyse wider (Q 105).

Auf zwei Schwierigkeiten sei noch hingewiesen: auf die unterschiedliche Terminologie innerhalb der allgemeinen und der Fachdidaktik und auf die fehlende unterrichtliche Konkretion innerhalb der Fachdidaktik.

Um die Verständigung zwischen der allgemeinen und der Fachdidaktik zu erleichtern, sind häufig die geläufigeren Begriffe der Fachdidaktik den Texten der allgemeinen Didaktik ergänzend hinzugefügt worden: z. B. Intentionen=Lernziele, Bedingungsfelder=Bedingungsanalyse. Zur unterrichtlichen Konkretion dagegen sind neue Texte eingeführt worden. An den Schlüsselfragen der unterrichtspraktischen Umsetzung zeigt sich eine erhebliche Diskrepanz zwischen didaktischer Theorie und einer Anleitung zur Praxis. Daher wird hier der Versuch gemacht, durch zusätzliche Texteinlagen eine Brücke zwischen Theorie und Praxis zu schlagen. In diesem Sinne sind die Q 84–86 zu verstehen, die einen Überblick über konstitutive Elemente des Geschichtsunterrichts darstellen und bei der Unterrichtsplanung eingesetzt werden können. Das Instrumentarium für eine Bedingungsanalyse (Q 92) und die schematische Darstellung der Lernzielebenen und -dimensionen (Q 99) verfolgen den gleichen Zweck einer Vermittlung zwischen didaktischer Theorie und Praxis. Denn diese Analyse- und Planungshilfen stehen in engem Zusammenhang mit der Verlaufsplanung (Q 105), die einen theoriegeleiteten, kritischen Geschichtsunterricht ermöglichen soll.

Der Schwerpunkt dieser Lerneinheit bildet die Darlegung der Unterrichtskonstruktion, die hier auf Kosten einer adäquaten Darstellung der Unterrichtsmedien einen breiten Raum einnimmt.

Ziel dieser Lerneinheit ist es:
– die konstitutiven Elemente des Geschichtsunterrichts kennenzulernen,
– die einzelnen Unterrichtselemente in ihrer fachdidaktischen Relevanz, in ihrer Interdisziplinarität und in ihrer Interdependenz erkennen zu können,
– den Geschichtsunterricht als Zusammenwirken aller seiner Elemente analysieren und auf seine Widerspruchsfreiheit und auf die ihm zugrunde liegenden gesellschaftlichen, geschichtswissenschaftlichen und schülerbezogenen Optionen überprüfen zu können,
– Geschichtsunterricht unter kritischer Berücksichtigung aller seiner Elemente konstituieren zu können,
– die Tragweite fachdidaktischer Entscheidungen an der Unterrichtspraxis überprüfen zu können.

6.1 Konstitutive Elemente des Geschichtsunterrichts

Problemdarstellung

Um Geschichtsunterricht zu analysieren und zu planen, müssen zunächst die konstitutiven Elemente des Geschichtsunterrichts erfaßt werden. Dazu dienen vor allem die Texte Q 78–81, die in einem Zusammenhang mit der Analyse von Unterricht nach den drei fachdidaktischen Entscheidungsfeldern, Schüler, Gesellschaft, Sache (Q 84–86) gesehen werden.

An dieser scheinbar wert-neutralen Erfassung von Unterrichtselementen zeigt sich, daß es keine »theorielose Fakten« (Adorno) und keine von gesellschaftlichen Interessen unbeeinflußten Faktoren im Unterricht gibt. Durch den vielfach praktizierten technokratischen Einsatz der Kategorien der Berliner Schule und durch ihre einseitige Verknüpfung mit einem lerntheoretischen Modell wird dieses Mißverständnis gefördert[7].

Die Texte aus der allgemeinen Didaktik (Q 78–81), die konstitutive Momente des Unterrichts und curriculare Anforderungen an Unterricht deutlich machen, lassen sich nicht unmittelbar auf die Fachdidaktik übertragen (Q 82). Mit Hilfe der Begriffe Schüler, Gesellschaft, Sache (Q 84–86) läßt sich aber eine Verbindung zur Curriculumrevision und zur allgemeinen Didaktik herstellen, wobei demnach unter Schüler die »anthropogenen Voraussetzungen«, unter Gesellschaft die »sozio-kulturellen Voraussetzungen« und unter Sache die »Thematik« zu subsumieren sind. Allerdings müssen diese Unterrichtselemente neu unter dem spezifischen fachdidaktischen Aspekt reflektiert werden, d. h. hier sind vor allem die bisherigen Überlegungen zur Psychologie, zur Geschichtswissenschaft und zur Geschichtstheorie in die Bestimmung dieser Unterrichtselemente einzubeziehen.

	Q 78

Die Didaktik wird hier als *Theorie des Unterrichts* verstanden, der Unterricht als Ort, wo die ungelösten Fragen der didaktischen Gesamtsituation als konkret zu lösende Lehr- und Lernprobleme auftreten. Einer solchen Theorie kommt es zu, alle im Unterricht auftretenden Erscheinungen unter wissenschaftliche Kontrolle zu bringen. Dabei ist grundsätzlich die Totalerfassung aller im Unterrichtsgeschehen wirksamen Faktoren angestrebt. In der konkreten Analyse und Planung kann dieses theoretische Modell immer nur approximiert werden.

...

Der *Unterricht* wird grundsätzlich als *Prozeß* und als ein Vorgang von größter »Faktorenkomplexion« (Winnefeld) angesehen. Das adäquate theoretische Verhalten besteht demzufolge in einer vieldimensionalen Reflexion über alle Phasen seines wirklichen Verlaufes.

(Paul Heimann, Didaktik 1965, in: Heimann, Otto, Schulz, Unterricht, Hannover 1977, S. 9)

	Q 79

Mindestens *sechs Momente* konstituieren in ihrem Zusammenwirken Unterricht als absichtsvoll pädagogisches Geschehen: Die pädagogischen *Intentionen* (Absichten), die *Themen* des Unterrichts (Inhalte, Gegenstände), mit denen die Absichten verfolgt werden, die *Methoden* (Verfahren), die zur Bewältigung von Intentionen und Themen dienen sollen, schließlich die *Medien* (Mittel) der Verständigung zwischen den am Unterricht Beteiligten über Absichten, Gegenstände und Verfahren sind Struktur-

momente, über deren Auswahl der Unterrichtende oder dessen Vorgesetzte *entscheiden* müssen.
(W. Schulz, Unterricht – Analyse und Planung, in: Heimann, Otto, Schulz, Unterricht, Hannover 1977, S. 23)

Fragen:
1. Welche Aufgaben hat nach Heimann eine Theorie des Unterrichts?
2. Wie wird nach Heimann und Schulz Unterricht beschrieben?
3. Welche Elemente konstituieren nach Schulz Unterricht?

Q 80   Didaktik als Wissenschaft vom Unterricht muß aber gerade auf eine vollständige Erfassung aller Faktoren Wert legen. Denn wenn Unterricht wissenschaftlich bearbeitet werden soll, müssen alle Bedingungen für den Erfolg des pädagogischen Handelns rational durchsichtig gemacht, d. h. lückenlos kontrolliert werden. Darum haben Heimann/Schulz das Modell einer Strukturanalyse entworfen, in dem versucht ist, in sechs Feldern den ganzen Umkreis des Phänomens »Unterricht« zu umgreifen; und zwar handelt es sich um vier Entscheidungsfelder und zwei Bedingungsfelder.
...

Bedingungsfelder	Entscheidungsfelder
1. Anthropogene Voraussetzungen Individuallage Schulsituation Klassensituation	*1. Intentionen* (= Lernziele A.K.) Zwecksetzung des Unterrichts, differenziert nach Handlungsdimensionen und Qualitätsstufen
2. Sozial-kulturelle Voraussetzungen Objektive Mächte als Träger der Ideologienbildung und Schulpolitik = normativer Einfluß auf Unterricht und Erziehung	*2. Thematik* Inhalte des Unterrichts in ihren Grundformen als Wissenschaften, Techniken und Pragmata *3. Methodik* Organisation des Unterrichts... *4. Medienwahl*

(H. Blankertz, Theorien und Modelle der Didaktik, München 1970, S. 101–102)

Fragen:
1. Blankertz hat die sechs Momente der Strukturanalyse von Schulz näher ausgeführt. Diskutieren Sie die Übertragbarkeit auf den Geschichtsunterricht.
2. Welche psychologischen Ansätze sind nach Ihrer Meinung für die Analyse der Bedingungsfelder brauchbar? Mit welchen Intentionen (=Lernzielen) sind sie jeweils verknüpft?
3. Die Thematik gehört nach Blankertz zu den Entscheidungsfeldern des Unterrichts. Welche Ergebnisse aus den Lerneinheiten zur Geschichtswissenschaft und der Geschichtstheorie muß demnach der Lehrer beachten?

Mit dem Merkmal Intentionalität haben wir Unterricht als absichtsvolle Einwirkung auf Lernprozesse von jenen Sozialisationsprozessen unterschieden, in denen Mitmenschen oder deren Objektivationen (z. B. Massenkommunikationsmitteln) ohne primär erzieherische Absicht Orientierungs- und Verhaltensänderungen bewirken. Von gelegentlicher absichtsvoller Belehrung unterscheiden wir Unterricht als einen Prozeß, in dem zum Zweck planmäßiger Einflußnahme der Lebenszusammenhang, in dem Lernanlässe auftreten, verlassen wird, in der Annahme, daß der Lernanlaß wegen seiner Komplexität nicht mehr in der aktuellen Situation vermittelt wird.

Kommt zur Komplexität der zu vermittelnden Tatbestände in dynamischen und pluralistischen Gesellschaften noch deren Traditionsfremdheit hinzu und/oder wird der Kreis der Lernenden erheblich ausgeweitet, dann wird die Professionalisierung der Unterrichtenden erforderlich. Professionals sind nicht nur akademisch ausgebildete Fachleute für die Förderung gesellschaftlich erforderlicher Kompetenz, gesellschaftsrelativierender Emanzipation, gesellschaftsverändernder Solidarität; zugleich sind sie Spezialisten für die Vermittlung zwischen den neuen Zielen und der Lernkapazität einer wachsenden Anzahl von Schülern, vor allem aus sozial benachteiligten Gruppen: Fachleute mit Entscheidungsspielraum gegenüber ihrem gesellschaftlichen Auftraggeber mit entsprechendem Status. Um Unterricht schließlich relativ unabhängig vom Wechsel der Lehrenden und Lernenden zu organisieren, wird er vom gesellschaftlichen Träger in Schulen, einschließlich Vorschulen, Fachschulen, Hochschulen, institutionalisiert.

(Wolfgang Schulz, Unterricht zwischen Funktionalisierung und Emanzipationshilfe – Zwischenbilanz auf dem Wege zu einer kritischen Didaktik,

Q 81

in: H. Ruprecht u. a., Modelle grundlegender didaktischer Theorie, Hannover 1972, S. 173)

Fragen:
1. Worin liegt nach Schulz das Charakteristische von Unterricht in unserer gegenwärtigen Gesellschaft?
2. Diskutieren Sie die Kategorie Intentionalität auf dem Hintergrund der Forderung nach lernzielorientiertem Unterricht.
3. Welche Auffassung vom Lehrer kommt in diesem Text zum Ausdruck?

Q 82 Keiner der in der Geschichtsdidaktik vorliegenden Entwürfe stellt sich in den Zusammenhang einer Gesamtrevision des Curriculums, keiner ist streng auf den Gedanken der Lebenssituation und ihrer Bewältigung ausgerichtet, keiner verfügt über die technischen Instrumente der Datenerhebung, der präzisen Lernkontrollen, der Evaluations- und Disseminationsmöglichkeiten usw., kurz: über das, was ein vollständiges Curriculum eigentlich haben sollte – aber in keinem einzigen benennbaren Fall, in der Bundesrepublik jedenfalls, tatsächlich besitzt. Gemäß dem hier zugrunde gelegten »weiten« Verständnis ist die Curriculumarbeit durch keine grundsätzliche Mauer von der bisherigen didaktischen Arbeit getrennt. Sie fordert allerdings ein entschiedenes Mehr an Begründungen für alle didaktischen Entscheidungen, an Reflexion der wissenschaftstheoretischen und politischen Voraussetzungen, an Verknüpfungsleistungen und an konkreten didaktischen Hilfen für den Unterricht. Es gibt durchaus einen Sinn, wenn man dieses Mehr als einen Umschlag von der Quantität in die Qualität bezeichnet. Reduziert man die Forderungen an ein Curriculum auf die Durcharbeitung der Hauptelemente, so bleiben als unaufgebbares Minimum die Curriculumelemente »Lernziele«, »Inhalte«, »Unterrichtsorganisation« (in welche die Medien, Methoden, Sozialformen usw. eingehen) und die Reflexion des Bedingungsfeldes, vor allem aber eine von Schritt zu Schritt notwendige, ausführliche Begründung der didaktischen Entscheidungen und eine Reflexion der Voraussetzungen dieser Entscheidungen. So gesehen, ist der Schritt vom üblichen Bezugsrahmen der Geschichtsdidaktik zur Curriculumtheorie kein grundsätzlicher Neubeginn, sondern eine Zunahme an Wissenschaftlichkeit. Eine Geschichtsdidaktik, die sich selbst daraufhin

befragt, was sie tut und warum sie es tut, macht sich so bereits wichtige Forderungen der Curriculumtheorie zu eigen.
(R. Schörken, Der lange Weg zum Geschichtscurriculum, in: Geschichtsdidaktik, 2. Jg. 1977, H. 3, S. 256)

Fragen:
1. Schörken hat die jüngsten geschichtsdidaktischen Ansätze zur Unterrichtsplanung untersucht. Zu welchem Ergebnis kommt er im Hinblick auf die fachdidaktische Einlösung curricularer Anforderungen?
2. Nach Schörken fordert die Curriculumarbeit ein »mehr« als Unterrichtsüberlegungen. Worin besteht dieses »mehr«? Versuchen Sie, dieses »mehr« zu qualifizieren.
3. Was sind nach Schörken die wesentlichen Elemente eines Curriculums? Vergleichen Sie diese Elemente mit Q 79 und Q 80.

Der Geschichtsunterricht stellt eine Verhandlung dar, an der Schüler und Lehrer als Verhandlungspartner beteiligt sind, während die Geschichte, der Unterrichtsstoff, zum offenen, umstrittenen Verhandlungsgegenstand wird. Damit ist der Unterrichtsinhalt nicht ein abgeschlossener Sachgegenstand, der vorab in seiner Definitionsreichweite abgrenzbar ist, sondern eine soziale Tatsache, die im Unterrichtsverlauf einer ständigen Veränderung und Neuinterpretation ausgesetzt ist. | **Q 83**
(A. Kuhn, Zum Begründungszusammenhang einer Geschichtsdidaktik, in: Option für Freiheit und Menschenwürde, Festschrift für W. Hilligen, Frankfurt 1976, S. 84)

Fragen:
1. Vergleichen Sie diese Auffassung von Geschichtsunterricht mit Q 20 und Q 22.
2. Welche Folgen hat diese Auffassung von Unterricht für die Unterrichtsanalyse und Planung?
3. An welche fachdidaktische Konzeption ist diese Auffassung von Unterricht gebunden? (s. Kap. 2)

Q 84 *Die drei konstitutiven Elemente des Geschichtsunterrichts*

Gesellschaft als Vermittler
von Traditionen
und noch nicht eingelöster Chancen
der Identitätsbildung

Schülerinnen und Schüler
im Prozeß der Identitäts-
findung durch Geschichte

»Geschichte« als wissen-
schaftliche Objektivatio-
nen von Vergangenheit
und künftiger Möglich-
keiten der Identitäts-
gewinnung

Fragen:
1. Versuchen Sie die Interdependenz dieser drei Determinanten näher zu bestimmen (vgl. Q 80).
2. Auf den Geschichtsunterricht wirken gesellschaftliche Ansprüche, Schüleransprüche und von der Sache ausgehende Ansprüche ein. Sehen Sie in diesem Zusammenwirken Interessenkonflikte? Benennen Sie diese Konflikte.
3. Jede dieser drei Instanzen beansprucht für sich Geltung. Wie wirkt sich diese Vielfalt der Ansprüche im Geschichtsunterricht aus?
4. Versuchen Sie, dieses unterrichtliche Problem der rivalisierenden Geltungsansprüche im Rahmen der unterschiedlichen fachdidaktischen Modelle zu lösen. Begründen Sie Ihre Lösungsvorschläge.

Q 85 *Die Elemente des Geschichtsunterrichts unter Berücksichtigung der Stellung des Lehrers*

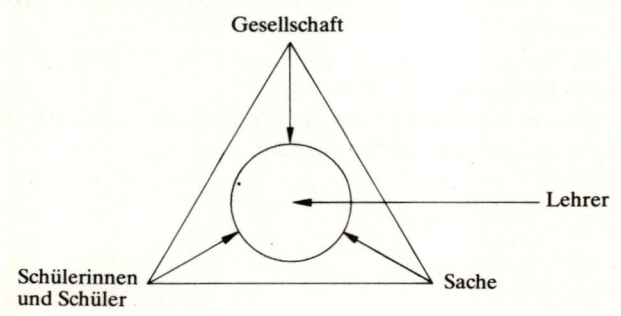

Gesellschaft

Lehrer

Schülerinnen
und Schüler

Sache

Frage:
1. Welche Aufgabe kommt dem Lehrer zu? Ziehen Sie Q 81 hinzu.

Weitere Auffächerung der Instanzen, die den Geschichtsunterricht konstituieren | **Q 86**

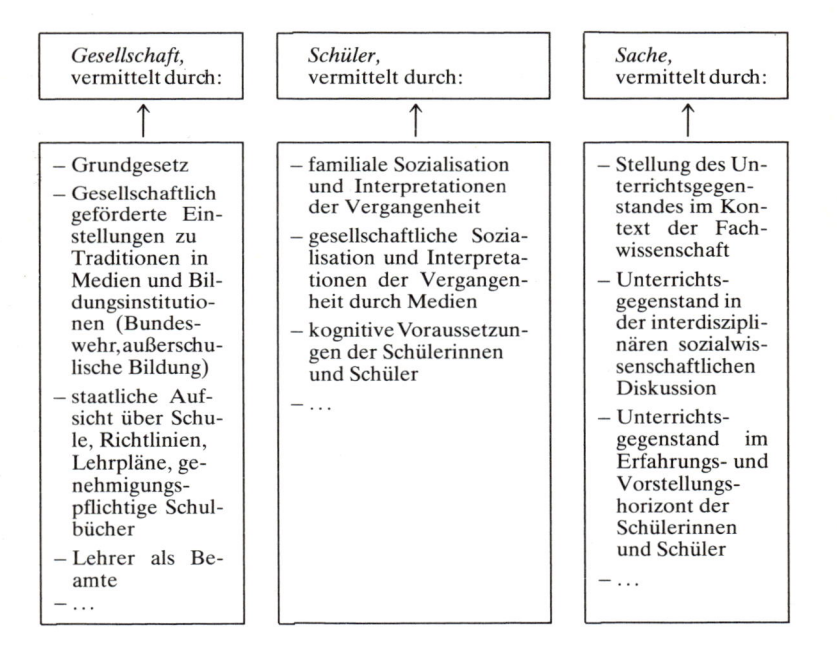

Gesellschaft, vermittelt durch:	*Schüler,* vermittelt durch:	*Sache,* vermittelt durch:
↑	↑	↑
– Grundgesetz – Gesellschaftlich geförderte Einstellungen zu Traditionen in Medien und Bildungsinstitutionen (Bundeswehr, außerschulische Bildung) – staatliche Aufsicht über Schule, Richtlinien, Lehrpläne, genehmigungspflichtige Schulbücher – Lehrer als Beamte – ...	– familiale Sozialisation und Interpretationen der Vergangenheit – gesellschaftliche Sozialisation und Interpretationen der Vergangenheit durch Medien – kognitive Voraussetzungen der Schülerinnen und Schüler – ...	– Stellung des Unterrichtsgegenstandes im Kontext der Fachwissenschaft – Unterrichtsgegenstand in der interdisziplinären sozialwissenschaftlichen Diskussion – Unterrichtsgegenstand im Erfahrungs- und Vorstellungshorizont der Schülerinnen und Schüler – ...

Fragen:
1. Vergleichen Sie die hier aufgeführten Unterrichtselemente mit Q 80. Ordnen Sie diese Elemente den Unterrichtselementen nach Schulz zu.
2. Versuchen Sie, nach Ihren eigenen Erfahrungen diese Aufzählung zu ergänzen.
3. Versuchen Sie, dieses thematisch unabhängige Analyseninstrument an einem Unterrichtsthema zu konkretisieren (z.B. Nationalsozialismus).

> *Zum Weiterdenken:*
> In dieser Lerneinheit sind formale Kategorien der allgemeinen Didaktik auf die Geschichtsdidaktik übertragen worden. Aus dieser Wendung zur Fachspezifik ergeben sich gerade für eine kritisch-kommunikative Geschichtsdidaktik besondere Probleme.
> – Versuchen Sie zu begründen, warum der sozialisationstheoretische Ansatz als besonders geeignet für die fachspezifische Erfassung der »anthropogenen Voraussetzungen« des Unterrichts bezeichnet wird.
> – Die »Intentionen« (bzw. Lernziele) werden mit dem Richtwert Identitätsgewinnung, kritische Identitätsbildung, Emanzipation umschrieben. Versuchen Sie diese Lernzielorientierung mit den beiden Elementen der Bedingungsfelder und mit einer Unterrichtsthematik in Verbindung zu bringen.
> – In früheren Texten zur Identität ist von Identitätsbeschädigung durch den Geschichtsunterricht die Rede gewesen. Überlegen Sie sich, warum in diesem Zusammenhang die Bedeutung einer kritischen Geschichts- und Gesellschaftstheorie betont wird.

6.2 Bedingungsanalyse

Problemdarstellung

Obgleich eine Berücksichtigung der Elemente des Unterrichts, die nicht aus einer Analyse der Sache hervorgehen, für die Unterrichtsplanung und -analyse gefordert wird, hat sich die Geschichtsdidaktik nur zögernd an die Aufgabe gemacht, ein Instrumentarium für die Erstellung einer fachspezifischen Bedingungsanalyse zu erstellen (Q 87). Daher ist der Lehrer darauf angewiesen, die Methode der Bedingungsanalyse aus der allgemeinen Didaktik und aus anderen Fachdidaktiken (Q 88–89) auf ihre fachspezifische Eignung zu überprüfen (Q 90–91).

An dieser Stelle ist eine Zwischenbemerkung nötig. Seit dem Mannheimer Historikertag 1976 ist es zu Konflikten zwischen bestimmten geschichtsdidaktischen Positionen gekommen. So wurde Annette Kuhn beispielsweise vorgeworfen, sie leite ihre Lernziele aus einem feststehenden Gesellschaftsbild ab, während umgekehrt Annette Kuhn z. B. bei Joachim Rohlfes eine wenig ausgewiesene und unscharfe Ausgangsposition des didaktischen Ansatzes konstatierte. Unter dem speziellen Blickwinkel dieses Aufsatzes betrachtet, lenkt diese Kontroverse unsere Aufmerksamkeit besonders auf die Ausgangspunkte der jeweiligen Curriculumkonzeptionen, auf die »Denkanfänge«, auf das allgemeine Vorfeld grundsätzlicher Prämissendiskussion. Wir nennen diesen Komplex im folgenden die Analyse der Bedingungs- und Begründungszusammenhänge für ein Curriculum, kurz: *Bedingungsanalyse*. Vorab ist zu sagen, daß diesem Komplex von seiten mancher Geschichtsdidaktiker ein besonderes Mißtrauen entgegengebracht wird, weil man vermutet, die Reflexion des Prämissen-Vorfeldes sei identisch mit einer bloßen Gesellschaftsanalyse. Daran schließt sich oft die Argumentation an: Wer über ein möglichst geschlossenes Gesellschaftsbild verfüge, der setze dieses hier ein, und alles übrige ergebe sich mehr oder weniger von selbst in Form von Deduktionen. Daran wird oft prompt der Indoktrinationsvorwurf angeschlossen. – Demgegenüber ist zu sagen: Eine ausführliche Darlegung des Begründungs- und Bedingungszusammenhanges für ein Curriculum ist in jedem Falle nötig, weil Lehrplanmacher Auskunft darüber schuldig sind, woher ihre Leitvorstellungen kommen. Die Begründungs- und Bedingungsanalyse muß aber keineswegs mit einer Gesellschaftstheorie identisch sein oder sich auf sie beschränken. Zwar ist es kaum vorstellbar, daß in eine solche Analyse keine irgendwie gearteten gesellschaftstheoretischen Gedanken einfließen, aber es ist gut denkbar, daß solche Analysen ihren gedanklichen Schwerpunkt an anderen Stellen haben, z. B. bei fachwissenschaftlichen Überlegungen, bei einer Analyse der Situation des Schulwesens, bei der Sozialisationsforschung, den Eigenarten organisierten Lernens in der Schule oder bei der Diskussion von Gemeinwohl-Kriterien.
(R. Schörken, Der lange Weg zum Geschichtscurriculum, a. a. O., S. 256–257)

| Q 87 |

Fragen:
1. Wie ist das Mißtrauen in der Geschichtsdidaktik gegenüber der Bedingungsanalyse zu erklären?

2. Nach Schörken ist eine ausführliche Darlegung des Bedingungs- und Begründungszusammenhangs von Unterricht nötig. Nehmen Sie hierzu Stellung.
3. Nach Schörken muß eine Bedingungsanalyse keineswegs mit einer Gesellschaftstheorie »identisch« sein. Wie verträgt sich diese Auffassung mit den Prämissen der Kritischen Theorie (Q 70)?

Q 88 Ohne auf Ursprung und Entwicklung der Arbeitslehre-Diskussion mit ihren zahlreichen Kontroversen einzugehen, beginnen wir sofort bei den Bedingungsfaktoren, die die Aufgabenstellung motivieren. Diese Bedingungsfaktoren lassen sich vierfach gruppieren, nämlich in die objektivierbaren Veränderungen der Lebenssituationen (A), die entgegenstehenden Faktoren aus dem Bereich der vorgegebenen Institutionen (B), die politisch-gesellschaftlichen Postulate (C) und die soziokulturell-anthropogenen Voraussetzungen der Jugend (D). Die Gruppe A enthält *erstens* die Probleme der theoretischer, spezialisierter und mobiler gewordenen Arbeitswelt, *zweitens* die Probleme des größer gewordenen Raums der Freizeit, innerhalb dessen der Mensch dem repressiven Druck der Vergnügungsindustrie ausgesetzt ist, und *drittens* die Probleme der politischen Beteiligung in der demokratischen Gesellschaft bei steigender Bewußtseinsmanipulation. Diese objektivierbaren Veränderungen in den Lebenssituationen führen zu der didaktischen Forderung nach mehr Reflektivität in allen Lernprozessen.
(H. Blankertz, Theorien und Modelle der Didaktik, München 1970, S. 179–180)

Q 89 Bedingungsanalyse
1. Objektivierbare Veränderungen in den Lebenssituationen
2. Entgegenstehende Faktoren im Bereich der vorgegebenen Institutionen
3. Politisch-gesellschaftliche Postulate
4. Soziokulturelle Voraussetzungen der Jugend

(R. Schörken (Hg.), Curriculum ›Politik‹, Von der Curriculumtheorie zur Unterrichtspraxis, Opladen 1974, S. 11)

Fragen:
1. Wie hat Blankertz versucht, für die Arbeitslehre die Bedingungsanalyse zu bestimmen?

2. Diskutieren Sie die Bedingungsanalyse nach den Richtlinien Politik NRW (Q 89) auf dem Hintergrund Ihrer Kentnisse zur Curriculumrevision (Q 1 ff.).
3. Sind nach Ihrer Meinung die Kriterien der Bedingungsanalyse Politik auf den Geschichtsunterricht übertragbar?

Das, was die Wissenssoziologie als Fundus an Vorwissen in einem allgemeinen gesamtgesellschaftlichen Bewußtsein annimmt, kann nicht einfach als unaufgelöste Größe im Raum stehen bleiben, nachdem wir sahen, wie Standardtradition zu gruppalen Traditionen sich relativ verhält. Wenn ein historisches Jedermannswissen durch empirische Verfahren beim Schüler festgestellt werden sollte, so wäre sofort weiter zu fragen, woher denn der Schüler dieses Wissen bezieht: etwa Einstellungen über den Ersten und Zweiten Weltkrieg, Intentionen der amerikanischen oder russischen Politik, Wertungen von Persönlichkeiten, Ereignissen, Verwerfen oder Akzeptieren von Bildungstraditionen, politischen Programmen, Wirtschaftsentwicklung, Umweltschutzmaßnahmen usw. ... Meinungen und Einstellungen bis hin zu Vorurteilen gegenüber historischen Tatbeständen bei Lehrer und Schüler treffen auf Vorbedingungen, die der einzelne viel eher übernimmt als aktiv schafft. Die historische Einzelerfahrung setzt immer schon gruppale Erfahrungsfelder voraus, die in Familie, Arbeitswelt, Gemeinde, Parteien, Vereinen, Verbänden erwachsen und mit ihren Festlegungen und Vorgaben individuale Erfahrungen vorstrukturieren. Der einzelne als Transporteur historischer Erfahrungsfelder, an denen er partizipiert, ist zugleich – da sich in seiner Person verschiedene Überlieferungsstränge schneiden – Konstrukteur einer Individualversion von »Geschichte«, die als »Vorgeschichte« den offiziellen Angeboten historischer Wissensvermittlung bestimmende Akzente gibt. Die Lebensphilosophie irrte, wenn sie meinte, im Spontanerleben auf historische Ereignisse direkt greifen zu können, da die gruppale Brechung, in der Tradition eingefangen und verbindlich gemacht wird, das Einzelerleben mitbestimmt. Das heißt, daß der Geschichtslehrer für sich und seine Schüler durch Umwelterkundung (etwa in Interviews, Beobachtungsreihen, die ihren Niederschlag in Schülerbegleitbogen finden könnten, und Analysen schriftlicher Äußerungen zu bestimmten Gegenstandsbereichen) vor jedem Antragen historischer Stoffe und der Auseinandersetzung mit Traditionssträngen eine konkrete Bestandsaufnahme des historisch dimensionierten

Q 90

Vorwissens aller am Lernprozeß Beteiligten zu leisten hätte. Wenn diese Aufgabe vom Lehrer als zu schwierig empfunden wird, so dürfte die Einsicht in die Notwendigkeit interdisziplinärer Verfahren den Weg zu einer Zusammenarbeit von Historikern mit Soziologen, Psychologen, Erziehungswissenschaftlern, Statistikern frei machen helfen. Der übliche Unterrichtsstil eines von »oben« nach »unten« Redens muß gerade im Fach Geschichte zugunsten historischer Arbeitsgemeinschaften mit kooperativen Arbeitsformen aufgegeben werden, da der Lehrer allein den schwierigen Aufklärungsprozeß über bewußtseinsbeeinflussende Vorentwürfe historischen Wissens kaum durchführen kann, ohne daß die Schüler – als teilnehmende Beobachter, Interviewer des Elternhauses, kritisch regulative Instanz – an der Ergebnisgewinnung mitwirkten.

Erst wenn es der Arbeitsgemeinschaft gelungen ist, das historische Vorwissen der Partner – das sich aus fachwissenschaftlichen und pädagogisch-didaktischen Vorgaben, aus Unterhaltungsstoff, den Romanliteratur und Massenmedien anbieten, aus gruppaler, meist mündlich vermittelter Tradition zusammensetzt – transparent zu machen, lassen sich Lehr- und Lernstrategien zur theoretisch-kritischen Durchdringung des »Vergangenheitswissens« erfolgreich einsetzen. Vulgärtradition und wissenschaftliche Information als konstitutive Elemente historischen Bewußtseins bilden den Fundus vorgegebener Verstehensbasen, die bereits eine Filter-, Auswahl-, Steuerungsfunktion ausüben, so daß eine Umstrukturierung dieser basalen Voraussetzungen mehr verlangt als verbale Ansprache. Wissenschaftliche Aussagen, die auf vorwissenschaftliche Strukturierungsmechanismen treffen, sind selber variable Größen, die in Enstehung und Bestand in soziale Prozesse eingebunden sind.

(Anneliese Mannzmann, Vorüberlegungen zu einer Didaktik der Soziohistorie – Dimensionierung des Faches Geschichte, in: H. Blankertz (Hg.), Fachdidaktische Curriculumforschung. Neue pädagogische Bemühungen 57, Essen 1973, S. 85–87)

Fragen:
1. Inwieweit wird durch Mannzmann die Forderung der allgemeinen Didaktik (Q 80) in einem fachspezifischen Sinne weiterentwickelt?
2. Welches Verhältnis kann nach Mannzmann der Schüler zur Bildungstradition einnehmen? Kann hier von einer kritischen Weiterführung der Bildungstheorie gesprochen werden?

3. Nach Mannzmann unterlagen die Vertreter der Lebensphilosophie (Dilthey) einem Irrtum, als sie von einem Spontanerleben historischer Ereignisse ausgingen. Inwieweit stimmt diese Kritik mit Einsichten überein, die Sie selbst gewonnen haben (vgl. Q 47)?
4. Welche Methode schlägt Mannzmann vor, um das Vorwissen und die Voreinstellungen von Schülern zu erfassen?
5. Weshalb ist es gerade im Geschichtsunterricht wichtig, von den Einstellungen der Schüler auszugehen?
6. Versuchen Sie die Beispiele von Mannzmann zu ergänzen und auf die Planung eines Geschichtsunterrichts zu übertragen.

Die allgemeinen Kriterien zur Erstellung einer Bedingungsanalyse für den politischen Unterricht sind auch für die Bedingungsanalyse des Geschichtsunterrichts gültig. Denn die gleichen Faktoren, die den Politik-Unterricht bedingen, die objektivierbaren Veränderungen in den Lebenssituationen, die entgegenstehenden Faktoren im Bereich der Institutionen, die politisch-gesellschaftlichen Postulate und die soziokulturellen Voraussetzungen der Jugend, sind gleichermaßen Bedingungsfaktoren des *historisch*-politischen Lernprozesses. Allerdings hat es die Geschichtsdidaktik, abweichend vom und ergänzend zum Politikunterricht, mit dem spezifisch historischen Aspekt all dieser Bedingungsfaktoren des Unterrichts zu tun. Somit geht es bei der Erstellung einer Bedingungsanalyse für den Geschichtsunterricht primär darum, die geschichtlichen Vorstellungen der Lernenden zu erfassen. Diese geschichtlichen Vorstellungen sind in den eben genannten vier Bedingungsfaktoren des politischen Unterrichts zwar immanent enthalten. Sie werden aber nicht eigens als Lernvoraussetzungen und als Lernpotentiale hervorgehoben.

Damit übernehmen wir einen Aspekt der Fachdidaktik, der insbesondere von Jeismann herausgearbeitet worden ist. Hiernach hat es die Fachdidaktik Geschichte mit »Zustand, Funktion und Veränderung geschichtlicher Vorstellungen im Selbstverständnis der Gegenwart« zu tun. Diese Definition macht Ernst mit dem Gedanken, daß nicht allein bestimmte Inhalte das Geschichts- und Weltverständnis der Schüler prägen, sondern daß das Bewußtsein der Schüler auch von Einstellungen, Vorurteilen, selektiven Wahrnehmungsmechanismen, die, wie es Schörken ausgedrückt hat, »durchweg ›hinter‹ den Inhalten liegen und dem aufnehmenden Subjekt in aller Regel verborgen bleiben«, be-

Q 91

stimmt ist. Die in der Klasse herrschenden Vorstellungen von Geschichte im weitesten Sinn als soziale Wirklichkeit, die Deutungsmuster und die Vorurteilsstrukturen der Schüler, ihre Interpretationsmuster für die Deutung der sozialen Welt und die Normen, Werte und Weltbilder, die diesen Interpretationsmustern unterliegen, stehen bei der Erstellung einer Bedingungsanalyse für den Geschichtsunterricht zur Diskussion.

Dies ist ein weites Feld, allzu weit, um analytisch erfaßbar zu sein. Daher erscheint zunächst eine Einschränkung dieser geschichtlichen Vorstellungen notwendig, um die theoretische Unbegrenztheit der lebensweltlichen Situationen der Schüler, in denen sich die Wahrnehmungs- und Einstellungsweisen von sozialer Wirklichkeit widerspiegeln, ansatzweise einzufangen. Es liegt zunächst nahe, die Bedingungsanalyse auf diejenigen analytisch faßbaren, dominanten Sozialisationsbereiche und Situationsfelder der Schüler zu begrenzen, die für ihre Lebensorientierung bestimmend sind, ohne damit aber in einem gesellschaftlich unreflektierten Sinne diesen Situationen festgelegte Qualifikationen beimessen zu wollen.

Bei diesem Verfahrensvorschlag werden die Bereiche Arbeitswelt, Familie, Schule, Freizeit und politische Öffentlichkeit ausgewählt, ohne daß damit mögliche Ergänzungen grundsätzlich ausgeschlossen bleiben. Allerdings wird erst durch eine solche Auswahl gewährleistet, daß sich unterrichtlich eine Brücke von der in der Bedingungsanalyse festgestellten Einstellungsstruktur zu dem Inhalt des weiteren Unterrichts schlagen läßt. Um diesen Brückenschlag zu sichern, werden diese gleichen Situationsfelder wieder in der Matrix zur Identifikation von Lerninhalten aufgenommen. Diese bewußte Korrespondenz in der Auswahl der Situationsfelder soll auch sichtbar machen, daß jede Situation einen Beziehungs- und einen Inhaltsaspekt hat, daß der Lernprozeß beide Aspekte stets in ihrer Verknüpfung auf den unterschiedlichen Lernebenen der gegenwärtigen und der vergangenen sozialen Wirklichkeit berücksichtigen muß.

(A. Kuhn, Zur Zusammenarbeit von Geschichtsunterricht und Politikunterricht, in: R. Schörken (Hg.), Zur Zusammenarbeit von Geschichts- und Politikunterricht, Stuttgart 1978, S. 116–117)

Fragen:

1. Kuhn überträgt die Kriterien der Bedingungsanalyse Politik auf den Geschichtsunterricht. Wo liegen nach ihr die Unterschiede zur Bedingungsanalyse Politik?

2. Welche Bedeutung könnte für die Erstellung einer Bedingungsanalyse nach Kuhn der Sozialisationstheorie (Q 34) zukommen?
3. Welche Beziehung wird zwischen der Bedingungsanalyse und der Inhaltsauswahl hergestellt?
4. Begründen Sie, weshalb eine Bedingungsanalyse auf die übrigen Entscheidungsfelder des Unterrichts einen Einfluß ausübt.

Instrumentarium für die Erstellung einer Bedingungsanalyse Q 92

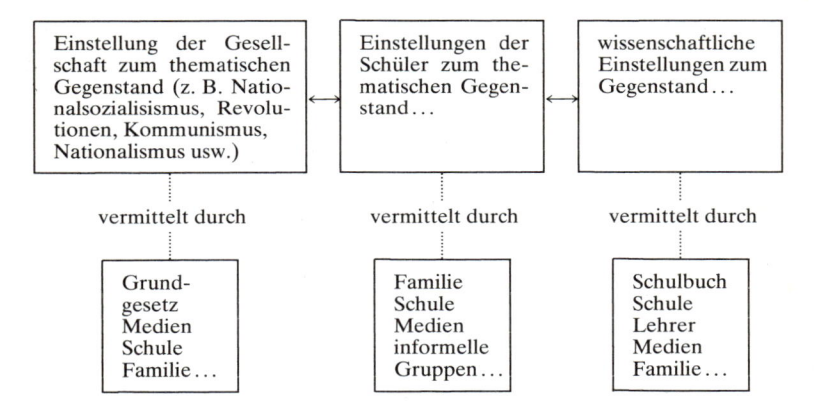

| Einstellung der Gesellschaft zum thematischen Gegenstand (z. B. Nationalsozialisismus, Revolutionen, Kommunismus, Nationalismus usw.) | ↔ | Einstellungen der Schüler zum thematischen Gegenstand... | ↔ | wissenschaftliche Einstellungen zum Gegenstand... |

vermittelt durch | vermittelt durch | vermittelt durch

| Grundgesetz Medien Schule Familie... | Familie Schule Medien informelle Gruppen... | Schulbuch Schule Lehrer Medien Familie... |

Fragen:
1. Vergleichen Sie dieses Instrumentarium mit Q 86.
2. Ergänzen Sie nach Ihren eigenen Beobachtungen dieses Instrumentarium.
3. Überlegen Sie sich, welche verschiedenen Funktionen diese Bedingungsanalyse für den Unterricht hat.
4. Inwieweit kommt dieser Bedingungsanalyse eine fundamentale Funktion in einem kritisch-kommunikativen Unterricht zu (vgl. Q 105)?

Zum Weiterdenken:
– Eine allzu starke Berücksichtigung der Erkenntnisse einer themenbezogenen Bedingungsanalyse während des Unterrichtsverlaufs wird vielfach als eine Gefährdung der Sachlichkeit und der Wissenschaftlichkeit des Unterrichts erachtet. Nehmen Sie hierzu Stellung.

> – Die Bedingungsanalyse versteht sich als ein didaktisches Instrumentarium, das für den Schüler eine Verknüpfung von personaler und sozialer Identität im Geschichtsunterricht ermöglichen soll. Wo liegen nach Ihrer Meinung die Chancen und die Gefahren dieser Vorgehensweise?
> – Im Geschichtsunterricht soll das diffuse, unstrukturierte Alltagsbewußtsein der Schüler in ein strukturiertes, kritisches, historisch-politisches Bewußtsein überführt werden. Versuchen Sie an einem konkreten Beispiel (z. B. Thema Nationalsozialismus im Anschluß an die Fernsehsendung Holocaust), diesen Lernprozeß mit Hilfe einer themenbezogenen Bedingungsanalyse zu skizzieren.

6.3 Lernziele, Lerninhalte und Qualifikationen

Problemdarstellung

Durch die Curriculumrevision wurde zunächst die Forderung nach einem lernzielorientierten Geschichtsunterricht erhoben, um die Unbestimmtheit, die Unverbindlichkeit und den Ideologieverdacht bei der Übernahme der traditionellen Bildungsziele zu überwinden. Darüber hinaus erwies eine Berücksichtigung der drei Lernziel- und Lerninhaltsdeterminanten für die Unterrichtsanalyse und -konstruktion als notwendig. Dennoch führte die Lernziel-, Lerninhalts- und Qualifikationsfrage innerhalb der einzelnen fachdidaktischen Konzeptionen zu sehr unterschiedlichen Ergebnissen.

Während Q 93 in die allgemeine Lernzielproblematik einführt, können an den Texten von Rohlfes, Jeismann und Kuhn verschiedene Auffassungen zur Lernzielproblematik und ihre Konsequenzen für die Unterrichtsplanung erarbeitet werden. Für die fachspezifische Unterrichtsanalyse und -praxis wird wiederum von der Berücksichtigung der drei Lernzieldeterminanten (Q 99) ausgegangen. Die hier vorgestellten Texte können den drei schon erarbeiteten Didaktikkonzeptionen zugeordnet werden. Dabei ist es besonders wichtig, auf das jeweilige Verständnis von Geschichte und Geschichtswissenschaft zu achten. Denn für die Klärung der Lernziel-Lerninhalte und Qualifikationen ist es entscheidend, ob Geschichte im Sinne des Historismus oder einer historisch-kritischen Sozialwissenschaft verstanden wird.

Es muß die Frage beantwortet werden, warum bestimmte Lernziele gelten sollen und warum sie vor anderen möglichen Lernzielen Vorrang haben. |Q 93|

In der Literatur werden im allgemeinen drei zentrale Curriculum-Determinanten genannt:
1. »Gesellschaft«;
2. »Kind«;
3. »wissenschaftliche und künstlerische Disziplinen«.

ad 1: Wenn die Anforderungen der Gesellschaft, die empirisch durch Befragungen von Abnehmern von Absolventen der Bildungsinstitutionen, durch Arbeitsplatzanalysen und das Fixieren von Expertenmeinungen gewonnen werden könnten, *vorrangig* die Struktur Gesamtcurriculums bestimmen würden, hätte das den Vorteil, daß der traditionell große Gegensatz zwischen dem, was in der Schule gelernt, und dem, was im praktischen Leben gebraucht wird, verringert würde. Der Übertritt in die Berufswelt ginge erheblich reibungsloser vonstatten, und durch eine Institutionalisierung von Lehrplanrevisionen könnte in einem permanenten Innovationsprozeß die Anpassung des Schulunterrichts an die handfest verstandenen Anforderungen der Gesellschaft gewährleistet werden.

Eine zu weit gehende Begünstigung dieses Verfahrens wirft jedoch folgende Probleme auf: Wie kann verhindert werden, daß der faktische und möglicherweise für schlecht gehaltene Zustand der Gesellschaft norminierend wirkt, d. h., die bestehenden Verhältnisse verhärtet, indem das Faktische in der Schule gelehrte Verhaltensnorm wird? In einer Vielzahl ihrer Bereiche erhebt die bestehende Gesellschaft keine eindeutig bestimmbaren Verhaltensanforderungen. Woher aber sollen Schüler Maßstäbe zur Beurteilung solcher strittiger Verhaltensnormen entwickeln – etwa aus der individuellen Lebenserfahrung oder aus dem Lehrzusammenhang wissenschaftlicher Disziplinen? Die entscheidende Frage ist jedoch, ob dieses Verfahren – selbst wenn man es nicht puristisch durchführt, sondern sich gegebenenfalls auch mit Auskünften von geringerer Genauigkeit zufrieden gibt – zeitlich und finanziell unter den gegenwärtigen Verhältnissen praktikabel ist. Trotz der angeführten Bedenken gegenüber einer zu einseitigen Auslegung bleibt der Grundgedanke, Lernziele auch danach zu bewerten, inwieweit sie den Forderungen, die an den Schüler in der gegenwärtigen »Industriegesellschaft« gestellt werden, gerecht werden, prinzipiell unbestritten.

ad 2: Die mit »Kind« umschriebene Curriculum-Determinante

verlangt gerade in Deutschland schon deshalb besondere Beachtung, weil hier der Schüler oft nur als passiv rezipierender Adressat der Lehrinteressen seines Lehrers oder sonstiger Erwachsener in Erscheinung trat bzw. gewünscht wurde. Andererseits ist es aber riskant, von bestimmten entwicklungspsychologischen Doktrinen her Verhaltensweisen und Motivationen des Kindes einer bestimmten Altersstufe zu hypostasieren und aus ihnen Lernziele oder methodische Prinzipien abzuleiten. Es könnte nämlich sein, daß latente Möglichkeiten des Kindes durch dessen Anpassung an die Verhaltenserwartungen der Erwachsenen überhaupt erst zu seinen »wirklichen Bedürfnissen« werden, denen nun die Entwicklungspsychologen und mit ihnen die Erzieher den Rang von Naturkonstanten zuschreiben. Dagegen ist einzuwenden: aus dem gerade vorfindlichen Stand der Schüler sollte kein Unüberschreitbares gemacht werden, und zwar auch nicht in deren eigenem Interesse.

ad 3: Vielfach wird bis heute angenommen, die Reflexion auf die scheinbar »reine«, d. h. gesellschaftlich nicht vermittelte »Struktur« der an der Universität vertretenen wissenschaftlichen und künstlerischen Disziplinen erlaube die Aufstellung und Beschreibung von Lernzielen, die einen Unterricht von angemessenem Niveau garantieren, der sich im Einklang mit der wissenschaftlichen Forschung selbst ständig erneuere. Diese Auffassung beruht jedoch auf einem höchst problematischen Wissenschaftsverständnis und auf einer fragwürdigen Vorstellung des Verhältnisses der Einzelwissenschaften zu den ihnen scheinbar zugeordneten Schulfächern: Wissenschaft wird hier als gleichsam organisch gewachsenes geistiges Gebilde verstanden, der tatsächliche Wandel ihrer Fragestellungen und Methoden und dessen historische Ursachen werden ignoriert. Unterricht wird begriffen als Verlängerung der derart mißverstandenen Einzelwissenschaften in den Raum der Schule.

Nachweisbar aber führten stets übergreifende historische Prozesse und die in ihrem Zusammenhang auftretenden neuen Bedürfnisse herrschender Gesellschaftsgruppen zur Konstituierung neuer Fächer und Fachbereiche in den Schulen. So zwang etwa die industrielle Revolution des 19. Jahrhunderts trotz aller Widerstände der Altphilologen zur stärkeren Berücksichtigung der »Realien«, insbesondere der naturwissenschaftlichen Fächer, und bei der Begründung des Faches »Staatsbürgerkunde« in den preußischen Schulen stand das Bedürfnis des wilhelminischen Kaiserreiches nach Selbstdarstellung und nach der Bekämpfung

innenpolitischer Gegner, insbesondere der Sozialdemokratie, Pate.
Die Frage nach den Lernzielen einzelner Schulfächer kann daher keineswegs von den ihnen scheinbar zugeordneten Universitätsdisziplinen aus beantwortet, sondern nur von allgemeinen Überlegungen her, wie etwa der, entschieden werden: Was kann dazu beitragen, die Fähigkeit des Schülers zur »Kommunikation und Aktion« in unserer Gesellschaft zu steigern? Erst bei dem Versuch, derartige Fragen zu beantworten, ist die Heranziehung der Wissenschaften – nun aber unumgänglich – geboten. Die oberflächliche Praxis dagegen, Lernziele aus Fragestellungen, Methoden und Resultaten der Einzelwissenschaften unreflektiert abzuleiten, läßt zudem notwendig folgende Fragen offen:
Welchen inneren Zusammenhang haben die einzelnen Fächer und ihre Lernziele zueinander im Rahmen eines Gesamtcurriculums? Welche der zahlreichen wissenschaftlichen und künstlerischen Disziplinen der Gegenwart sollen für den Schulunterricht ausgewählt werden, und nach welchen Kriterien soll das geschehen? Ist die beschränkte Zahl der ausgewählten Disziplinen in der Lage, alle möglichen wünschbaren Lernziele sinnvoll zu integrieren? Welcher wissenschaftlichen Disziplin entsprechen z. B. die »social studies«? Lassen sich alle Lernziele definitiv in bestimmte Fächer aufgliedern?
Das Problem der Lernzielbestimmung besteht jeweils in der Vermittlung der drei genannten Gesichtspunkte. Es geht demnach u. a. um die Frage, welche generellen Verhaltensweisen in unserer Gesellschaft angesichts des Standes der Technik, des Grades der Verwissenschaftlichung, der Prognostizierbarkeit künftiger Entwicklungstendenzen, aber auch tradierter Wertkomplexe für vorrangig gelten sollen.
(T. Börss, K. C. Lingelbach, Lernziele, in Probleme der Curriculumentwicklung, Frankfurt 1972, S. 28–30)

Frage:
1. Diskutieren Sie die hier besprochene Lernzielproblematik. Versuchen Sie, diese allgemeine Problematik auf die Lernzielfrage im Geschichtsunterricht zu übertragen.

Lernziele lassen sich auf unterschiedlichen Abstraktionsstufen fixieren. Man unterscheidet herkömmlicherweise Richt-, Grob- und Feinziele oder Normen, Qualifikationen, Teilziele. Diese Stufen bilden nicht eine kontinuierliche Reihe, deren eines

Q 94

Element aus dem anderen zu deduzieren wäre, sondern stehen in einem komplizierten Zuordnungs- und Entsprechungsverhältnis. Oberste Normen wie Emanzipation, Mündigkeit, demokratische Selbst- und Mitbestimmung enthalten nicht sämtliche Qualifikationen und Teilziele in sich, so daß es nur einer hermeneutischen Explikation bedürfte, um die Teilelemente eines nach dem andern aus dem Oberbegriff hervorgehen zu lassen. Da die Lernziele mit zunehmender Konkretion an inhaltlicher Bestimmtheit gewinnen, treten fortwährend neue Momente hinzu, die in den Leitbegriffen noch nicht enthalten waren. Darum ist mit der Aufstellung solcher Leitziele im allgemeinen wenig gewonnen; ihr analytischer Wert ist wegen ihrer inhaltlichen Vagheit gering, und auch ihre heuristische Verwendbarkeit bleibt bescheiden. Kontrovers werden Lernziele erst auf den unteren Stufen. Wenig hängt davon ab, ob das oberste Lernziel Demokratie, Rationalität oder Kritikfähigkeit heißt; aber der Streit lohnt sich, wenn zu entscheiden ist, ob die deutsche Arbeiterbewegung in 10 Minuten oder in 10 Stunden behandelt werden soll.

...

Die Lernziel-Orientierung des Geschichtsunterrichts ist nicht der Stein der Weisen. Sie verspricht manche wertvolle Verbesserung der bisher geübten Unterrichtspraxis, wirft aber auch neue Probleme auf. Besonders beunruhigend ist die Sorge, ein streng lernzielbestimmter Unterricht könne zur Standardisierung, ja Gängelung des gesamten Unterrichts führen. In der Tat ist die strikte Festlegung der jeweils im Unterricht anzusteuernden Ziele geeignet, die freie Entfaltung des Lernens zu behindern, die Spontaneität der Einfälle zu ersticken und divergentes Denken zu desavouieren. Darum ist es notwendig, bewußt Freiräume für ungeplantes Lernen zu schaffen. Man sollte sich nicht zu selten mit der globalen Festlegung von Lernabsichten begnügen und nicht ständig den Ehrgeiz haben, alle nur möglichen Lernresultate zu antizipieren. Eine lückenlose Erfassung aller Lernziele läßt sich ohnehin nicht erreichen, da niemand in der Lage ist, das Lernpotential aller Gegenstände komplett zu katalogisieren. Wer dies dennoch erzwingen will, nimmt eine kolossale Verengung in Kauf. Darum sollte man alles tun, um die Unauslotbarkeit der Inhalte zu bewahren und zu schützen. Man kommt dem näher, indem man alternative Curricula anbietet und die Lernziele mehr als offene Fragen denn als unumstößliche Wahrheiten präsentiert.
(J. Rohlfes, Curriculumentwicklung und Lernzielermittlung, in: Geschichtsunterricht. Inhalte und Ziele, Stuttgart 1974, S. 15, 25)

Das Bestreben, jeglichen Unterrichtsvorgang oder -gegenstand am Maßstab seiner Lernzielbezogenheit, das heißt immer auch: seiner Verwertbarkeit, zu messen, ist einerseits unentbehrlich (wenn man seine Resultate nicht dem Zufall überlassen will), andererseits aber nicht unproblematisch. Das Lernpotential einer Methode oder eines Gegenstandes kann nur in Ausnahmefällen vollständig und im vorhinein definiert werden; in der Regel dürfte jeder wesentliche (substantielle) Lerninhalt hinsichtlich der von ihm ausgehenden Lernimpulse unausschöpfbar sein. Wo alle in Frage kommenden Lernziele dem Lehrenden im vorhinein bekannt sind und in den Unterricht programmiert werden, droht die Gefahr, daß Improvisation, Spontaneität, Kreativität, kurz: die fruchtbare Unvorhersehbarkeit eines lebendigen, kommunikativen Lerngeschehens erstickt wird.

Q 95

Daraus ergeben sich zwei Grundsätze für die Bestimmung von Lernzielen:
- Die Lernziele sollten – soweit es sich um fachspezifische handelt – nach Möglichkeit auf einer mittleren Generalisierungsstufe fixiert werden; die erschöpfende Ausdifferenzierung bis in Feinstziele führt mit hoher Wahrscheinlichkeit zur Unterdrückung vieler wünschenswerter Lernimpulse.
- Die Zielangaben haben nur eine regulative Funktion; sie dürfen den Unterricht nicht präformieren oder standardisieren, sondern sollen genügend Spielraum für neue Einfälle lassen.

(J. Rohlfes, Zu einigen Lernpotentialen des Faches Geschichte, in: Historischer Unterricht im Lernfeld Politik, Schriftenreihe der Bundeszentrale, H. 96, Bonn 1973, S. 86)

Fragen:
1. Rohlfes stellt unterschiedliche Abstraktionsstufen bei der Bestimmung von Lernzielen fest. Wie verhalten sich nach Rohlfes diese Lernzielstufen zueinander?
2. Nach Rohlfes enthalten oberste Normen wie Emanzipation usw. nicht alle die Qualifikationen und Teilziele des Unterrichts. Nehmen Sie zu dieser Aussage Stellung.
3. Die von Rohlfes dargestellte Abfolge bzw. Deduktion von Lernzielen ist als undialektisch kritisiert worden. Trifft nach Ihrer Meinung dieser Vorwurf zu? (Vgl. zur Dialektik Q 74)
4. Nach Rohlfes werden Lernziele erst auf der Inhaltsebene kontrovers. Nehmen Sie zu dieser Aussage Stellung. Inwieweit kann hier von einem verkürzten Didaktik-Begriff bei Rohlfes gesprochen werden?

5. Welche Gefahren sieht Rohlfes in der Lernziel-Orientierung?
6. Rohlfes setzt bei seiner Konzeption nicht bei einer Bedingungsanalyse, sondern unmittelbar bei der Lernziel-Lerninhaltsfrage an. Nehmen Sie zu diesem Verfahren Stellung.

Q 96 In dieser Auffassung ist Geschichtsunterricht die fortgesetzte Übung, das vorwissenschaftliche Verhältnis zur Geschichte (auch, wenn es überhaupt erst als existent bewußt zu machen ist) an relevanten, d. h. als bedeutsam zu erfahrenden Gegenständen in reflektiertes Geschichtsverständnis zu transponieren. Wichtiger als das nur in besonderen Fällen mögliche, unmittelbare Anknüpfen an aktuelles Geschehen ist es für die Lernzielfindung, die Struktur des vorwissenschaftlichen, allgemeinen Geschichtsverständnisses zu analysieren. Das kann hier nur in Form von hypothetischen Sätzen versucht werden, die zwar einen gewissen Erfahrungshintergrund für sich beanspruchen können, deren empirische Überprüfung und theoretische Begründung aber noch nicht geleistet sind.

Zerlegt man methodisch den Zusammenhang dessen, was als »Geschichtsverständnis« bezeichnet wird, so findet man drei Dimensionen, in denen sich dieses Verständnis entfaltet oder entfalten kann:

1. Die durch Untersuchung oder Kenntnisnahme von Untersuchungen gewonnene Vorstellung von einem geschichtlichen Ereignis oder Zustand,
2. das Sachurteil als Deutung und Kritik des Phänomens in seinem historischen Kontext,
3. die Herstellung einer Beziehung zur eigenen Position in der Gegenwart durch Wertung oder Stellungnahme.

Untersuchung (Interpretation, Verstehen, Erklären) – Deutung (Beurteilung, Kritik) – Werten und Stellungnehmen (die Bezeichnung der jeweils angenommenen Bedeutung für die Gegenwart) sind nicht getrennte Verständnisebenen, sondern wirken wechselseitig aufeinander ein. Es gehört zu den Zielen des Unterrichts, auch die spezifische Art dieses Aufeinanderwirkens am konkreten Fall zu untersuchen – sei es am fremden Beispiel, sei es beim Zustandekommen einer eigenen Stellungnahme.

Nicht nur in den allgemeinen Inhalten und Formen gesellschaftlichen Vorverständnisses von Geschichte ist die dritte Dimension – die Wertung – in der Regel prävalent. Auch die wissenschaftliche Diskussion bedeutender historischer Ereignisse zeigt immer wieder, wie wichtig für Sachurteil und Untersuchung der Wertbezug werden kann: die Diskussion der Kriegsschuldfrage 1914, die wieder neu- und umgeschriebene Geschichte des Bismarckreiches sind nur jüngere Beispiele für diesen durchgehenden Zusammenhang. Was aber in der wissenschaftlichen Diskussion methodisch überprüfte, an Quellen sich ausweisende und damit begründete, diskutierbare und auch revidierbare Vorstellung wird, bleibt im allgemeinen Bewußtsein häufig ein rudimentär fixiertes »Bild«. Darin leben Wertungen und Wünschbarkeiten einer vergangenen Zeit, zustandegekommen unter anderen Bedingungen, lange und zäh weiter, prägen unaufgeklärt gegenwärtige Wertungsmuster und damit auch das Koordinatensystem politischer Orientierung mit. Geschichtsunterricht, der sich zum Ziele setzte, bestimmte inhaltliche Vorstellungen und Urteile »objektiv« als unbestreitbare »Erkenntnisse« zu vermitteln, würde selbst dann, wenn er sich auf den Stand der neuesten Forschung bezöge, in seiner künftigen Auswirkung diesen ohnehin wirksamen Prozeß des Aufbaus von fragwürdigen, sich als »richtig« mißverstehenden Geschichtsbildern fördern.

Gegen ein solches Verfahren ist die Forderung zu stellen, daß der Geschichtsunterricht – prinzipiell an jedem Thema, das er aufgreift – die Dimension der Wertung mit denen des Sachurteils und der Sachkenntnis, also der Untersuchung, zu verbinden und den Zusammenhang zu zeigen hat, der zwischen diesen Dimensionen des Geschichtsverständnisses besteht. Dieser Zusammenhang ist aber nur zu begreifen, das Begreifen dieses Zusammenhanges ist nur dann allmählich zur eigenen Fähigkeit des Schülers zu entwickeln, wenn die elementarsten Kategorien als Kriterien für Lernzielsetzung genommen werden, die das reflektierte Geschichtsverständnis in diesen drei Dimensionen bestimmen.

...

Eine Unterrichtseinheit, soll sie den dargelegten Aufgaben des Geschichtsunterrichts gerecht werden, muß ihre Lernziele aus allen drei Dimensionen wählen. Unterricht, z. B. über die revolutionären Bewegungen in Deutschland zu Beginn der Weimarer Republik, könnte ausgehen von kontrovers diskutierten Wertungen – etwa vom Streit darüber, ob das Bild Rosa Luxemburgs in eine Briefmarkenserie aufgenommen werden solle. Hier wären die im Bewußtsein der Gesellschaft formulierten unterschiedlichen Wertungen aufzugreifen, auf ihre Begründungen hin zu befragen und auf ihre Funktion im gegenwärtigen politischen Meinungs- und Konzeptionsstreit zu untersuchen. Dieser Einstiegs- und Motivationsphase könnte eine Betrachtung der in den Wertungen eingeschlossenen Urteile über Rosa Luxemburg – ihre politischen Ziele, ihr Schicksal, ihre Gegner – folgen. Von daher ergibt sich die Motivation, die historische Situation der Jahre zwischen 1917 und 1919 zu analysieren. Das Ereignis der Ermordung Rosa Luxemburgs und Karl Liebknechts ist in den Strukturzusammenhang jener Umbruchsjahre zu stellen, das Allgemeine dieser spezifischen Richtung der Arbeiterbewegung und die Individualität dieser Frau sind im Kontext der politischen Kontroversen zu sehen und zu begreifen, die abgeschnittene politische Konzeption ist als Alternative zur wirklichen Entwicklung ernst zu nehmen, Vorläufer und Fortwirkungen sind zu erfragen.

Auf der Basis einer untersuchenden Erarbeitung könnte dann der Versuch, ein Sachurteil zu finden, unternommen werden. Jetzt wären die Kategorien des zweiten Feldes an den konkreten Fall anzulegen. So sind begründbare Urteile – wenn auch voneinander abweichende – zu verarbeiten. Die Frage nach den Ursachen der Abweichung führt zurück auf die unterschiedlichen Wertungen. Es ist zu fragen, inwieweit solche politischen Wertungen und Stellungnahmen auf das Urteil einwirken, vielleicht auch die Analyse beeinflussen – wieweit umgekehrt durch Analyse und Urteil Stellungnahmen gewonnen oder verändert werden.

Von diesem Bewußtseinstand her wäre dann erneut auf die eingangs gesammelten kontroversen Stellungnahmen zurückzugehen. Ihre Verbindung mit bestimmten politischen Positionen der Gegenwart ist nun genauer zu verfolgen – über die persönlichen Prämissen der Wertung hinaus. Es hängt von Klassenstufe und Reife ab, wieweit der Unterricht in die erkenntnistheoretischen Prämissen der Wertung vordringen kann; am Ende der Sekundarstufe I müßte das in Ansätzen möglich sein.

Ein solcher, von Erkenntniszielen gesteuerter Unterrichtsgang findet am ehesten einen motivierenden Einstieg bei Themen, zu denen in der öffentlichen Diskussion Stellungnahmen vorliegen. Solche Möglichkeiten findet der Lehrer, erst einmal darauf aufmerksam geworden, in Fülle.

(K. E. Jeismann, Funktion und Didaktik der Geschichte, in: Geschichtsunterricht. Inhalte und Ziele, Stuttgart 1974, S. 132–134)

Fragen:
1. Jeismann unterscheidet zwischen einem vor-wissenschaftlichen und einem wissenschaftlichen Verhältnis zur Geschichte. Wel-

che Bedeutung hat diese Unterscheidung für die Lernzielfindung?
2. Jeismann unterscheidet drei Dimensionen des Geschichtsverständnisses. Geben Sie diese drei Dimensionen wieder. Welche Lernziele verknüpft Jeismann mit diesen Dimensionen?
3. Welche Funktion kommt nach Jeismann den Erkenntniszielen zu?

Bisher sind wir von dem zweifachen Postulat (a) eines am Lernziel Emanzipation orientierten Geschichtsunterrichts, (b) eines unauflöslichen Zusammenhangs von Lernzielen, Lerninhalten und Lernorganisation ausgegangen. Ist dieser Anspruch einlösbar? | Q 97

Zu Beginn müssen wir klären, was wir unter Emanzipation und unter Operationalisierung von Lernzielen verstehen. Denn je nach wissenschaftstheoretischem Standort liegen diesen zwei zentralen Begriffen sehr unterschiedliche Vorstellungen der Unterrichtskonstruktion zugrunde.

Emanzipation ist kein abstrakt definierbarer Normbegriff. Sie ist vielmehr Teil des historisch-dialektischen Prozesses und verwirklicht sich entsprechend im historisch-kritischen Lernprozeß selbst. Unter diesen erkenntnis- und geschichtstheoretischen Prämissen definiert sich Emanzipation als »die Befreiung des Subjekts ... aus Bedingungen, die seine Rationalität und das mit ihr verbundene Handeln beschränken«. Kritische Geschichtserkenntnis spielt bei diesem Emanzipationsprozeß eine entscheidende Rolle; denn im historisch-kritischen Lernprozeß können Irrationalität, scheinbare Naturhaftigkeit und Schicksalshaftigkeit unbegriffener Fakten zu einem gewissen Teil zugunsten einer rationalen Orientierungshilfe aufgelöst werden. Anstelle resignativer Konformitäten, das unvermeidbare Resultat eines noch durch den Geschichtsunterricht befestigten Geschichtsfatalismus, gewinnt der Schüler die Möglichkeit, gesellschaftliche Realität zu durchschauen und durch einen Prozeß der historischen und der Selbstreflexion an ihrer rationalen Gestaltung in Übereinstimmung mit anderen mitzuwirken.

Emanzipation hängt demnach eng mit dem Sozialisationsprozeß und den Mitbestimmungsforderungen einer demokratischen Gesellschaft zusammen. Auf der einen Seite werden durch einen emanzipativen Geschichtsunterricht Identitätsstrukturen, d. h. Identifikationen mit Gruppen, Parteien, Klassen, Interessenorganisationen, Völkern und der einen Menschheit, aufgebaut, auf

ihre Rationalität und Humanität hin überprüft und auf ihre praktischen Konsequenzen hin reflektiert. Andererseits werden Identitätsbedingungen auf ihre Irrationalität hin analysiert und in ihrer Vorurteilsstruktur abgebaut. Denn das Lernziel Emanzipation bemißt sich an der Fähigkeit zu einer reflektierten, kritischen, individuellen und sozialen Identität. Gehen wir von diesem Prozeß des Aufbauens kritischer und rationaler Identitäten aus, so versteht sich Emanzipation als die Fähigkeit und Bereitschaft zur Selbst- und Mitbestimmung. Bei der Operationalisierung von Lernzielen unterscheiden wir drei Ebenen:
1. die von der behavioristischen Verhaltenspsychologie geprägte Operationalisierungstechnik,
2. das historisch-hermeneutische Verfahren,
3. die gesellschaftskritischen, kommunikativen Operationalisierungsversuche.
Der gesellschaftstheoretische, kommunikative Zugang zur Operationalisierung von Lernzielen geht von der kritischen Theorie als historisch-dialektischer Methode aus. Durch die Rahmenbedingungen einer kritischen Gesellschafts- und Kommunikationstheorie gewinnen aber sowohl die Lernziele als auch die Operationalisierungsmethode eine politische, praxisrelevante Dimension. Bei der Operationalisierung sprechen wir nicht von einem meßbaren Endverhalten, sondern nur von Verhaltensdispositionen. Allerdings stehen diese Verhaltensdispositionen nicht, wie bei der historischen Hermeneutik, unvermittelt neben der Erfahrung der historischen Ambivalenz. Vielmehr gelangt der einzelne Schüler im Lernprozeß zu einer eindeutigen Parteinahme, die mit seinem eigenen praktischen Verhalten verknüpft ist. Zum hermeneutischen Lernziel des historischen Verstehens tritt das politische Lernziel, das diskursiv erst nach den eigenen Bewertungs- und Entscheidungskriterien des einzelnen Schülers formulierbar ist. Die Erkenntnis beispielsweise, daß die Revolution von 1848 gescheitert ist, genügt im Sinne eines historisch-politischen Lernziels nicht. In der Ermittlung der Ursachen für das Scheitern der Revolution stoßen die Schüler vielmehr auf Erkenntnisse, die verallgemeinerungsfähig und damit als tendenzielle Gesetzmäßigkeit auch auf ihre eigene Situation übertragbar sind. Beispielsweise ist die Erkenntnis aus der Revolution von 1848, daß die Mehrzahl der Bevölkerung sich nicht für ihre politischen Rechte einsetzte, im Hinblick auf die geschichtliche Rolle des Bewußtseins der Bevölkerung verallgemeinerungsfähig und auf konkrete Lebenssituationen der Schüler übertragbar. Politische Lernziele

dieser Art können aber nicht einseitig vom Lehrer gesetzt werden. Sie sind auch nicht für alle Schüler im gleichen Maße gültig. Die Verallgemeinerungsfähigkeit und die Konsensfähigkeit von politischen Lernzielen ist nicht vorgegeben; sie begründet sich erst in der Diskussion. Im Gegensatz zum Geltungsanspruch normativer Lernziele wird auf dieser gesellschaftskritischen, kommunikativen Ebene erst in der offenen Diskussion der Geltungsanspruch von Normen verbindlich festgelegt. Wir sprechen hier von einer »diskursiven Legitimation von Lernzielen«. Die Wertentscheidungen, die den Lernzielen ihre Gültigkeit verleihen, finden nicht durch eine Rückführung auf Normen oder unbefragte Prämissen, sondern erst durch deren Diskussion Anerkennung.
(A. Kuhn, Einführung in die Didaktik der Geschichte, München 1977, S. 64–67)

Man kann [bei Kuhn] *drei Lernzielebenen* voneinander unterscheiden: die oberste, die mittlere und die untere Ebene |Q 98|

Lernzielebene	Vom Verf. gewählter Terminus	Text oder Textbeispiel
Oberste Ebene	»Oberstes Lernziel« ausgefaltet in 5 »Qualifikationen«	»Emanzipation« »1. Fähigkeit zur Kommunikation 2. Fähigkeit zum ideologiekritischen Denken 3. Fähigkeit zur gesellschaftlichen Analyse 4. Fähigkeit zur Parteinahme 5. Fähigkeit zur Identitätserweiterung«
mittlere Ebene	»Historisch-politische Lernziele«	Beispiel: »Einsicht, daß ohne die Unterstützung der breiten Bevölkerung eine Revolution nicht durchführbar ist.«
untere Ebene	»Lernziele«	Beispiel: »Kenntnis der Zusammensetzung der Generalstände«

...

Wichtiger [bei Kuhn] ist die Frage nach dem *Inhaltsbezug* auf den verschiedenen Lernzielebenen.

...

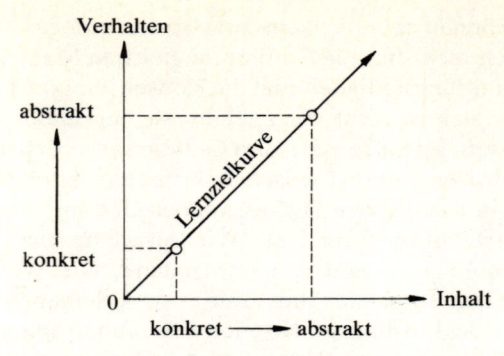

Komponenten der Lernzielkurve

Die untere Lernzielebene umfaßt spezifisch historische Inhalte im engeren Sinne, auf der mittleren Ebene wird eine Loslösung vom spezifisch Historischen vollzogen – deshalb der Terminus »historisch-politisch« –, während die oberste Ebene das Historische weit übersteigt und den Gesamtbereich des sozialwissenschaftlichen Lernfeldes umfaßt.
(R. Schörken, Der lange Weg zum Geschichtscurriculum, a. a. O., S. 259, 261, 262)

Fragen:
1. Nach Kuhn sind die Lernziele des Geschichtsunterrichts an der Lernzielvorstellung »Emanzipation« orientiert. Welche Auswirkung hat diese Orientierung auf die Operationalisierung der Lernziele?
2. Wie sind nach Kuhn die Lernziele einander zugeordnet? Vergleichen Sie diese Lösung mit den Aussagen von Q 94.
3. Versuchen Sie die Lernzielhierarchisierung bei Kuhn auf eine Unterrichtsplanung zu übertragen.
4. Vergleichen Sie die Lernzielgewinnung bei Kuhn mit Q 97.

Lernzielebenen und Lernzieldimensionen | Q 99 |

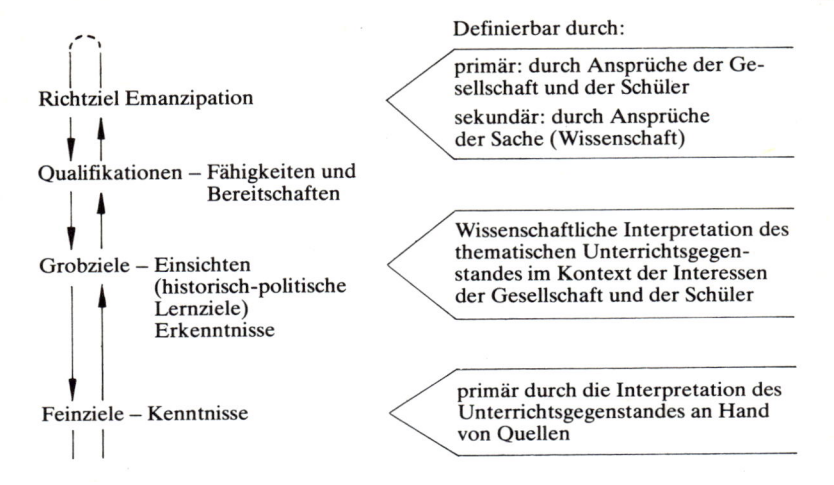

Definierbar durch:

Richtziel Emanzipation
- primär: durch Ansprüche der Gesellschaft und der Schüler
- sekundär: durch Ansprüche der Sache (Wissenschaft)

Qualifikationen – Fähigkeiten und Bereitschaften

Grobziele – Einsichten (historisch-politische Lernziele) Erkenntnisse
- Wissenschaftliche Interpretation des thematischen Unterrichtsgegenstandes im Kontext der Interessen der Gesellschaft und der Schüler

Feinziele – Kenntnisse
- primär durch die Interpretation des Unterrichtsgegenstandes an Hand von Quellen

Fragen:
1. Diskutieren Sie diese Skizze mit Hilfe von Q 93.
2. Geben Sie das Verhältnis von Feinzielen, Grobzielen, Qualifikationen und Richtziel zueinander an. Kann von einer Lernzieldeduktion gesprochen werden? Kann bei der Lernzielgewinnung sowohl von der Sache als auch von dem Richtziel ausgegangen werden?
3. Überprüfen Sie diese Skizze an Q 95, Q 96 und Q 97, 98.

Q 100

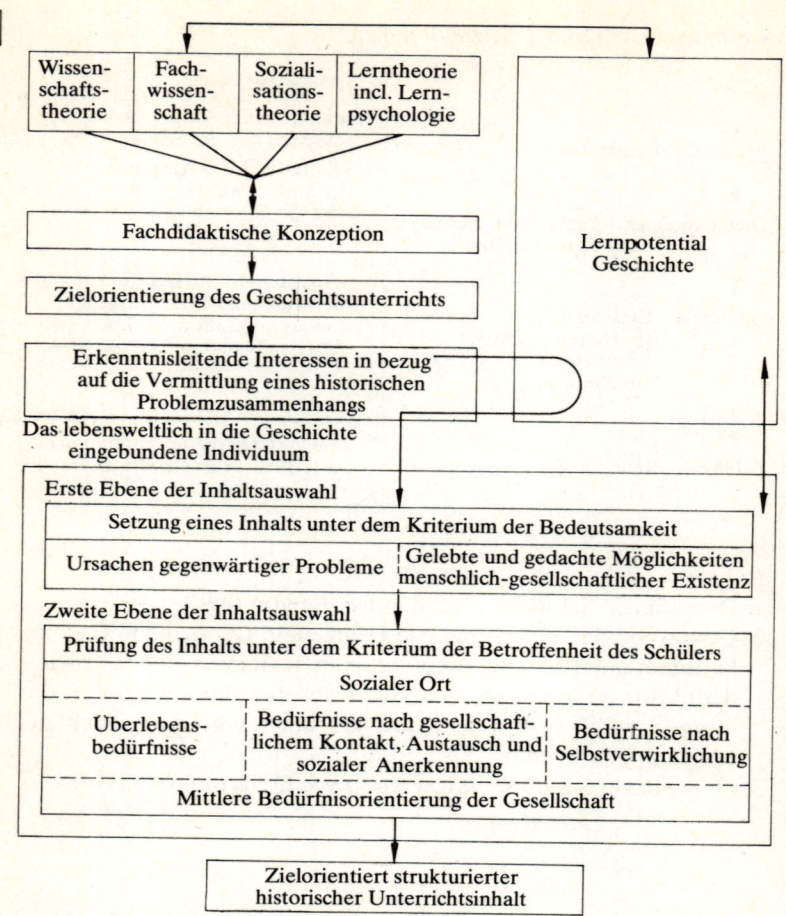

```
┌─────────────┬─────────────┬─────────────┬─────────────┐
│ Wissen-     │ Fach-       │ Soziali-    │ Lerntheorie │
│ schafts-    │ wissen-     │ sations-    │ incl. Lern- │
│ theorie     │ schaft      │ theorie     │ psychologie │
└─────────────┴─────────────┴─────────────┴─────────────┘
```

Fachdidaktische Konzeption

Zielorientierung des Geschichtsunterrichts

Erkenntnisleitende Interessen in bezug auf die Vermittlung eines historischen Problemzusammenhangs

Lernpotential Geschichte

Das lebensweltlich in die Geschichte eingebundene Individuum

Erste Ebene der Inhaltsauswahl

Setzung eines Inhalts unter dem Kriterium der Bedeutsamkeit

Ursachen gegenwärtiger Probleme	Gelebte und gedachte Möglichkeiten menschlich-gesellschaftlicher Existenz

Zweite Ebene der Inhaltsauswahl

Prüfung des Inhalts unter dem Kriterium der Betroffenheit des Schülers

Sozialer Ort

Überlebens-bedürfnisse	Bedürfnisse nach gesellschaftlichem Kontakt, Austausch und sozialer Anerkennung	Bedürfnisse nach Selbstverwirklichung

Mittlere Bedürfnisorientierung der Gesellschaft

Zielorientiert strukturierter historischer Unterrichtsinhalt

(U. Uffelmann, Das Mittelalter im historischen Unterricht, Düsseldorf (Schwann) 1978, S. 7.)

Fragen:

1. Überprüfen Sie das Verhältnis von Fachwissenschaft und Lernzielbestimmung nach Uffelmann.
2. Welche Bedeutung hat für Uffelmann die Situation des Schülers für die Lernzielgewinnung?
3. Bestimmen Sie nach Uffelmann den Einfluß der Gesellschaft auf die Lernzielbestimmung.
4. Nehmen Sie aufgrund Ihrer geschichtstheoretischen Kenntnisse zu dem Begriff der erkenntnisleitenden Interessen bei Uffelmann Stellung.

Zum Weiterdenken:
Es wurde behauptet, daß für die Lernziel-Lerninhalt- und Qualifikationen-Frage das jeweilige Verständnis von Geschichte entscheidend ist. Überprüfen Sie diese Behauptung nochmals an den Texten.
– Im Gegensatz zu einer Lernzielbestimmung auf mittlerer Ebene wie in der Didaktik von Rohlfes wird hier von einer Lernzielhierarchie und einer am Lernziel Emanzipation orientierten Strukturierung des Lerninhalts gesprochen. Bestimmen Sie die geschichtswissenschaftliche Position, die mit dieser didaktischen Position verbunden ist. Weshalb sind für die Lernzielgewinnung die Methoden sowohl der historischen Quellenkritik als auch der sozialwissenschaftlichen Hypothesenbildung notwendig?
– In der Lerneinheit zur Geschichtstheorie war sowohl von Diskursivität und von Erkenntnisinteressen die Rede. Diskutieren Sie diese beiden Begriffe im Hinblick auf die Lernzielfrage. Versuchen Sie zu erklären, was mit der diskursiven Legitimation von Lernzielen gemeint ist.

6.4 Unterrichtskonstruktion

Problemdarstellung

Erst bei der Unterrichtskonstruktion finden die bisherigen Überlegungen zur Bedingungsanalyse und zur Lernzielproblematik ihre konkrete Anwendung. Daher müssen wir auf die bisherigen Lernergebnisse zurückgreifen. Bei der Unterrichtskonstruktion ist demnach zu fragen:
1. Werden alle Unterrichtselemente (Q 79/80) berücksichtigt?
2. Wird der Zusammenhang dieser Unterrichtselemente im Sinne der drei Determinanten des historisch-politischen Lernprozesses (Q 93) beachtet? Oder können Bedingungsanalyse und Sachanalyse voneiner abgekoppelt werden? Finden alle Dimensionen des Lernziels Beachtung oder gibt es nur Lernziele auf einer mittleren, dem Historismus verhafteten Ebene?
3. Inwieweit wird eine kritische Intention bei der Unterrichtsplanung verfolgt?
Der Lernaufbau sieht folgendermaßen aus: Zunächst werden unterschiedliche Verlaufsschemata vorgestellt (Q 101–104). Auf-

fällig ist zunächst, daß trotz der unterschiedlichen Didaktikmodelle, die diesen Vorschlägen zugrunde liegen, eine formale Ähnlichkeit in der Konstruktion von Unterricht zu herrschen scheint. Daher müssen die Prämissen dieser vier Vorschläge genau geprüft werden, um die wesentlichen Unterschiede in der Lernzielgewinnung zu erarbeiten. Auch hier entsprechen die Beispiele den drei wichtigsten Didaktikkonzeptionen, wobei allerdings auch ein lerntheoretisch begründeter Vorschlag vorgestellt wird (Q 95). Q 105 versteht sich als ein Planungsvorschlag für einen kritisch-kommunikativen Geschichtsunterricht. Er muß im Zusammenhang mit den Texten zur Bedingungsanalyse und zur Lernzielfrage gesehen werden.

Die Unterschiede zwischen einer am Gegenstand orientierten Unterrichtsplanung, die sich an einen durch »die« Fachwissenschaft und die Lehrpläne vorgegebenen Rahmen hält, und einer kritisch-kommunikativen Fachdidaktik, die von den Erfahrungen und Bedürfnissen der Schüler in der Gegenwart ihren Ausgang nimmt, werden erst am konkreten Beispiel in vollem Umfange deutlich. Daher werden abschließend zwei Planungsvorschläge zur Französischen Revolution vorgestellt (Q 106–107). An ihnen können die theoretischen Forderungen an eine Unterrichtsplanung nochmals überprüft werden.

Q 101

A Einstieg – Motivation – Fragestellung – Planung – Bilderreihe
B Verlaufsplanung
1. Strukturanalyse. Eine Grundherrschaft im frühen Mittelalter. Der Fronhofsverband Friemersheim um 900. Lokalmodell.
2. Strukturvergleich. Eine Dorfherrschaft im späten Mittelalter als Beispiel für Kontinuität und partiellen Wandel. Grosselfingen-Ringingen in Hohenzollern.
3. Ereignisanalyse. Der Bauernkrieg 1525. Konfliktanalyse im historischen Strukturzusammenhang.
4. Strukturwandel. Bauernbefreiung in Preußen 1807 im strukturellen Zusammenhang. Bedingungen, Auswirkungen.
C Gegenwartsbezug. Gegenwärtiger Strukturwandel der Landwirtschaft in der BRD. Lage- und Bedingungsanalyse (Erkundung einer Schülergruppe). Struktur der Landwirtschaft im Wirtschafts- und Gesellschaftssystem der DDR (Film- oder Lehrerbericht).
(H. D. Schmid, Der Bauernstand, in: Geschichtsunterricht. Inhalte und Ziele, Stuttgart 1974, S. 98)

Frage:
1. Überprüfen Sie dieses Verlaufsschema mit der didaktischen Konzeption von Q 94. Sehen Sie hier einen Zusammenhang?

Q 102

Die besonderen Kennzeichen dieses [lerntheoretischen, A. K.] Modells liegen 1. im Projektcharakter des Unterrichts, 2. in der aktiven Beteiligung der Schüler bei Planung und Durchführung, 3. in der Gliederung in didaktische Stufen anstelle von mechanischen Zeitmaßen (Stundeneinheit), 4. in der begründbaren und kontrollierbaren Festlegung von Ziel, Inhalt, Medium, Verfahren, 5. im konsequenten Gruppenunterricht, 6. in der veränderten Rolle des Lehrers, der zum beratenden Studienleiter wird, 7. in der Bereitstellung von Unterrichtsmaterial, das ausdrücklich auf den Lernprozeß hin strukturiert ist.

Die Schüler geben hier nicht mehr »Antworten« auf Lehrerfragen, sondern erschließen in selbständiger und vertiefender Arbeit ein selbst abgegrenztes Untersuchungsfeld, indem sie von heuristischen Fragen ausgehen, die sie selbst im Planungsgespräch entwickelt haben.

Sie vergleichen und beurteilen die gefundenen Lösungen, reflektieren die zugrundeliegenden Beurteilungskategorien, prüfen die Anwendungsmöglichkeiten für andere »Fälle« und werden so mit den Problemen der Transferierbarkeit historischer Ergebnisse bekannt.

Didaktische Struktur des Unterrichts bei Menke	»Verborgene« lernpsychologische Stufen	Arbeitsschritte
Einstieg und Planungsgespräch	Stufe der Motivationen Stufe der Schwierigkeiten	Entwicklung der Arbeitshypothese der Fragestellung
Untersuchung: Fallstudie	Stufe der Lösung Stufe des Tuns und Ausführens	Untersuchung
Rückbezug auf die Ausgangsfrage Beurteilung Anwendung	Stufe des Bereitstellens, der Übertragung und der Integration	Beurteilung

Die der Unterrichtsplanung vorausgehende didaktische Analyse – bei diesem Modelltyp in Anlehnung an Heimann/Schulz

verwendet – ermöglicht es, die Planung auf die bestimmte Schülergruppe zuzuschneiden, mit der man es zu tun hat. Die Analyse bestimmt die Ausgangslage des Unterrichts, indem sie Einstellungen, Haltungen und Vorwissen der Schüler zum jeweiligen Unterrichtsthema feststellt und reflektiert, um so die didaktischen Entscheidungen, die der Lehrer zu treffen hat, zu begründen und damit kontrollierbar zu machen.
(R. Schörken, Lerntheoretische Fragen an die Didaktik des Geschichtsunterrichts, in: Geschichtsunterricht ohne Zukunft? Stuttgart 1972, S. 81–82)

Frage:
1. Diskutieren Sie die Vorzüge und Nachteile dieser Verlaufsplanung. (Vgl. Kap. 3.2.)

Q 103 Allgemeines Verlaufsmodell des historisch-politischen Unterrichts (Arbeitsschritte)
1. Aufgreifen eines Themas/Problems unter Bezug auf curriculare Vorgaben bzw. aktuelle Ereignisse (Kontroversen) und/oder auf Schülerinteressen; Überlegungen zur »Relevanz« und zur möglichen Strukturierung des Themas; Entscheidung für einen bestimmten Zugriff
2. Klären der gängigen »Bilder« und Vorstellungen sowie der Schülerurteile; Prüfen der Möglichkeiten der Lerngruppe zur Begründung ihrer Urteile; Formulieren erwogener Annahme, evtl. Mitteilen provokativer Informationen
3. Herausarbeiten offener bzw. zentraler Fragen und Gesichtspunkte; Aufstellen von Erkenntniszielen; Klären der Informationsbedürfnisse; Materialbeschaffung (bzw. Materialangebot des Lehrers); Organisieren der Arbeit
4. Analysen des Informations- und Quellenmaterials nach Einzelaspekten; Informations- und Quellenkritik, Sachaussagen zu Einzelfragen und Teilerscheinungen
5. Rekonstruktion von Vorgängen und Situationen (Konstellationen, Konfigurationen); Einordnen in übergreifende Zusammenhänge; Formulieren historischer (historisch-politischer) Beobachtungen und Sachurteile
6. Systematisches Überprüfen der unter 2. vorgefundenen – geteilten oder abgelehnten – Urteile und Annahmen; Aussagen über den Gegenwartsbezug bzw. die lebenspraktische Bedeutung der durch den Prozeß unter 3., 4. und 5. geklärten und

begründbar zu formulierenden Sachurteile und ggf. der Kontroversen zwischen ihnen; Formulierung historisch fundierter politischer Stellungnahmen oder Wertungen; Reflexion auf die in diese Stellungnahmen eingehenden historischen Erkenntnisse einerseits, gegenwärtigen Erkenntnisbedingungen und Interessen andererseits; ggf. Reflexion des Aufforderungsgehaltes der Sachurteile und Wertungen bzw. Stellungnahmen und ihrer möglichen-direkten oder vermittelten – Bedeutung für eigenes Entscheiden oder ggf. Handeln.

Es handelt sich nicht um ein Formalstufenschema, das die konkreten Unterrichtsprozesse festlegen soll, sondern um ein sachlogisch, psychologisch und methodisch reflektiertes fachdidaktisches Instrument zur Verdeutlichung der Methodenkonzeption des angestrebten Unterrichtsprozesses.

(K. E. Jeismann, Didaktik der Geschichte: Das spezifische Bedingungsfeld des Geschichtsunterrichts, in: Geschichte und Politik, hg. von G. Behrmann u. a., Paderborn 1978, S. 87–88)

Fragen:
1. Vergleichen Sie diese Vorgehensweise mit Q 101 + Q 102. Welche Elemente sind demgegenüber in diesem Verlaufsmodell neu?
2. Bestimmen Sie die Bedeutung der Einstellungen der Schüler und des gesellschaftlichen Bewußtseins für die Unterrichtsplanung.
3. Versuchen Sie, die Lernziele zu bestimmen, die mit dieser Vorgehensweise verknüpft sind.
4. Welche curricularen Anforderungen werden bei diesem Verfahren eingelöst?

Annette Kuhn setzt zu diesem Zweck mehrere methodische Schritte an: `Q 104`

1. Hypothesenbildung
(1) Leitfrage (z. B.: Können Reformen Revolutionen verhindern?)
(2) Problematisierung mit Hilfe kontroverser Materialien, die aus der Erfahrungswelt der Schüler, aber auch der wissenschaftlichen Diskussion stammen können
(3) Äußerung von Vermutungen, Formulierung von Hypothesen (z. B. Reformen von oben ermöglichen/ermöglichen nicht die notwendigen sozialen Veränderungen)

2. »Historische Aufklärung«
(1) Informationen zur Erarbeitung der Problematik
(2) Formulierung von Leitfragen
(3) Textuntersuchungen; Erwerb von Kenntnissen
(4) Interpretation im Begründungszusammenhang der jeweiligen Zeit
(5) Diskussion der Ergebnisse
(6) Zusammenfassung der Ergebnisse
(7) Ggf. Entwicklung neuer Leitfragen für eine Weiterführung des Unterrichts; ggf. neue Texte usw.
(8) Bildung der historischen Einsicht, die zu verallgemeinerungsfähigen politischen Einsichten führt.
3. Überprüfung der Hypothesen
(1) Überprüfung der Ausgangshypothesen an den gewonnenen Ergebnissen
(2) Erschließung der Handlungsrelevanz durch Überführung des Problems in die heutige Erfahrungswelt der Schüler.
(R. Schörken, Der lange Weg zum Geschichtscurriculum, in: Geschichtsdidaktik, 2. Jg. 1977, H. 3, S. 263)

Fragen:
1. Versuchen Sie, diesen Planungsverlauf in Beziehung zur Lernzielgewinnung (Q 100) zu setzen.
2. Vergleichen Sie den Planungsverlauf mit Q 102 + Q 103.

Q 105 Siehe die schematische Darstellung auf Seite 207.

Dieses Schema orientiert sich an der Unterrichtsplanung der Reihe: Geschichte im Unterricht. Entwürfe und Materialien hg. von A. Kuhn und V. Rothe, München 1975 ff. Kösel-Verlag und an dem Verfahrensmodell in dem Beitrag: A. Kuhn: Zur Zusammenarbeit von Geschichtsunterricht und Politikunterricht. Ein curriculumtheoretischer Vorschlag. In: R. Schörken (Hg.): Zur Zusammenarbeit von Geschichtsunterricht und Politikunterricht, Stuttgart 1978, S. 102–147. S. a. Gerhard Schneider, Zur Quellenbenutzung in Studium und Unterricht, in: Geschichte und Schule, Westermanns Päd. Beiträge 10/1977, S. 431.
Wichtig: Dieser »Dreischritt« gibt den Lernverlauf zunächst unabhängig von der Zeitplanung an. Er ist nicht automatisch auf eine U-Stunde übertragbar!

Fragen:
1. Welche Bedeutung kommt der Bedingungsanalyse (Q 92) nach diesem Planungsverlauf zu?
2. Ordnen Sie die Lernziele Q 99 diesem Verlaufsplan zu.
3. Überprüfen Sie die Begriffe Erkenntnisinteressen und Diskursivität an den geschichtstheoretischen Texten von Kapitel 5.

| Erkenntnisinteresse: Interesse an Erschließung der historisch-politischen Wirklichkeit unter dem Richtziel der Emanzipation | Q 105 |

1. Phase Entwicklung von Arbeitshypothesen	– Einstellungen der Schüler zum thematischen Gegenstand (z.B.Thema: NS – neofaschistische Tendenzen in der Klasse…) – Herrschende gesellschaftliche Einstellungen zum Gegenstand (z.B. Einstellungen zu NS-Fall Filbinger) – Durch Medien (Schulbuch, Fernsehen usw.) vermittelte Einstellung zum Gegenstand	Im Vordergrund: Beziehungsaspekt
	Bildung von alternativen kontroversen Hypothesen (Leitfragen) z.B. – »starker Mann«… – »mußte so kommen« – »Betriebsunfall«	
2. Phase historische Aufklärung	– Klärung der Unterrichtsmethode – Sammlung der Materialien/Medien – Quellenarbeit Quelleninterpretation: (Kenntnisse, Erkenntnis auf der Basis der krit.-hermeneut. Methode: Fein-Grobziele) Ideologiekritisches Verfahren: Diskursivität unter erkennt. C. Interessen	Im Vordergrund: Inhaltsaspekt Sachkompetenz Wissenschaftl. Kompetenz
	Gewinnung von historisch-politischen Lernzielen: nur tendenziell planbar, prinzipiell offen	
3. Phase Handlungsrelevanz	Überprüfung der Hypothesen an Hand der historisch-politischen Erkenntnisse. Mögl. Revision der Hypothesen, Praxisfelder, …	Im Vordergrund: Beziehungsaspekt unter Einbeziehung des Inhaltsaspekts Kommunikative Kompetenz (Rollenkompetenz)

Vorüberlegungen   Q 106

Zur Stellung der Thematik im Lehrplan der 8. Jahrgangsstufe
Unter Punkt 5 des Stoffplans für den Geschichtsunterricht des 8. Schülerjahrgangs findet sich die »Französische Revolution« dem »Zeitalter Napoleons« zugeordnet, was nicht nur die chronologi-

sche Abfolge zum Ausdruck bringt, sondern auch eine innere
»Kausalität« beider historischer Phänomene impliziert – also: die
napoleonische Didaktur als Folge nachrevolutionärer Wirren
verstehen läßt.
Andererseits geht diesem Thema nach dem Stoffverteilungsplan
die Behandlung der »europäischen Aufklärung und der amerikanischen Unabhängigkeitserklärung« voraus, die ihrerseits wiederum Auswirkungen auf die historischen Prozesse im spätabsolutistischen Frankreich haben und sich in Personen wie J. J.
Rousseau und Voltaire als Theoretikern der Aufklärung und
Lafayette als Kombattanten des amerikanischen Unabhängigkeitskrieges konkretisieren.
Ferner muß auch das (stoffplanmäßig) noch weiter zurückliegende Thema »Zeitalter des Absolutismus« mit seinen sozial- und
wirtschaftspolitischen Ausprägungen in die Konzeption der geplanten Unterrichtseinheit »Französische Revolution« miteinbezogen werden, da darin ein wesentlicher Teil des breit gefächerten
Ursachenbündels für die Ereignisse von 1789 ff. liegt.
Je nach der grundsätzlichen didaktischen Entscheidung des
Lehrers werden die Themenbereiche des Stoffplans für Planung
und Organisation der Lernsequenz schwerpunktmäßig Bezugs-
bzw. Anknüpfungspunkt einer didaktischen Detailplanung:
a) Will man den Zeitabschnitt der Französischen Revolution mehr
unter dem Aspekt einer sich grundlegend ändernden Auffassung
von Staat und Herrschaft (Aufklärung) und den daraus resultierenden verfassungsrechtlichen Auswirkungen (Vergleich: amerikanische Verfassung und französische Verfassung von 1791)
erarbeiten, so wird man sich schwerpunktmäßig auf die Lernergebnisse aus der unterrichtlichen Behandlung des Punktes 4 beziehen – ohne die spätabsolutistische Gesellschaftssituation ganz
außer acht lassen zu können.
b) Will man hingegen mehr die Ursachen, den Anlaß, den Verlauf
und die Auswirkungen der Französischen Revolution in den
Mittelpunkt des Lernprozesses stellen und diese bedingt im Sinne
des Exemplarischen zum Lerngegenstand machen, so wird man
schwerpunktmäßig die sozial- und wirtschaftspolitische Situation
des vorrevolutionären Frankreich (Punkt 3 des Stoffplans) und die
wechselnden Veränderungen bis zur napoleonischen Diktatur als
vermeintlichen Ausweg aus der permanenten Revolution zum
Hauptgegenstand der Didaktik machen – ohne die Auswirkungen
der Aufklärung und des amerikanischen Unabhängigkeitskrieges
negieren zu dürfen.

Da der folgende Bearbeitungsvorschlag die unter b) skizzierte didaktische Entscheidung zu realisieren sucht, ergibt sich für die Sachstruktur des Themas vereinfacht folgende Struktur:

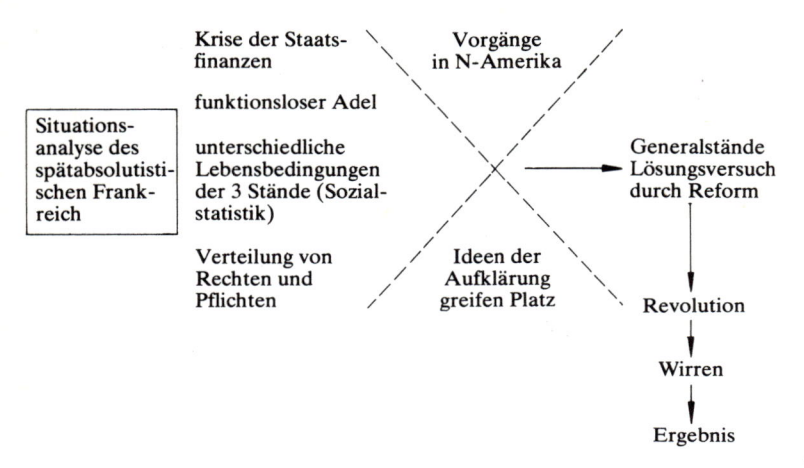

```
                    Krise der Staats-        Vorgänge
                    finanzen                 in N-Amerika
                    
                    funktionsloser Adel
Situations-
analyse des         unterschiedliche                          Generalstände
spätabsolutisti-    Lebensbedingungen                         Lösungsversuch
schen Frank-        der 3 Stände (Sozial-                     durch Reform
reich               statistik)
                    
                    Verteilung von           Ideen der
                    Rechten und              Aufklärung
                    Pflichten                greifen Platz    Revolution
                                                                  ↓
                                                               Wirren
                                                                  ↓
                                                               Ergebnis
```

Zur selektiven Bewältigung des Stoffumfangs
Je nach der Intensität, mit der eine selbstinformierende Beschäftigung des Lehrers mit dem Lerngegenstand »Französische Revolution« erfolgt, erwächst daraus die Notwendigkeit, auch hinsichtlich des stofflichen Umfangs didaktisch orientierte Entscheidungen zu treffen.
Insbesondere die zahlreichen Einzelereignisse zwischem dem 5. 5. und dem 5. 10. 1789 und im Frühjahr 1792, die jedes für sich unbestreitbar eine wichtige Position und Funktion im historischen Prozeß einnehmen und sich auf verschiedenen politischen Ebenen realisieren, lassen sich in dieser Fülle nicht unterrichtspraktisch reorganisieren — allein schon aus zeitlichen Gründen.
- So wird beim folgenden Konzept die sicher sehr bedeutsame Interessendiskrepanz innerhalb des 3. Standes zwischen dem Bürgertum (knapp 5 Mio.) und den 19 Mio. Bauern und Arbeitern außer acht gelassen zugunsten der Forderung der Massen;
- so werden die vielfältigen Verständigungs- und Verhandlungsversuche zwischen Nationalversammlung und Königshaus zugunsten des abschließenden Ergebnisses nicht berücksichtigt;
- so werden auch die zahlreichen Kontakte Ludwigs XVI. zu anderen europäischen Monarchien auf den Anklagepunkt des Hochverrats reduziert;

– so werden die Einzelheiten des Revolutionsterrors und der wechselnde Einfluß der führenden Personen (Danton, Marat, Robespierre...) an dem Dekret gegen Lyon (12. 10. 93) und an Robespierre exemplifiziert.

Die Kriterien, unter denen die notwendige Stoffbeschränkung und die damit verbundene Selektion vorgenommen werden, resultieren aus den vorher getroffenen didaktischen Entscheidungen hinsichtlich der Lernzielplanung. Weiter ist zu berücksichtigen die inhaltliche Konzeption und Ausführlichkeit des eingesetzten Schülerbuches, weil sich ansonsten ein Übermaß an Lehrerdarbietung kaum vermeiden läßt.

Affektive Lernziele
Interesse an der Untersuchung historischer Prozesse gewinnen
Bereitschaft entwickeln, nach besseren Wegen der Daseinsbewältigung in der Zukunft zu suchen
Bereitschaft entwickeln, Vorgänge der Gegenwart mit Kenntnissen aus der Geschichte in Verbindung zu setzen

Methodisch-instrumentale Lernziele
Aus Quellentexten mit und ohne Hilfe von Arbeitsaufträgen Informationen entnehmen
Nichtverbale Quellen (Bilder, Karikaturen, Zahlenmaterial...) verbalisieren
Gemeinsam entwickelte grafische Darstellungen und Strukturen interpretieren
Historische Daten und Prozesse mit Hilfe einer Zeitleiste darstellen und interpretieren
(Josef Ippi, Die Französische Revolution, in: H. Beilner, Geschichte in der Sekundarstufe I, Donauwörth 1976, S. 245–248)

Fragen:
1. Ippi geht von der Stellung der Thematik im Lehrplan aus (vgl. Q 86). Welche Folgen hat dieses Vorgehen für den Unterricht?
2. Welche Funktion hat der Lehrer nach dieser Unterrichtskonzeption? (Vgl. Q 81)
3. Ippi plant seinen Unterricht entsprechend der »Sachstruktur des Themas«. Nehmen Sie zu dieser Annahme einer »Sachstruktur des Themas« Stellung.
4. Wie begründet Ippi die Beschränkung des Stoffumfangs?
5. Ippi benennt affektive Lernziele. Überprüfen Sie, ob diese Lernziele bei der Unterrichtsplanung berücksichtigt werden.

6. Welcher fachdidaktischen Konzeption ist diese Form der Unterrichtsplanung zuzuordnen?

Vorschläge für die Einführungsstunde   Q 107
Die Schüler wissen, daß der Lehrplan das Thema Französische Revolution vorschreibt. Sie sollen selbst die Aspekte aufzählen, die sie bei einer Behandlung des Themas für wichtig halten, und ihre Wahl begründen. Diese Aspekte sollten nach Möglichkeit die Grundlage für die didaktische Strukturierung der Unterrichtseinheit bieten.
In der Öffentlichkeit herrschen unterschiedliche Einstellungen zu dem Unterrichtsthema Französische Revolution. Durch eine Befragung können die Schüler die gesellschaftlichen Einstellungen zu diesem Thema erfassen. Dabei wird u. a. die Frage aufkommen: Woher kommt es, daß Begriffe wie Revolution negativ besetzt sind? Fragen dieser Art zur Entstehung und zur sozialen Funktion von ideologischen Syndromen werden zu Leitfragen für einen ideologiekritischen Geschichtsunterricht.
Manche Schüler beschäftigen sich mit den Lebensgeschichten von Revolutionären. Hier ist ein Ansatzpunkt für die Erörterung von Themen wie: »Ein Revolutionär, der auf mich Eindruck machte« oder: »Weshalb ich für eine Revolution bin«. Schülereinstellungen können somit zum Thema ermittelt und zum Gegenstand der Reflexion und der weiteren Unterrichtsplanung werden.
Die Schüler erarbeiten gemeinsam einen Fragebogen.
Mögliche Fragen:
- Ich habe schon von der Französischen Revolution gehört   ja/nein
- Ich will wissen, wie es zur Revolution gekommen ist   ja/nein
- An dem Thema der Revolution interessiert mich die Frage der Gewalt   ja/nein
- Ich habe über das Thema mit meinem Freund diskutiert   ja/nein
- Ich finde das Thema wichtig   ja/nein

Die gemeinsame Auswertung gibt Hinweise für die weitere Unterrichtsplanung.
... an den Vorgaben, die zur Hypothesenbildung führen, entscheidet sich weitgehend, ob es im Verlauf des Unterrichts gelingt, die »strukturellen Zusammenhänge zwischen individueller Lebensgeschichte, unmittelbaren Interessen, Wünschen und Hoffnungen und geschichtlichem Ereignis« herzustellen. Der Hypothesenbildung kommt daher eine Schlüsselstellung zu. In diesem Entwurf

werden wahlweise unterschiedliche Ansatzpunkte zur Hypothesenbildung vorgeschlagen. Die verschiedenen Anregungen sind dem Alltagswissen, den Sozialwissenschaften und der Geschichtswissenschaft entnommen, ohne daß ein systematischer Anspruch diesen Vorgaben aus den unterschiedlichen Erfahrungs- und Wissenschaftsbereichen zugrundeliegt.
Einen vorrangigen Stellenwert für die Hypothesenbildung nimmt das Alltagsbewußtsein ein. Bei dem jetzigen Stand der empirischen Forschung über Alltagsbewußtsein müssen die Anregungen in diesem Bereich spekulativ bleiben, wenn auch die Forderung, Alltagsvorstellungen als Ausgangspunkt für den Geschichtsunterricht zu wählen, inzwischen Eingang in die Richtlinien für den Lernbereich Geschichte gefunden hat. Wird, wie es neuerdings Gottfried Korff für die Heimatkunde entwickelt hat, die »unmittelbare Alltagserfahrung als exemplarisches Lernfeld für eine kritische Orientierung im gesamtgesellschaftlichen Rahmen« verstanden, so wird auch der Einsatz entsprechender Materialien notwendig. Dies geschieht bisher vorwiegend in der Handlungsforschung, in dem Unterricht über Unterricht (Metaunterricht) stattfindet. Für die alltägliche Schulpraxis liegt bisher nur wenig Material in dieser Hinsicht bereit.
In jeder Unterrichtseinheit finden sich aus den alltäglichen Interpretationsmustern der Schüler Anregungen für die Hypothesenbildung. Diese Hinweise sind aber durch Schüleräußerungen aller Art ergänzungsbedürftig. Schülerprotokolle, biographisches Material, Diskussionsäußerungen der Schüler über den eigenen Lernprozeß, die Frage nach der gesellschaftlichen Funktion und nach den subjektiven, gesellschaftlichen und politischen Implikationen der angestrebten Lernziele bieten wichtige Materialien für den Ausgangspunkt des Unterrichts. Diese Elemente der Hypothesenbildung aus dem Alltagsbewußtsein können durch sozialwissenschaftliche und geschichtswissenschaftliche Hypothesen ergänzt, erweitert oder problematisiert werden.
Zum Thema Revolution, sozialer Wandel und Massenbewegungen hat die sozialwissenschaftliche Forschung zahlreiche Hypothesen aufgestellt und zu erhärten versucht. Auch aus dem Bereich dieser sozialwissenschaftlichen Hypothesen werden Fragestellungen eingeführt. Dabei haben sie nicht die Funktion wissenschaftlicher Erklärungsmodelle, die im Verlauf des Unterrichts verifiziert oder falsifiziert werden können.

Probleme der Strukturierung in einem möglichst offenen Curriculum
Diese Unterrichtseinheit weist eine eindeutige Strukturierung auf. Damit ist aber nicht eine unveränderbare Strukturierung aller Lernschritte gemeint. Vielmehr müssen die Kriterien, die zu dieser Strukturierung geführt haben, allen Schülern erkennbar sein und nach Möglichkeit von den Schülern selbst erarbeitet und entsprechend auch variiert werden. Diese strukturierte Vorgabe des Materials steht somit zunächst nur zur Disposition.
Die Strukturierungskriterien, die selbst Ausdruck einer didaktischen Konzeption sind, sind bewußt sehr allgemein gehalten worden. Auch das im herkömmlichen Geschichtsunterricht bekannte Gliederungsprinzip, die Dreiteilung in eine Entstehungsgeschichte, in eine Verlaufs- und eine Ergebnisgeschichte, ist auch in dieser Unterrichtseinheit erkennbar, wenn auch diese Grobgliederung wenig über die eigentlichen Strukturierungskriterien aussagt. Das allgemeine Interesse an dem Thema Revolution läßt sich aber in wenigen strukturierenden Leitfragen zusammenfassen, die auch die Schüler ohne Kenntnis des historischen Stoffes an das Phänomen gesellschaftlicher Veränderungen und der neuzeitlichen Revolutionen stellen können.
Die strukturierenden Kriterien dieser Unterrichtseinheit sind aus den drei Medien der Vergesellschaftung, Arbeit, Sprache und Herrschaft gewonnen. Für die Erhellung der Revolutionsursachen wird im Sinne der Kategorie Arbeit nach der gesellschaftlichen Basis und ihrer Veränderung (Unterrichtseinheit 1) und nach dem damit verbundenen, erweiterten Herrschaftsanspruch (Kategorie Sprache) der verschiedenen Bevölkerungsgruppen (Unterrichtseinheit 2) gefragt, um schließlich der Herrschafts- und Reformfähigkeit (Unterrichtseinheit 3) des ancien régime nachzugehen. In diesem gleichen gesamtgesellschaftlichen Kontext stehen auch die weiteren strukturierenden Anfragen: Wer sind die historischen Subjekte, die Handlungsträger (Unterrichtseinheit 4), was sind ihre jeweiligen Ziele (Unterrichtseinheit 5), wie sind die Mittel der revolutionären Veränderung beschaffen (Unterrichtseinheiten 6–8) und was ist schließlich das »Ergebnis« der Französischen Revolution?
Zur Sicherung des Wissens und zur Überprüfung der Lernziele sind nach den ersten drei Unterrichtseinheiten eine Zwischenbilanz und zum Abschluß der Versuch einer Bilanz als feste Bestandteile dem didaktischen Konzept beigefügt worden. Damit läßt sich die Gesamtstrukturierung auf wenige, leicht zu erstellen-

de und transparente Leitfragen zurückführen, die für die Erfassung aller historischen Revolutionen brauchbar und somit von großer Generalisierbarkeit sind.
Die wichtigsten Leitfragen lauten:
1. Was waren die (sozialen, wirtschaftlichen und geistigen) Ursachen der Revolution? (Unterrichtseinheiten 1 und 2)
2. Gab es zur Revolution eine Alternative, z. B. durch Reform? (Unterrichtseinheit 3)
3. Wer waren die Träger der Revolution? (Unterrichtseinheit 4)
4. Was waren die Ziele der Revolution? (Unterrichtseinheit 5)
5. Mit welchen Mitteln wurden die Revolutionsziele durchgesetzt? (Unterrichtseinheiten 6, 7 und 8)
6. Was waren die Ergebnisse der Revolution? (Versuch einer Bilanz)

ÜBERSICHT ÜBER DIE UNTERRICHTSENTWÜRFE

Thema des Unterrichtsentwurfs	Qualifikationen	Lernziele
1. Führen soziale und wirtschaftliche Tatsachen zum Ausbruch einer Revolution?	1 Fähigkeit zur gesellschaftlichen Analyse 2 Fähigkeit und Bereitschaft, für notwendige gesellschaftliche Veränderungen Partei zu ergreifen 3 Sensibilisierung gegen soziale Ungleichheiten	1 Kenntnis der Sozialstruktur Frankreichs 2 Kenntnis der wirtschaftlichen Ursachen der Französischen Revolution *Historisch-politisches Lernziel:* Einsicht, daß eine Veränderung in der Produktionsweise auch zu einer Änderung der bestehenden Herrschaft führt
2. Können Ideen oder Ideologien eine Revolution verursachen?	1 Fähigkeit zur Ideologiekritik 2 Fähigkeit und Bereitschaft, seine politischen Interessen zu reflektieren und sich für politische Belange einzusetzen	1 Kenntnis der wichtigsten Ideen der französischen Aufklärung 2 Kenntnis des politischen Schrifttums der Jahre 1788/1789 *Historisch-politisches Lernziel:* Einsicht, daß Gruppen ohne politisches Bewußtsein ihre Interessen nicht durchsetzen können

Thema des Unterrichtsentwurfs	Qualifikationen	Lernziele
3. Reformen statt Revolution?	1 Fähigkeit, die Rechte und Pflichten von gesellschaftlichen Gruppen auf ihre Rechtmäßigkeit hin zu überprüfen 2 Fähigkeit, die gesellschaftlichen Voraussetzungen für Reformen zu erkennen 3 Fähigkeit und Bereitschaft, notwendige gesellschaftliche Reformen, auch wenn sie einen eigenen Nachteil einschließen, zu befürworten	1 Kenntnis der wichtigsten Reformversuche der Krone 2 Kenntnis der Reaktion aller Bevölkerungsgruppen und des Königs auf die Reformen *Historisch-politisches Lernziel:* Einsicht, daß erfolgreiche gesellschaftliche Reformen nur durch den Verzicht der herrschenden Gruppen auf ihre Vorrechte möglich sind
4. Die Träger der Revolution	1 Sensibilisierung gegenüber den Ansprüchen einer repräsentativen Demokratie 2 Abbau von Vorurteilen über die politische Funktion des Volkes 3 Fähigkeit und Bereitschaft, die repräsentative Demokratie auf ihre Legitimation hin zu befragen 4 Fähigkeit und Bereitschaft, für die politischen Rechte (Selbstbestimmung) des Volkes einzutreten	1 Kenntnis der Zusammensetzung der Generalstände 2 Kenntnis der politischen Veränderung, die das Bürgertum bewirkte 3 Kenntnis der revolutionären Aktionen des Volkes *Historisch-politisches Lernziel:* Einsicht, daß ohne die Unterstützung der breiten Bevölkerung eine Revolution nicht durchführbar ist
8. Erziehung als Mittel der revolutionären Veränderung	1 Fähigkeit zur Normenkritik 2 Fähigkeit und Bereitschaft, Erziehungs- und Bildungsnormen nicht ungeprüft zu übernehmen, sondern sie auf ihren Zweck (für wen sind sie wichtig?) und ihre gesellschaftliche Funktion (wem nützen sie?) zu hinterfragen	1 Kenntnis des Schul- und Bildungswesens im ancien régime 2 Kenntnis darüber, welcher Stellenwert der Erziehung im revolutionären Prozeß beigemessen wurde 3 Kenntnis der längerfristig realisierten Veränderungen des Schul- und Bildungswesens *Historisch-politisches Lernziel:* Einsicht, daß revolutionäre Veränderungen von gesellschaftlichen Verhältnissen längerfristig nur wirksam werden können, wenn machtpolitische Veränderungen von adäquaten Veränderungen des Erziehungs- und Bildungswesens begleitet werden

...
Um eine Lernzieldiskussion vorzubereiten, eignen sich u. a. folgende Methoden:
- Die Schüler sollen sich zu Hause überlegen, welche Lernziele bei dem zu behandelnden Unterrichtsthema anzustreben sind. Die schriftlichen Notizen der Schüler werden zu Beginn des Unterrichts zur Diskussion gestellt. Dabei sollen die Schüler ihren Lernzielvorschlag begründen.
- Die Schüler sollen Material sammeln (Zeitungs- und Illustriertenausschnitte), in denen das zu behandelnde Unterrichtsthema zur Sprache kommt. In der Klasse werden die gesellschaftlichen Einstellungen zu diesem Thema diskutiert und zum Ausgangspunkt für Leitfragen (d. h. potentielle Lernziele).
- Die Behandlung des Unterrichtsgegenstands im Schulbuch wird unter der Fragestellung analysiert: welche Lernziele verfolgt die Darstellung im Schulbuch?
- Nach einer Unterrichtseinheit kann Unterrichtskritik geübt werden. Die Schüler äußern sich zum Unterrichtsverlauf und -inhalt, insbesondere aber zu den angestrebten Unterrichtszielen.
- Die Handlungsrelevanz eines Lernzieles wird in einem besonderen Projekt überprüft.

(A. Kuhn, Die Französische Revolution, München 1975, S. 10–15, 17–18)

Fragen:
1. Welche Bedeutung kommt dem Lehrplan bei dieser Unterrichtsplanung zu?
2. Welche Rolle kommt dem Schüler zu?
3. Versuchen Sie die »Sachstruktur«, die der Strukturierung dieses Unterrichts zugrunde liegt, näher zu bestimmen.
4. Bestimmen Sie die Lernzielebenen (vgl. Q 98 + 99).
5. Welche Bedeutung kommt der Lernzieldiskussion dieser Konzeption zu?

Offene Fragen...

- In den letzten Jahren hat sich sowohl die Bildungstheorie als auch die Lerntheorie weiterentwickelt. Klafki und W. Schulz sprechen inzwischen von einer kritisch-konstruktiven Didaktik. Diese Richtung in der allgemeinen Didaktik wird hier mit dem fachspezifischen Ansatz einer kritisch-kommunikativen Didaktik verbunden. Ist diese Übertragung möglich? Oder hat die Geschichtswissenschaft und die Geschichtsdidaktik eine eigene Vorstellung von der Gesellschaft, von dem Schüler und von dem historisch-politischen Lernprozeß? Kann die Kritische Theorie der Gesellschaft eine gemeinsame Basis für die allgemeine Didaktik und die Geschichtsdidaktik bilden?

• Bei der Unterrichtskonstruktion ist in allen Vorlagen von einem Gegenwartsbezug die Rede. Wie wird aber die Gegenwart jeweils bestimmt? Ist sie einfach eine Verlängerung der Vergangenheit oder muß im Geschichtsunterricht der Maßstab des realutopischen Entwurfs einer gerechteren Gesellschaft an die Gegenwart angelegt werden?

• Bei dem Geschichtsunterricht geht es in erster Linie um den Schüler und die Ermöglichung seiner kritischen Identitätsfindung. Kann dieses Ziel mit Hilfe einer theoriebewußten Unterrichtsplanung erreicht werden? Was bedeutet Diskursivität und Kommunikation in diesem Kontext?

Anhang

Anmerkungen und ausgewählte Literatur sind jeweils nach Kapiteln zusammengefaßt. Die Literaturhinweise enthalten am Rand folgende Kennzeichen:
* Grundlegende Literatur zur Geschichtsdidaktik
** Grundlegende Literatur zur Curriculumforschung

Zur Einleitung

Anmerkungen

1 P. Borowsky, B. Vogel, H. Wunder, Einführung in die Geschichtswissenschaft, Opladen 1975.
2 Das Studienbuch Geschichte von H. Jung (Stuttgart 1978) hat sich diese Aufgabe nicht gestellt. Auch in dem Band »Studium der Geschichte« von J. Schmidt (München 1975) wird die Fachdidaktik im eigentlichen Sinn nur marginal behandelt. Auch die von E. Schwalm herausgegebenen Texte (Texte zur Didaktik der Geschichte, Braunschweig 1979) verfolgen eine andere Absicht, da sie weder fachdidaktische Konzeptionen voneinander unterscheiden noch Unterrichtspraxis ermöglichen wollen.
3 W. Zimmermann u. a., Von der Curriculumtheorie zur Unterrichtsplanung, Paderborn 1977, S. 53 ff. (UTB 670).
4 Geschichtswissenschaft und Geschichtsdidaktik, in: Geschichtsdidaktik, 2. Jg. 1977, H. 4.
5 W. Born, G. Otto (Hg.), Didaktische Trends, Dialoge mit Allgemeindidaktikern und Fachdidaktikern, München 1978.
6 D. Benner u. a., Entgegnung zum Bonner Forum ›Mut zur Erziehung‹, München 1978.

Zu Kapitel 1: Geschichtsdidaktik und Curriculumentwicklung

Anmerkungen

1 Saul B. Robinsohn, Bildungsreform als Revision des Curriculum und ein Strukturkonzept für Curriculumentwicklung, Darmstadt 1972^4, S. XV.

[2] Vgl. ebda., S. XV.
[3] Vgl. ebda., S. XVIII.
[4] Christoph Wulf, Das politisch-sozialwissenschaftliche Curriculum, München 1973, S. 18.
[5] Egon Becker, Sebastian Herkommer, Joachim Bergmann, Erziehung zur Anpassung?, Frankfurt 1967.
[6] Georg Picht, Die deutsche Bildungskatastrophe, Freiburg 1964, S. 26.
[7] Zit. nach: Hans-Georg Roth, 25 Jahre Bildungsreform in der Bundesrepublik, Bad Heilbrunn 1975, S. 29.
[8] Peter Glotz, Revolte von Stadtindianern und Spontis. In: Der Spiegel Nr. 26/1977, S. 62.

Auswahlbibliographie

**Frank *Achtenhagen,* Hilbert L. *Meyer* (Hg.), Curriculumrevision – Möglichkeiten und Grenzen, München 1971.
Theodor W. *Adorno,* Erziehung zur Mündigkeit, Frankfurt 1970, S. 92 ff.
Egon *Becker,* Sebastian *Herkommer,* Joachim *Bergmann,* Erziehung zur Anpassung? Frankfurt 1967.
**Hartwig *Blankertz,* Theorien und Modelle der Didaktik, München 1970[4].
***Ders.* (Hg.), Curriculumforschung – Strategien, Strukturierung, Konstruktion, Essen 1971.
Bund-Länder-Kommission für Bildungsplanung, Bildungsgesamtplan, 2 Bde, Stuttgart 1974[2], Kurzfassung, Bonn 1973.
Arno *Combe,* Hans-Joachim *Petzold,* Bildungsökonomie, Köln 1977.
Deutscher Bildungsrat, Empfehlungen der Bildungskommission, Strukturplan für das Bildungswesen, Stuttgart 1972[4].
Deutscher Bildungsrat, Gutachten und Studien der Bildungskommission, H. Roth (Hg.), Begabung und Lernen, Stuttgart 1977[11].
Walter *Gagel,* Sicherung vor Anpassungsdidaktik? Curriculare Alternativen des politischen Unterrichts: Robinsohn oder Blankertz, in: R. Schörken (Hg.), Curriculum Politik, Opladen 1974, S. 15 ff.
Hartmut v. *Hentig,* Die zweite Reform. 22 vorläufige Thesen zu einer möglichen Erneuerung der Bildungspolitik, in: Gesamtschule 6, 1977, S. 27 f.
*K. E. *Jeismann,* Funktionen und Didaktik der Geschichte, in: J. Rohlfes, K. E. Jeismann (Hg.), Geschichtsunterricht, Inhalte und Ziele (Beiheft zur Zeitschrift Geschichte in Wissenschaft und Unterricht), Stuttgart 1974, S. 106 ff.
Georg *Picht,* Die deutsche Bildungskatastrophe, Freiburg 1964.
**Saul B. *Robinsohn,* Bildungsreform als Revision des Curriculum und ein Strukturkonzept für Curriculumentwicklung, Darmstadt 1972[4].
***Ders.* (Hg.), Curriculumentwicklung in der Diskussion, Stuttgart u. Düsseldorf 1972.
*Joachim *Rohlfes,* Umrisse einer Didaktik der Geschichte, Göttingen 1976[2].
Hans-Georg *Roth,* 25 Jahre Bildungsreform in der Bundesrepublik, Bad Heilbrunn 1975.

*Rolf *Schörken*, Der lange Weg zum Geschichtscurriculum, in: Geschichtsdidaktik, H. 3 und 4, 1977.
Christoph *Wulf,* Das politisch-sozialwissenschaftliche Curriculum, München 1973.

Zu Kapitel 2: Traditionelle und gegenwärtige fachdidaktische Konzeptionen

Anmerkungen

[1] Ernst Weymar, Das Selbstverständnis der Deutschen. Ein Bericht über den Geist des Geschichtsunterrichts der höheren Schulen im 19. Jahrhundert, Stuttgart 1961; Erich Reichert, Der Geschichtsunterricht in der Reform, Kastellaun 1976.

[2] Bernhard Schwenk, Unterricht zwischen Aufklärung und Indoktrination, Frankfurt 1974; Ilse Dahmer und Wolfgang Klafki, Geisteswissenschaftliche Pädagogik am Ausgang ihrer Epoche, Weinheim 1968; Siegfried Quandt (Hg.), Deutsche Geschichtsdidaktiker des 19. und 20. Jahrhundert, Paderborn 1978, UTB 833.

[3] Wolfgang Born und Gunter Otto (Hg.), Didaktische Trends, München 1978.

[4] T. Börss, K.-C. Lingelbach, Lernziele, in: Probleme der Curriculumentwicklung, Frankfurt 1972, S. 28.

[5] Zur Einordnung neuerer fachdidaktischer Ansätze: H. Süssmuth, Geschichtsdidaktische Alternativen, in: Geschichte und Politik, hg. von G. Behrmann, K.-E. Jeismann, H. Süssmuth, Paderborn 1978, S. 23–38; Annette Kuhn, Neuere Ansätze in der Didaktik der Geschichte, in: Neue Sammlung, 16. Jg. 1976, Heft 2, S. 134–143; Annette Kuhn, Zum Entwicklungsstand in der Geschichtsdidaktik, in: Didaktische Trends, hg. von W. Born und G. Otto, München 1978, S. 333 ff.

[6] Zur fachwissenschaftlichen Grundlegung der Fachdidaktik s. K. Bergmann und J. Rüsen, Geschichtsdidaktik, Theorie für die Praxis, Düsseldorf 1978 und das Themenheft: Geschichtswissenschaft und Geschichtsdidaktik, Zeitschrift Geschichtsdidaktik, 2. Jg. 1977, H. 4.

Auswahlbibliographie

*G. *Behrmann*, K.-E. *Jeismann*, H. *Süssmuth* (Hg.), Geschichte und Politik, Paderborn 1978.
K. *Bergmann* und J. *Pandel,* Geschichte und Zukunft, Frankfurt 1975.
K. *Bergmann,* V. *Preisler* und D. *Wischiowski,* Geschichtsunterricht – Relikt oder Notwendigkeit, in: Das Argument, Nr. 70, Berlin 1972, S. 195–217.

**H. *Blankertz,* Theorien und Modelle der Didaktik, München 1977.
**W. *Born,* G. *Otto* (Hg.), Didaktische Trends, München 1978.
  I. *Dahmer,* W. *Klafki* (Hg.), Geisteswissenschaftliche Pädagogik am Ausgang ihrer Epoche – Erich Weniger, Weinheim 1968.
 *Handbuch der Geschichtsdidaktik, hg. von K. Bergmann, A. Kuhn, G. Schneider, J. Rüsen, Düsseldorf 1979, Schwann Verlag.
 *Horst *Jung,* Studienbuch Geschichtsdidaktik, Stuttgart 1978.
**W. *Klafki,* G. *Otto,* W. *Schulz,* Didaktik und Praxis, Weinheim 1977.
  A. *Kuhn,* Einführung in die Didaktik der Geschichte, München 1977.
  A. *Kuhn,* Neue Ansätze in der Didaktik der Geschichte, in: Neue Sammlung, Jg. 16, 1976.
  K. *Mollenhauer,* Theorien zum Erziehungsprozeß, München 1972.
  J. *Rohlfes,* Umrisse einer Didaktik der Geschichte, Göttingen 1976.
**H. *Ruprecht,* H.-K. *Beckmann,* F. v. *Cube,* W. *Schulz,* Modelle grundlegender didaktischer Theorien, Hannover 1972.
  K.-H. *Schäfer* und K. *Schaller,* Kritische Erziehungswissenschaft und kommunikative Didaktik, Heidelberg, UTB 9.
 *H. *Süssmuth* (Hg.), Geschichtsunterricht ohne Zukunft? Anmerkungen und Argumente 1.1., Stuttgart 1972.
  E. *Weniger,* Neue Wege im Geschichtsunterricht, Frankfurt 1949.

Zu Kapitel 3: Psychologische Grundlagen des Geschichtsunterrichts

Anmerkungen

[1] Ich wähle den Einschnitt von 1972, weil hier auch die Abwendung von der funktionalistischen Lerntheorie in der allgemeinen Didaktik zu beobachten ist, vgl. W. Schulz, Unterricht zwischen Funktionalisierung und Emanzipationshilfe, in: H. Ruprecht u. a., Modelle grundlegender didaktischer Theorien, Hannover 1972, S. 155–184.

[2] Heinrich Roth, Einleitung und Überblick, Deutscher Bildungsrat, Gutachten und Studien der Bildungskommission, Stuttgart 1977, S. 27.

[3] Helmut Hartwig, Ältere Entwicklungspsychologie und neuere Lerntheorie (-psychologie) – Bemerkungen zu ihrer Rolle bei der Begründung von Lernzielen für die Curricula des Fachgebiets Geschichte/Politische Bildung, in: Probleme der Curriculum-Entwicklung, Frankfurt 1972, S. 83–89; Uwe Uffelmann, Vorüberlegungen zu einem problemorientierten Geschichtsunterricht im sozialwissenschaftlichen Lernbereich, in: Aus Politik und Zeitgeschichte, B 33, 1975, S. 15ff.

[4] R. Döbert, J. Habermas, G. Nunner-Winkler (Hg.), Entwicklung des Ichs, Köln 1977.

[5] H. Roth, ebenda, S. 26–27.

[6] Antonius Holtmann, Sozialisation, Lernen und Theoriebildung – Überlegungen zu einer sozialisationstheoretischen politisch-historischen Didaktik, in: Historischer Unterricht im Lernfeld Politik,

Schriftenreihe der Bundeszentrale für politische Bildung, H. 96, Bonn 1973, S. 158.
7 Als Beispiel vgl. Valentine Rothe, Der russische Anarchismus und die Rätebewegung 1905. Eine geschichtswissenschaftliche und geschichtsdidaktische Untersuchung, Frankfurt 1978.

Auswahlbibliographie

*Hans *Aebli,* Die geistige Entwicklung als Funktion von Anlage, Reifung, Umwelt- und Erziehungsbedingungen, in: H. Roth (Hg.), Begabung und Lernen, Stuttgart 1970.
Ders., Psychologische Didaktik, Stuttgart 1969.
**K. *Bergmann*/H. J. *Pandel,* Geschichte und Zukunft, Frankfurt 1975.
*Jerome *Bruner,* Der Prozeß der Erziehung, Düsseldorf 1970.
*R. *Döbert,* J. *Habermas* und G. *Nunner-Winkler,* Entwicklung des Ichs, Köln 1977, NWB 90.
Jürgen *Habermas,* Vorbereitende Bemerkungen zu einer Theorie der kommunikativen Kompetenz, in: ders., Theorie der Gesellschaft oder Sozialtechnologie, Frankfurt 1971.
Ders., Notizen zum Begriff der Rollenkompetenz, in: ders., Kultur und Kritik, Frankfurt 1973.
Ders., Zur Rekonstruktion des Historischen Materialismus, Frankfurt 1976.
Helmut *Hartwig,* Ältere Entwicklungspsychologie und neuere Lerntheorie (-psychologie), in: Probleme der Curriculumentwicklung, Frankfurt 1976.
A. *Holtmann,* Sozialisation, Lernen und Theoriebildung – Überlegungen zu einer sozialisationstheoretischen politisch-historischen Didaktik, in: Historischer Unterricht im Lernfeld Politik, Bonn 1973, S. 127–159, Schriftenreihe der Bundeszentrale für politische Bildung, H. 96.
A. *Kuhn,* Wozu Geschichtsunterricht? Oder ist ein Geschichtsunterricht im Interesse des Schülers möglich, in: Geschichtsdidaktik 1. Jg. 1976, H. 1, S. 39–46.
*Waltraud *Küppers,* Zur Psychologie des Geschichtsunterrichts, Stuttgart 1961. Ernst-August *Roloff,* Geschichte und politische Sozialisation – Sozialpsychologische Aspekte des historisch-politischen Lernens unter besonderer Berücksichtigung von audio-visuellen Arbeitsmitteln, in: Historischer Unterricht im Lernfeld Politik, Bonn 1973, S. 113–127, Schriftenreihe der Bundeszentrale für politische Bildung, H. 96.
Heinrich *Roth,* Begabung und Lernen. Deutscher Bildungsrat. Gutachten und Studien der Bildungskommission, Bd. 4, Stuttgart 1969.
Ders., Kind und Geschichte, München 1962.
Ders., Pädagogische Psychologie des Lehrens und Lernens, Hannover 1967.
Rolf *Schörken,* Lerntheoretische Fragen an die Didaktik des Geschichtsunterrichts, in: Geschichte ohne Zukunft? 1.1. Stuttgart 1972.

Ders., Kriterien für einen lernzielorientierten Geschichtsunterricht, in: Die Funktion der Geschichte in unserer Zeit, hg. von E. Jäckel und E. Wegmar, Stuttgart 1975, S. 280 ff.
**Gerda von *Staehr,* Zur Konstituierung der politisch-historischen Didaktik, Frankfurt 1978.
F. *Streiffler,* Politische Psychologie, Hamburg 1975.
Hans *Süssmuth,* Lernziele und Curriculumelemente eines Geschichtsunterrichts nach strukturierenden Verfahren, in: Lernziele und Stoffauswahl im politischen Unterricht, Bonn 1972, Schriftenreihe der Bundeszentrale für politische Bildung, H. 93.

Zu Kapitel 4: Geschichtswissenschaft und Geschichtsdidaktik

Anmerkungen

[1] Vgl. Friedrich Meinecke, Die Entstehung des Historismus, München 1965⁴, S. 3.
[2] Vgl. Reinhart Koselleck, Über die Theoriebedürftigkeit der Geschichtswissenschaft, in: Werner Conze (Hg.), Theorie der Geschichtswissenschaft und Praxis des Geschichtsunterrichts, Stuttgart 1972, S. 11.
[3] Wolfgang J. Mommsen, Die Geschichtswissenschaft jenseits des Historismus, Düsseldorf 1971, S. 8.
[4] Ebda.
[5] Vgl. ebda., S. 9.
[6] Vgl. Karl-Heinz Spieler, Untersuchungen zu Johann Gustav Droysens ›Historik‹, Berlin 1970, S. 123.
[7] Zur Einführung in die geschichtswissenschaftliche Methodologie vgl. D. Borowski, B. Vogel, H. Wunder, Einführung in die Geschichtswissenschaft, Opladen 1975.
[8] Vgl. Alfred Stern, Geschichtsphilosophie und Wertproblem, München, Basel 1967, S. 220.
[9] Die wichtigsten Arbeiten zur deutschen Sozialgeschichte nennt: Hans-Ulrich Wehler, Bibliographie zur modernen deutschen Sozialgeschichte (UTB 6207), Göttingen 1976. Für Studenten besonders als Einführung empfehlenswert: Jürgen Kocka, Geschichte – Studienmaterial, München 1976.
[10] Ranke war kein Freund von Hegel, blieb der Hegelschen Geschichtsphilosophie dennoch nahe. Vgl. Wolfgang J. Mommsen, a. a. O., S. 9.
[11] Johann Gustav Droysen, Historik, hg. v. R. Hübner, Darmstadt 1960, S. 387.
[12] Horst W. Jung, Studienbuch Geschichtsdidaktik, Stuttgart 1978, S. 134.
[13] Hans-Ulrich Wehler, Geschichte und Soziologie, in: Ders., Geschichte als historische Sozialwissenschaft, Frankfurt 1973, S. 26.

[14] Vgl. Max Horkheimer, Psychologie und Soziologie im Werk Wilhelm Diltheys, in: Ders., Kritische Theorie, hg. v. A. Schmidt, Bd. II, Frankfurt 1968, S. 279.
[15] Vgl. Hans-Ulrich Wehler, Das deutsche Kaiserreich 1871–1918, Göttingen 1973, S. 13; Jürgen Kocka, Sozialgeschichte als Geschichte ganzer Gesellschaften, in: Ders., Sozialgeschichte, Göttingen 1977, S. 100.
[16] Hans Schleier, Historismus – Strukturgeschichte – sozialwissenschaftliche Methoden, in: Probleme der marxistischen Geschichtswissenschaft, hg. v. Ernst Engelberg, Köln 1972, S. 306.
[17] Hans-Ulrich Wehler, Das deutsche Kaiserreich, a. a. O., S. 12.
[18] Die Sache der Emanzipation wird verbal akzeptiert, bleibt aber folgenlos, weil die ihr zugrunde liegenden Negativbestimmungen, die Erfahrung des Mangels, der Not und der Bedürftigkeit als zu pessimistische Grundannahmen, besonders für den Schüler, abgewiesen werden. Auch ihr Praxisbezug wird – als wissenschaftlich kontroverser Punkt – nicht weiter reflektiert.
[19] Der Bereich Sozialisation stellt bei den HRRL allerdings unmittelbar auf das Schülerinteresse ab.
[20] Subjektive fachdidaktische Entscheidungen werden dadurch zwar transparent, sie müssen aber auf eine konsensfähige gesellschaftliche Ebene zurückvermittelt werden können.
[21] Werner Boldt/Antonius Holtmann, Geschichte als Gesellschaftswissenschaft: Überlegungen zur Integration der Fächer, in: R. Schörken (Hg.), Zur Zusammenarbeit von Geschichts- und Politikunterricht, Stuttgart 1978, S. 284.
[22] Vom Standpunkt einer erneuerten »Historik« aus hat sich auch Jörn Rüsen in die Vermittlungsthematik eingeschaltet: Vgl. J. Rüsen, Für eine erneuerte Historik – Studien zur Theorie der Geschichtswissenschaft, Stuttgart-Bad Cannstatt 1976, S. 165 ff.

Auswahlbibliographie

*Klaus *Bergmann*/Jörn *Rüsen* (Hg.), Geschichtsdidaktik: Theorie für die Praxis, Düsseldorf 1978.
*Werner *Boldt*/Antonius *Holtmann*, Geschichte als Gesellschaftswissenschaft: Überlegungen zur Integration der Fächer, in: Rolf Schörken (Hg.), Zur Zusammenarbeit von Geschichts- und Politikunterricht (Anmerkungen und Argumente), Stuttgart 1978, S. 264 ff.
**Wilhelm *Dilthey*, Der Aufbau der geschichtlichen Welt in den Geisteswissenschaften, Frankfurt 1970.
**Johann Gustav *Droysen*, Historik, hg. v. R. Hübner, Darmstadt 1960.
*Hans *Ebeling*, Zur Didaktik eines kind-, sach- und zeitgemäßen Geschichtsunterrichts, Hannover 1965.
**José *Fontana* und E. H. *Carr*, Geschichte. Objektivität und Parteinahme in der Geschichtsschreibung, Reinbek 1979 (rororo Sachbuch 7236).

Jürgen *Habermas,* Analytische Wissenschaftstheorie und Dialektik, in: Th. W. Adorno u. a., Der Positivismusstreit in der deutschen Soziologie, Neuwied, Berlin 1971³.
*Antonius *Holtmann* (Hg.), Das sozialwissenschaftliche Curriculum in der Schule, Opladen 1972.
Georg G. *Iggers,* Deutsche Geschichtswissenschaft, München 1972.
**Jürgen *Kocka,* Sozialgeschichte, Göttingen 1977.
**Ders., Sozialgeschichte – Strukturgeschichte – Sozialwissenschaft, in: Geschichtsdidaktik, H. 4, Düsseldorf 1977, S. 284ff.
Reinhart *Koselleck,* Über die Theoriebedürftigkeit der Geschichtswissenschaft, in: Werner Conze (Hg.), Theorie der Geschichtswissenschaft und Praxis des Geschichtsunterrichts, Stuttgart 1972.
*Erich *Kosthorst* (Hg.), Geschichtswissenschaft – Didaktik – Forschung – Theorie, Göttingen 1977.
*Annette *Kuhn,* Zur Zusammenarbeit von Geschichtsunterricht und Politikunterricht – Ein curriculumtheoretischer Vorschlag, in: Rolf Schörken (Hg.), Zur Zusammenarbeit von Geschichts- und Politikunterricht (Anmerkungen und Argumente), Stuttgart 1978, S. 102ff.
**Friedrich *Meinecke,* Die Entstehung des Historismus, München 1965⁴.
**Wolfgang J. *Mommsen,* Die Geschichtswissenschaft jenseits des Historismus, Düsseldorf 1971.
**Willi *Oelmüller* (Hg.), Wozu noch Geschichte, München 1977.
*Rahmenrichtlinien, Sekundarstufe I Gesellschaftslehre, Der Hessische Kultusminister, o. J.
**Leopold von *Ranke,* Fürsten und Völker – Geschichte der romanischen und germanischen Völker von 1494–1514, Wiesbaden 1957.
**Ders., Die großen Mächte, Politisches Gespräch, Göttingen 1958.
**Heinrich *Rickert,* Die Probleme der Geschichtsphilosophie, Heidelberg 1924.
Herbert *Schnädelbach,* Geschichtsphilosophie nach Hegel, Freiburg, München 1974.
W. *Schulze,* Soziologie und Geschichtswissenschaft, München 1974.
Karl-Heinz *Spieler,* Untersuchungen zu Johann Gustav Droysens ›Historik‹, Berlin 1970.
*Gerda von *Staehr,* Die Funktion der Quelle für die historische, soziale und politische Erkenntnisarbeit im Unterricht, in: K. Bergmann/J. Rüsen (Hg.), Geschichtsdidaktik: Theorie für die Praxis, Düsseldorf 1978, S. 113ff.
*Lothar *Steinbach,* Didaktik der Sozialgeschichte (Anmerkungen und Argumente), Stuttgart 1976.
Alfred *Stern,* Geschichtsphilosophie und Wertproblem, München, Basel 1967.
Arnold *Sywottek,* Geschichtswissenschaft in der Legitimationskrise, Bonn-Bad Godesberg 1974.
Ernst *Troeltsch,* Der Historismus und seine Probleme, Aalen 1961.
*Uwe *Uffelmann,* Vorüberlegungen zu einem problemorientierten Geschichtsunterricht im sozialwissenschaftlichen Lernbereich, in: Aus Politik und Zeitgeschichte, Beilage zur Wochenzeitung das Parlament, B 33/75, S. 3ff.
Hans-Ulrich *Wehler,* Bibliographie zur modernen deutschen Sozialgeschichte, Göttingen 1976.

** *Ders.,* Geschichte als historische Sozialwissenschaft, Frankfurt 1973.
** *Ders.,* Das deutsche Kaiserreich 1871–1918, Göttingen 1973.
* Erich *Weniger,* Die Grundlagen des Geschichtsunterrichts, Leipzig, Berlin 1926.

Zu Kapitel 5: Geschichtstheorie und Geschichtsdidaktik

Anmerkungen

1 Vgl. R. Koselleck, Über die Theoriebedürftigkeit der Geschichtswissenschaft, in: W. Conze (Hg.), Theorie der Geschichtswissenschaft und Praxis des Geschichtsunterrichts, Suttgart 1972, S. 10 ff.
2 Jörn Rüsen, Für eine erneuerte Historik – Studien zur Theorie der Geschichtswissenschaft, Stuttgart, Bad Cannstadt 1976, S. 171.
3 Vgl. W. Born, G. Otto (Hrsg.), Didaktische Trends, München 1978. W. Schulz, Unterricht zwischen Funktionalisierung und Emanzipationshilfe – Zwischenbilanz auf dem Wege zu einer kritischen Didaktik, in: H. Ruprecht u. a., Modelle grundlegender didaktischer Theorie, Hannover 1976[3], S. 171 ff. Zur Übernahme wesentlicher Elemente der kritischen Theorie in die Fachdidaktiken vgl. H. G. Tymister, Didaktik: Sprechen – Handeln – Lernen, München 1978. Ferner: G. Otto, Didaktik als Magd? in: Zeitschrift für Pädagogik, 5/1978, S. 679 ff.
4 Annette Kuhn, Einführung in die Didaktik der Geschichte, München 1974. – Zum geschichtstheoretischen Verständnis der sog. Bielefelder Schule ist noch zu bemerken, daß J. Kocka in einer seiner neuesten Veröffentlichungen, Geschichte – Studienmaterial, München 1976, verschiedene geschichtstheoretische Positionen mit Ausnahme der Frankfurter vorstellt.
5 Th. W. Adorno u. a., Der Positivismusstreit in der deutschen Soziologie, Neuwied, Berlin 1971[3].
6 K. O. Apel u. a., Hermeneutik und Ideologiekritik – Theorie – Diskussion, Frankfurt 1971.
7 J. Habermas, Erkenntnis und Interesse, in: Ders., Technik und Wissenschaft als ›Ideologie‹, Frankfurt 1970[4], S. 164.
8 Ebd., S. 155.
9 Vgl. J. Habermas, Arbeit und Interaktion, in: Ders., a. a. O., S. 23 ff.
10 J. Habermas, Erkenntnis und Interesse, in: Ders., a. a. O., S. 164.

Auswahlbibliographie

** Th. W. *Adorno,* Beitrag zur Ideologienlehre, in: Ders., Soziologische Schriften I, Frankfurt 1972, S. 457 ff.
Th. W. *Adorno,* Individuum und Organisation, in: Ders., Soziologische Schriften I, Frankfurt 1972, S. 440 ff.

**Th. W. *Adorno* u. a., Der Positivismusstreit in der deutschen Soziologie, Neuwied, Berlin 1971³.
Th. W. *Adorno,* Spätkapitalismus oder Industriegesellschaft? in: Ders., Soziologische Schriften I, Frankfurt 1972, S. 354ff.
Th. W. *Adorno zum Gedächtnis, hg. v. H. Schweppenhäuser, Frankfurt 1971.*
K. O. *Apel* u. a., Hermeneutik und Ideologiekritik – Theorie – Diskussion, Frankfurt 1971.
**W. *Boldt*/A. *Holtmann,* Geschichte als Gesellschaftswissenschaft: Überlegungen zur Integration der Fächer, in: R. Schörken (Hg.), Zur Zusammenarbeit von Geschichts- und Politikunterricht (Anmerkungen und Argumente), Stuttgart 1978, S. 264 ff.
**K.-G. *Faber,* Theorie der Geschichtswissenschaft, München 1971.
**J. *Habermas,* Erkenntnis und Interesse, Frankfurt 1968.
**Ders., Erkenntnis und Interesse, in: Ders., Technik und Wissenschaft als Ideologie, Frankfurt 1970⁴, S. 146 ff.
Ders., Analytische Wissenschaftstheorie und Dialektik, in: Th. W. Adorno, Der Positivismusstreit in der deutschen Soziologie, Neuwied, Berlin 1971³, S. 155 ff.
**M. *Horkheimer,* Traditionelle und kritische Theorie, in: Ders., Kritische Theorie – Eine Dokumentation, Bd. II, hg. v. A. Schmidt, Frankfurt 1972, S. 137 ff.
**R. *Koselleck,* Über die Theoriebedürftigkeit der Geschichtswissenschaft, in: W. Conze (Hg.), Theorie der Geschichtswissenschaft und Praxis des Geschichtsunterrichts, Stuttgart 1972, S. 10 ff.
*A. *Kuhn,* Einführung in die Didaktik der Geschichte, München 1977².
K. *Lenk,* Ideologie, Darmstadt, Neuwied 1972⁶.
*H.-G. *Pandel,* Integration durch Eigenständigkeit? in: R. Schörken (Hg.), Zur Zusammenarbeit von Geschichts- und Politikunterricht (Anmerkungen und Argumente), Stuttgart 1978, S. 346.
H. *Rombach,* (Hg.), Wissenschaftstheorie 1 – Studienführer, Freiburg 1974.
**J. *Rüsen,* Für eine erneuerte Historik – Studien zur Theorie der Geschichtswissenschaft, Stuttgart, Bad Cannstatt 1976.
A. *Schmidt,* Zur Sache der kritischen Theorie, München 1974.
**H. *Seiffert,* Einführung in die Wissenschaftstheorie 2, München 1971².
B. *Tuchling,* Habermas – die ›offene‹ und die ›abstrakte‹ Gesellschaft. Habermas und die Konzeption von Vergesellschaftung der klassisch-bürgerlichen Rechts- und Staatsphilosophie, Berlin 1978 (as 25/26).
A. *Wellmer,* Kritische Gesellschaftstheorie und Positivismus, Frankfurt 1977⁵.

Zu Kapitel 6: Geschichtsunterricht und Geschichtsdidaktik

Anmerkungen

[1] W. Klafki, Didaktische Analyse als Kern der Unterrichtsvorbereitung, in: Auswahl R. A. hg. von H. Roth u. a., Hannover 1962.
[2] Wolfgang Klafki, Zur Diskussion über Probleme der Didaktik, in: Detlef C. Kochan (Hg.), Allgemeine Didaktik, Fachdidaktik, Fachwissenschaft, Darmstadt 1970, S. 392 ff., ders., Von der bildungstheoretischen Didaktik zu einem kritisch-konstruktiven Bildungsbegriff, in: Didaktische Trends, hg. von W. Born und Gunter Otto, München 1978, S. 49–84.
[3] Hier gehe ich im Gegensatz zu Blankertz (Theorien und Modelle der Didaktik, in der Auflage von 1975) von einer Übereinstimmung zwischen dem gesellschaftlichen Anspruch von Schulz und den Kategorien des Berliner Modells in ihrer jetzigen Fassung aus. Dazu: W. Klafki, Von der bildungstheoretischen Didaktik, a. a. O., S. 64.

Auswahlbibliographie

G. *Behrmann*/K.-E. *Jeismann*/H. *Süssmuth,* Geschichte und Politik. Didaktische Grundlegung eines kooperativen Unterrichts, Paderborn 1978.
Helmut *Beilner,* Geschichte in der Sekundarstufe I, Donauwörth 1976.
*P. *Heimann*/G. *Otto*/W. *Schulz,* Unterricht – Analyse und Planung, Hannover 1965.
**W. *Hug,* Geschichtsunterricht in der Praxis der Sekundarstufe I, Frankfurt 1977.
W. *Klafki,* Von der bildungstheoretischen Didaktik zu einem kritisch-konstruktiven Bildungsbegriff? in: Das didaktische Interview, schwarz und weiß, Dortmund 1977/1, S. 1–8.
Ders., Von der bildungstheoretischen Didaktik zu einem kritisch-konstruktiven Bildungsbegriff, in: Didaktische Trends, hg. v. W. Born und G. Otto, München 1978, S. 74–78.
A. *Kuhn,* Einführung in die Didaktik der Geschichte, München 1977.
Dies., Zur Zusammenarbeit von Geschichtsunterricht und Politikunterricht, in: R. Schörken (Hg.), Zur Zusammenarbeit von Geschichts- und Politikunterricht, Anmerkungen und Argumente 20, Stuttgart 1978, S. 102–147.
**Dies./V. *Rothe* (Hg.), Geschichte im Unterricht. Entwürfe und Materialien, München 1974 ff.
A. *Manzmann,* Vorüberlegungen zu einer Didaktik der Soziohistorie – Dimensionierung des Faches Geschichte, in: H. Blankertz (Hg.), Fachdidaktische Curriculumforschung. Neue pädagogische Bemühungen 57, Essen 1973.
**J. *Rohlfes*/K. E. *Jeismann,* Geschichtsunterricht. Inhalte und Ziele, Stuttgart 1976.

**H. D. *Schmid*, Entwurf einer Geschichtsdidaktik der Mittelstufe, in: Geschichte in Wissenschaft und Unterricht 1970, S. 340–363.

Gerhard *Schneider* (Hg.), Die Quelle im Geschichtsunterricht, Donauwörth 1975.

R. *Schörken*, Der lange Weg zum Geschichtscurriculum, in: Geschichtsdidaktik, 2. Jg. 1977, H. 3 und H. 4.

W. *Schulz*, Unterricht, in: Chr. Wulf (Hg.), Wörterbuch der Erziehung, München 1974, S. 591–598.

* *Ders.*, Unterricht zwischen Funktionalisierung und Emanzipationshilfe, in: H. Ruprecht u. a., Modelle grundlegender didaktischer Theorien, Hannover 1972, S. 155–184.

U. *Uffelmann*, Vorüberlegungen zu einem problemorientierten Geschichtsunterricht im sozialwissenschaftlichen Lernbereich, Aus Politik und Zeitgeschichte, B 33/75, S. 3–23.

WEITERE VERÖFFENTLICHUNGEN VON ANNETTE KUHN IM KÖSEL-VERLAG:

Annette Kuhn / Gisela Haffmanns / Angela Genger:

Historisch-politische Friedenserziehung

Unterrichtsmodelle zur Friedenserziehung, herausgegeben von Christel Küpper im Auftrag der Studiengesellschaft für Friedensforschung e.V. München. 159 Seiten. Paperback. (ISBN 3-466-30109-2)

Was historisch-politischer Unterricht meint und im Sinne einer Erziehung zum Frieden leisten kann und soll, damit befaßt sich Prof. Dr. Annette Kuhn im ersten Beitrag dieses Buches. Ihre Abhandlung ist die wissenschaftliche Grundlage für die beiden folgenden Unterrichtsreihen »Erster Weltkrieg« von Gisela Haffmanns und »Krieg und Frieden im Verständnis von Karl Marx« von Angela Genger.

Den Unterrichtsvorschlägen sind jeweils eine umfassende Sachanalyse sowie didaktische Überlegungen vorangestellt, deren Ergebnisse anhand des angefügten Materials belegt werden können. Das Material selbst ist schon für den Unterricht aufbereitet unter Berücksichtigung des didaktisch-methodischen Dreischritts Einstieg/Motivation–Fallstudie/Lösung–Rückbezug/Übertragung. Das Material kann im gesamten Bereich der Sekundarstufe I und II, aber auch in der Erwachsenenbildung verwendet werden.

Annette Kuhn:

Theorie und Praxis historischer Friedensforschung

149 Seiten. Broschiert. Reihe: Studien zur Friedensforschung, Band 7. Gemeinschaftsverlag Klett/Kösel. (ISBN 3-466-42107-1)

Annette Kuhn begründet in überzeugender Weise die Notwendigkeit historischer Friedensforschung; sie zeigt ihre Relevanz für die Umgestaltung des Unterrichts in Geschichte und Politischer Bildung. Am Beispiel des religiösen Sozialismus der Deutschkatholiken in der Revolution 1848/49 zeigt sie die Aussagekraft historischer Forschungen für die gegenwärtige Diskussion des Friedensproblems. Das Verhältnis von christlicher Überzeugung und politischer Aktion, die Chancen und Schwierigkeiten einer Minderheitsgruppe in einem revolutionären Prozeß, die Frage der Gewaltanwendung in der Revolution – diese in unserer Gegenwart aufs neue aktuellen Fragen können hier am historischen Beispiel studiert werden. Die abschließende Dokumentation enthält schwer zugängliche Texte aus der Revolutionszeit, die zur Veranschaulichung der historischen Darstellung dienen und auch für Unterrichtszwecke geeignet sind.

Geschichte im Unterricht

Entwürfe und Materialien

Herausgegeben von Annette Kuhn und Valentine Rothe

Aufgabe dieser Reihe, die zehn bis zwölf Bände mit Unterrichtsentwürfen zu den Themenkreisen »Revolution«, »Kriege«, »Friedensschlüsse« umfassen wird, ist, das Verständnis von Geschichte als einer kritischen Sozialwissenschaft durch Unterrichtsbeispiele zu vermitteln und damit dem Geschichtsunterricht neue Möglichkeiten zu eröffnen. Der kritische Geschichtsunterricht wird aus der Sicht der Gegenwart strukturiert und gewinnt dadurch praxisnahe Bedeutung. Es geht um die Vermittlung von Geschichte und Politik in anschaulicher und lebendiger Weise.
Die Entwürfe sind für alle Schularten verwendbar.

Annette Kuhn
Die Englische Revolution
1974. 86 Seiten, 4 schematische Darstellungen und Karten Paperback.
(ISBN 3-466-35023-9)

Valentine Rothe
Die Russische Revolution
1974. 106 Seiten, 2 Karten. Paperback.
(ISBN 3-466-35024-7)

Horst Pehl
Der Westfälische Frieden
1975. 115 Seiten. Paperback.
(ISBN 3-466-35025-5)

Annette Kuhn
Die Französische Revolution
1975. 96 Seiten. Paperback.
(ISBN 3-466-35026-3)

Annette Kuhn
Industrielle Revolution und gesellschaftlicher Wandel
1977. 102 Seiten. Paperback.
(ISBN 3-466-35027-1)

Karl A. Otto
Die Revolution in Deutschland 1918/19
1979. 144 Seiten. Paperback.
(ISBN 3-466-35028-X)

Der zu dieser Reihe gehörende Theorieband:

Annette Kuhn
Einführung in die Didaktik der Geschichte
2. Auflage 1977. 77 Seiten. Paperback.
(ISBN 3-466-35022-0)